高等职业教育电子商务专业系列教材

网络营销

第3版

主　编　魏亚萍　徐　琳
副主编　高　歌
参　编　刘春晖　王　进

机械工业出版社

本书详细介绍了网络营销的基础知识、网络营销策划、网络营销推广、网络营销管理等内容，共10个项目、28个任务，包括认识网络营销、网络市场调研、网络营销方案策划、社会化媒体营销、搜索引擎营销、短视频与直播营销、软文营销、网络广告营销、病毒营销和网络推广效果评估。

本书结构严谨、内容丰富、实操性强，各项目都设计了学习目标，通过案例导读引导学习者探索将要进入的学习领域；用任务驱动方式展开，通过相关知识介绍、任务应用与任务拓展3个环节，做到理论与实际相联系，用真实的操作展示来归纳整理网络营销的技巧与步骤，强化应用与操作教学环节；项目中还结合知识要点与教学内容，结合专业技能设计案例、拓展阅读，培养学生崇高的社会责任感、正确的价值追求、德技并修的职业素养。

本书可作为各类高等职业院校电子商务、物流、市场营销等财经类专业的教材，也可作为中小型企业和贸易类岗位从业人员的参考用书。

为了便于教学，本书配套微课视频（扫描书中二维码免费观看），通过信息化教学手段，将纸质教材与课程资源有机结合，成为丰富的"互联网+"智慧教材。本书匹配有教学计划、课程标准、电子教案、多媒体课件和思考与练习参考答案等数字化资源。本书还开发了精品在线开放课程，并于2021年被认定为河北省职业教育精品在线课程。选用本书作为授课教材的教师可以在机械工业出版社教育服务网（www.cmpedu.com）免费注册后下载或联系编辑（010-88379194）咨询。

图书在版编目（CIP）数据

网络营销/魏亚萍，徐琳主编．—3版．—北京：机械工业出版社，2023.11（2025.6重印）
高等职业教育电子商务专业系列教材
ISBN 978-7-111-74123-7

Ⅰ．①网… Ⅱ．①魏… ②徐… Ⅲ．①网络营销-高等职业教育-教材 Ⅳ．①F713.365.2

中国国家版本馆CIP数据核字（2023）第201645号

机械工业出版社（北京市百万庄大街22号　邮政编码100037）
策划编辑：李绍坤　　　　　　　　　责任编辑：李绍坤　王　芳
责任校对：韩佳欣　丁梦卓　闫　焱　封面设计：鞠　杨
责任印制：刘　媛
北京中科印刷有限公司印刷
2025年6月第3版第2次印刷
184mm×260mm・12.25印张・257千字
标准书号：ISBN 978-7-111-74123-7
定价：39.80元

电话服务　　　　　　　　　　网络服务
客服电话：010-88361066　　　机　工　官　网：www.cmpbook.com
　　　　　010-88379833　　　机　工　官　博：weibo.com/cmp1952
　　　　　010-68326294　　　金　书　网：www.golden-book.com
封底无防伪标均为盗版　　　　机工教育服务网：www.cmpedu.com

前　言

随着互联网的普及和市场竞争的日益加剧，传统营销模式已经不能满足受新型消费文化影响的消费者的需求。新的网络营销平台和资源不断涌现，网络营销工具和方法不断推陈出新，越来越多的企业认识到网络营销的重要性和紧迫性。

本书第1版自2007年5月出版以来，被多所院校使用，得到各院校网络营销相关专业教师与学生的喜爱，多次重印。2018年第2版教材按照国家网络强国战略要求，以服务地方建设、加快互联网与传统行业结合培养技术技能人才为目标，采用项目导向、任务驱动式编写体例，详细介绍了网络营销的理论和实践知识。本次修订后的第3版教材贯彻落实《习近平新时代中国特色社会主义思想进课程教材指南》和党的二十大精神等要求，吸收反映网络营销领域的最新成果，结合网络营销的新发展和新需求，对教材知识内容做了调整，主要特色如下：

（1）引入新知识，实现岗课赛证融通

针对营销推广职业岗位活动内容对从业人员工作能力水平的要求，引入了国内短视频、直播、广告相关的工作规范和标准，融合了岗位、课程、比赛和证书等要求，重新编写了搜索引擎营销和短视频与直播营销，分别对接"1+X"职业证书的内容。"1+X"证书课程内容与"1+X"职业技能等级证书"网店运营推广"（中级）和部分"直播营销"（中级）知识点相衔接，将关于营销推广的新知识、新技术和新方法纳入其中，拓宽了学生的专业视野，提高了教材的普适性和延展性。

（2）立德树人，拓展阅读视野

将立德树人理念贯穿于教学目标和教学任务中，结合专业技能设计案例，融入了科技强国、法律法规、传统文化、乡村振兴、社会责任等育人元素。在每个项目最后增加了拓展阅读，并通过阅读启示引导学生树立德技并修、经世济民的职业素养。

（3）更新知识体系，符合行业应用

结合行业技能实际要求和相关法律法规，对网络推广模块进行知识体系更新。如社会化媒体营销项目中的其他社会化媒体营销工具小红书、今日头条、抖音都是近年应用火爆的营销平台，在"一带一路"倡议带动的跨境电商兴起的当下，一些社会化媒体也成为必不可少的营销工具；新增了拓展阅读、阅读启示等内容；更新了第2版中的案例和相关数据，以国内有影响力、反映正能量的案例为主。通过修订使相关知识、案例、数据更具有时效性，符合行业、企业的应用。

（4）体现岗位逻辑，符合技能规律

本书以项目为载体，采用任务驱动的方式组织内容，逐层推进，符合学生对于岗位核心能力的掌握需求，让学生具备基本职业素养的同时，能够完成营销推广过程中的典型工作任务。突出网络营销实践操作技能的锻炼，注重对学生实践动手能力的培养。项目编排基于网络营销工作过程，结合学生智能特点，遵循先易后难的原则，符合学生的基本认知规律。

(5) 丰富教材资源，方便教与学

本书配套微课视频（扫描书中二维码免费观看），匹配数字化教学资源。通过信息化教学手段，将纸质教材与课程资源有机结合，成为丰富的"互联网+"智慧教材。本书适应教学改革要求不断完善配套资源，共建线上线下资源，开发了精品在线开放课程，2021年被认定为河北省职业教育精品在线课程。通过智慧职教MOOC学院等教学平台供在校学生和社会学习者免费学习，充分体现了教学改革以数字化平台支撑、互联网+新形态教材等新时代职教理念。

全书贯彻"概念→技术→任务操作及应用"这一流程，由浅入深，循序渐进，以概念和方法为铺垫，重点放在任务拓展操作上，突出学生动手能力和专业技能的培养，充分调动和激发学生的学习兴趣。

本书详细介绍了网络营销的基础知识、网络营销策划、网络营销推广、网络营销管理等内容，共10个项目、28个任务，包括项目1认识网络营销、项目2网络市场调研、项目3网络营销方案策划、项目4社会化媒体营销、项目5搜索引擎营销、项目6短视频与直播营销、项目7软文营销、项目8网络广告营销、项目9病毒营销、项目10网络推广效果评估。重难点是第3部分网络营销推广，包括社会化媒体营销、搜索引擎营销、短视频与直播营销、软文营销、网络广告营销、病毒营销。在社会化媒体营销项目中知识更新较多，其他社会化营销工具都是近年应用火爆的营销平台，特别是"一带一路"倡议带动的跨境网络营销成为我国品牌出海战略的重要组成部分，社会化媒体成为必不可少的营销工具。在项目5和项目6中特别融入了"1+X"职业技能等级证书"网店运营推广"（中级）和部分"直播营销"（中级）知识点，实现岗课赛证融通。

本书建议各项目的参考学时见下表。

学时分配表

项　　目	课程内容	学时分配
项目1	认识网络营销	4
项目2	网络市场调研	4
项目3	网络营销方案策划	4
项目4	社会化媒体营销	16
项目5	搜索引擎营销	8
项目6	短视频与直播营销	8
项目7	软文营销	6
项目8	网络广告营销	6
项目9	病毒营销	4
项目10	网络推广效果评估	4

前言

　　本书由魏亚萍、徐琳担任主编，高歌担任副主编，刘春晖、王进参加编写。具体编写分工如下：廊坊职业技术学院魏亚萍编写项目1、项目2和项目9，廊坊职业技术学院徐琳编写项目3、项目6和项目7，廊坊职业技术学院刘春晖编写项目5，廊坊职业技术学院王进编写项目10，成都银杏管理学院高歌编写项目4和项目8。魏亚萍负责全书的框架体系设计、修订进程安排和统稿校对等工作，徐琳、高歌协助完成了大量的工作。

　　本书在编写过程中，我们参阅了多位专家、学者的网络营销著作，使用和借鉴了大量相关领域的最新成果、数据和案例，在此表示衷心的感谢。同时，感谢编写团队成员们的辛勤付出；感谢廊坊市华龙商业有限公司董事长陈秀芝女士对本书的素材、案例进行初稿审定，对全书实践环节进行指导。另外，最应该感谢的还是从第1版出版以来，一直给予本书支持的广大读者们，感谢你们的厚爱。经过努力，修订后的教材一定不负众望。

　　由于网络营销的理论和应用仍在不断发展和完善，加之编者水平有限，书中难免有所疏漏，敬请广大读者提出宝贵意见。

编　者

二维码索引

序号	名称	图形	页码	序号	名称	图形	页码
1	01.1 网络营销的认知		3	12	05.2 搜索引擎优化		78
2	01.2 网络营销岗位认知		10	13	05.3 搜索引擎竞价排名		83
3	02.1 网络消费者行为分析		19	14	05.4 信息流推广		90
4	02.2 网络市场调研的内容与方法		23	15	06.1 短视频认知		96
5	03.1 网络营销组合策略		37	16	06.2 短视频制作		102
6	03.2 网络营销策划		44	17	06.3 直播营销认知		105
7	04.1 微信营销工具		51	18	06.4 直播营销的实施		112
8	04.2 微博营销		59	19	07.1 软文营销认知		122
9	04.3 论坛营销		62	20	07.2 软文标题设计方法上		128
10	04.4 其他社会化营销工具		65	21	07.2 软文标题设计方法下		128
11	05.1 搜索引擎营销认知		73	22	07.3 软文营销的实施步骤		135

（续）

序号	名称	图形	页码	序号	名称	图形	页码
23	08.1 网络广告形式		143	27	09.2 病毒营销的传播途径		164
24	08.2 网络广告策划		149	28	10.1 网络推广效果标准		175
25	08.3 网络广告制作与发布		152	29	10.2 网络营销效果评估		182
26	09.1 病毒营销的概念		159				

目 录

前言
二维码索引

第1部分　初探网络营销

项目1　认识网络营销ᅠ2
- 任务1　走进网络营销ᅠ3
- 任务2　网络营销岗位认知ᅠ10
- 项目小结ᅠ15
- 思考与练习ᅠ16

第2部分　网络营销策划

项目2　网络市场调研ᅠ18
- 任务1　网络消费者行为分析ᅠ19
- 任务2　网络营销市场调研ᅠ23
- 项目小结ᅠ33
- 思考与练习ᅠ33

项目3　网络营销方案策划ᅠ35
- 任务1　网络营销组合策略ᅠ37
- 任务2　撰写网络营销策划书ᅠ44
- 项目小结ᅠ48
- 思考与练习ᅠ48

第3部分　网络营销推广

项目4　社会化媒体营销ᅠ50
- 任务1　微信营销ᅠ51
- 任务2　微博营销ᅠ59
- 任务3　论坛营销ᅠ62
- 任务4　其他社会化媒体营销工具ᅠ65
- 项目小结ᅠ71
- 思考与练习ᅠ71

项目5　搜索引擎营销ᅠ72
- 任务1　搜索引擎营销认知ᅠ73
- 任务2　搜索引擎优化ᅠ78
- 任务3　搜索引擎竞价排名ᅠ83
- 任务4　信息流推广ᅠ90
- 项目小结ᅠ94
- 思考与练习ᅠ94

项目6　短视频与直播营销ᅠ95
- 任务1　短视频营销认知ᅠ96
- 任务2　短视频营销的实施ᅠ102
- 任务3　直播营销认知ᅠ105
- 任务4　直播营销的实施ᅠ112
- 项目小结ᅠ119
- 思考与练习ᅠ119

项目7　软文营销ᅠ121
- 任务1　软文营销认知ᅠ122
- 任务2　软文标题的设计ᅠ128
- 任务3　软文的撰写与发表ᅠ135
- 项目小结ᅠ140
- 思考与练习ᅠ140

项目8　网络广告营销ᅠ142
- 任务1　网络广告认知ᅠ143
- 任务2　网络广告的策划ᅠ149
- 任务3　网络广告的制作与发布ᅠ152
- 项目小结ᅠ157
- 思考与练习ᅠ157

项目9　病毒营销ᅠ158
- 任务1　病毒营销认知ᅠ159
- 任务2　病毒营销的实施ᅠ164
- 项目小结ᅠ170
- 思考与练习ᅠ171

第4部分　网络营销管理

项目10　网络推广效果评估ᅠ174
- 任务1　网络推广效果标准认知ᅠ175
- 任务2　网络营销效果评估ᅠ182
- 项目小结ᅠ186
- 思考与练习ᅠ187

参考文献ᅠ188

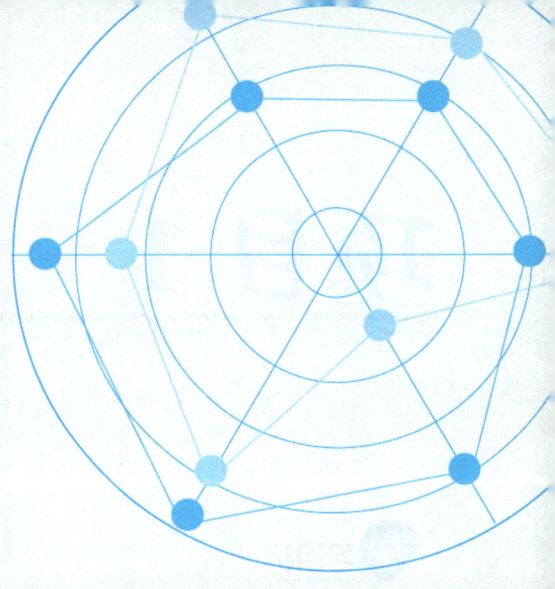

第 1 部分

初探网络营销

> 网络营销是企业整体营销战略的一个组成部分,是网上商务活动的重要形式之一。随着网民规模的不断扩大和互联网普及率的不断提高,网络营销无论是在传统企业中还是在互联网企业中都成为促进商业交易成功的一种必要手段。

项目 1

认识网络营销

学习目标

知识目标

1）熟识网络营销的概念、特点、职能与方式。
2）熟知网络营销的岗位及能力需求。

能力目标

1）能够对网络营销有较全面的认知。
2）会解读企业的岗位要求,并根据企业的要求提升专业技能。

素质目标

1）能与团队成员协作开展网络营销活动。
2）树立网络营销的职业意识。

案例导读

故宫的网络营销法宝

故宫,既古老又神秘,历史悠久,文化底蕴深厚,如今的故宫却被网友冠以"软、萌"的称呼。有600多年历史的故宫通过文创产品实现年销售额逾10亿元的收入,让故宫里具体负责做生意的"故宫淘宝"成为营销界有名的网红。那么"故宫淘宝"究竟有怎样的营销法宝呢?

"故宫淘宝"是故宫开设的淘宝网店,主要销售与故宫有关的文创产品,宣传标语是"来自故宫的礼物"。自2013年9月,"故宫淘宝"微信公众号正式上线,它发布的第一条广告是《故宫周边推荐——十八子手串》,向读者推销十八子手串产品,同时以晒买家秀、展示孤品集锦等方式营销,但阅读量仅有694,反响平平。直到2014年8月,"故宫淘宝"以一篇《雍正:感觉自己萌萌哒》的文章收获了10万以上的阅读量和超过2000的点赞数,引发了网友的疯狂转发,迅速提升了品牌知名度。这篇文章封面的雍正皇帝比画剪刀手"卖萌",文章中雍正皇帝化身各种角色,如弹琴的高士、乘凉的仙人、钓鱼的老翁等,通过技术手段处理生成萌感十足的动态图,并配以有趣的文字作为说明,如"有时候,朕只想安安静静地做个美男子""朕就是朕,颜色不一样的烟火""你飞向前方自由翱翔,朕却始终跟不上你的脚步,好累"等,使得这篇具有时尚感、现代感的文章一经发布立即受到网友热捧。

实际上,"故宫淘宝"能把生意做强做大,得益于多种营销手法的组合使用,微信营销只是冰山一角。除此之外,"故宫淘宝"还开设了官方微博,加强与网友的互动;与腾讯网建立长期的合作关系,双方以故宫博物院 IP 形象和相关传统文化故事为原型,在创意、跨界合作和创新人才培养等方面深度合作;运用借势营销,提高自身品牌知名度。正是凭借推陈出新地开展多维度、立体化的营销活动,本来可以拼颜值却非要靠实力卖货的"故宫淘宝"当上了营销界的网红。

如今,"故宫淘宝"这位皇宫里走出的"段子手"依然活跃在营销界,对于这位网红今后还将放出哪些"脑洞大开"的营销大招,我们拭目以待。

案例思考:
1)什么是网络营销?
2)网络营销的手段有哪些?

任务1　走进网络营销

01.1　网络营销的认知

相关知识

1997 年,国家主管部门研究决定由中国互联网络信息中心(CNNIC)牵头组织有关互联网单位共同开展互联网行业发展状况调查,自 1998 年以来,CNNIC 形成了于每年两次定期发布《中国互联网络发展状况统计报告》的惯例。截至 2023 年 3 月,CNNIC 已经成功发布了 50 余次全国互联网发展状况统计报告。当前互联网已经成为影响我国经济社会发展、改变人民生活形态的关键行业,CNNIC 的历次报告则见证了我国互联网从起步到腾飞的历程,并且以严谨客观的数据,对我国网民规模、结构特征、接入方式和网络应用等情况进行了连续的调查研究,为政府、企业等相关组织掌握我国互联网发展动态、制定相关决策提供了重要依据,受到各方面的重视,被国内外广泛引用。

网络技术的迅猛发展彻底改变了企业的营销思维,网络营销成为众多企业在市场推广时优先考虑的营销策略。

1. 网络营销的产生背景

网络营销的产生不是一蹴而就的,而是以网络与信息技术的发展、消费者价值观的改变、商品竞争的日益激烈为基础的。

（1）网络与信息技术的发展

互联网为网络营销的产生提供了技术基础。互联网融合了通信技术、信息技术、计算机技术于一体。为了实现资源和网络信息的共享，它将不同类型的网络和计算机连接到一起，构成一个全新的整体。随着万维网（WWW）、电子邮件（Email）、搜索引擎等信息技术的广泛应用，互联网也被应用于商业领域，网络营销在此过程中应运而生。20世纪90年代，网络广告的诞生、搜索引擎的出现及电子邮件营销的产生都标志着网络营销的形成。

（2）消费者价值观的改变

消费者价值观的改变是网络营销产生的观念基础。当今社会竞争激烈，消费者成为主导，传统的卖方市场开始转化为买方市场，把握消费者的特点成为关键。当今消费者比过去有更多的选择权，他们会寻求自身个性购物乐趣，自主地挑选适宜价格的商品。面对众多商家，网上信息的获取和对比成为消费者的首要选择。网络营销恰恰能为消费者推荐营销信息，使得获取和对比网上信息的工作量大大降低，从而得以产生与发展。

（3）商业竞争的结果

激烈的商业竞争是网络营销产生的现实基础。在买方市场的条件下，企业都在努力采取各种营销方法吸引消费者，力求在竞争过程中占据优势地位。虽然其他一些市场营销方法能够吸引消费者，但却不能保证企业取得竞争优势；互联网则开辟了全新的市场领域，使得企业能够在吸引消费者的同时，也取得竞争优势。同时，企业也意识到网络市场不同于传统市场，需要改变传统的市场营销手段，以提升企业经营为主。因此，具有经营成本低、市场规模广、顾客互动性强等特点的网络营销应运而生。

2．对网络营销的认知

（1）网络营销的概念

网络营销（E-Marketing）是指在互联网上以数字化的信息和网络媒体的方式为实现营销目标开展的新型营销活动。简单来说，网络营销就是企业为实现营销目标，以互联网为平台采取的一系列营销活动的总称。

不能单纯地将网络营销理解为网上销售、电子商务或市场营销，四者之间存在差别。

首先，网络营销是手段，网上销售则是目的。网络营销作为企业经营战略手段，以一系列网上营销活动，实现产品的网上销售和推广与品牌形象的提升。

其次，网络营销是电子商务交易过程中的一个环节。电子商务是一个完整的商业交易电子化的过程，而网络营销作为促成电子化交易的手段，发挥着提供和传递信息的作用。

最后，网络营销与市场营销是企业经营战略的两种手段。市场营销为网络营销的开展提供了前提条件，网络营销以价格低、时效快、互动强的特点实现企业的经营目标。

（2）网络营销的特点

网络营销以互联网为平台开展营销活动，因此与市场营销相比具有以下几个方面的特点：

1）超时空性。网络营销依赖互联网，因为互联网具有信息交换不受时间和空间限制的特点，所以企业能有更多的时间和空间营销，这使得尽可能地实现超时空的交易成为可能。

2）多媒体性。互联网可使用的媒体形式多种多样，如图片、文字、声音、视频等，营销人员创造性地运用多种媒体形式，达成交易前的信息交换。

3）互动性。互联网不仅可以展示和提供产品信息，还可以与消费者做双向的沟通交流，如市场情报收集、消费者满意度调查、产品测试等。

4）个性化。网络营销与消费者之间是有针对性的交流。营销人员不必再费力推销，消费者根据自身的需求，通过网络提供的信息和交互式交谈，挑选满足自身需求的产品。

5）高效性。互联网所传递信息的数量、时效、精准度都远超其他媒体，因此消费者可以及时掌握产品的更新、价格的变动，获得消费决策判断的依据。

6）经济性。互联网交换信息可以减少市场营销过程的成本，如宣传印刷费、邮寄费、店面租金、人工费等；互联网还可以减少经营过程中多次交换的费用，提高企业的利润。

7）技术性。互联网的高技术性为企业实施网络营销提供了强有力的支持，对懂网络与营销的专业技术人才提出更高要求。

（3）网络营销的职能

网络营销通过提供信息，营造网络经营环境，辅助电子交易过程的实现。因此，理解网络营销的职能，有助于认识网络营销的实施。网络营销的职能包括八个方面：网络品牌、网站推广、信息发布、销售促进、网上销售、顾客服务、客户关系、网上调研。

1）网络品牌。建立推广企业品牌是网络营销的核心职能之一。一般来说，企业通过网站或多媒体的形式，运用推广手段，达到让受众认知和认可品牌的目的。网络营销是中小企业快速树立品牌形象、大型企业延伸品牌服务的不二之选，例如零食网络品牌的树立（见图1-1）。

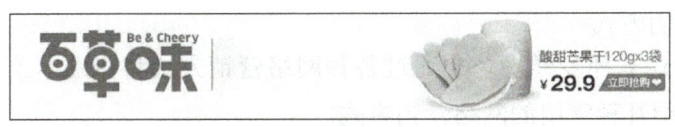

图1-1　零食网络品牌的树立

2）网站推广。网络营销的基础职能之一就是网站推广。企业所有网络营销功能的施展都需要建立在规模访问量的基础之上，因此网站推广就显得尤为重要，大量有效访问成为评价网络营销成功的标志之一。尤其对于中小企业来说，通过网络推广可以获得同大企业竞争的机会。

3）信息发布。信息发布是指通过一定的方式将企业或产品信息传递给目标受众（见图1-2），它是网络营销的基础职能

图1-2　借助网络进行信息发布

之一。因互联网的超时空特性，信息随时都能覆盖到世界的任何一个地点，形成最具规模、效力的传播。同时，互联网的交互性使信息发布后的跟踪、回复变得容易，也使发布效果的评定变得简单。

4）销售促进。销售促进是网络营销的基本目的。网络营销是在互联网上开展营销活动的，对线上的销售有直接影响，它也间接地对线下销售产生了巨大的影响。

5）网上销售。网络营销在电子交易前，通过信息传播引导消费者到企业网站购买产品，以达成网上销售的职能。企业的网站能实现网上交易，是传统销售渠道的延伸，除此之外企业的网上销售还涉及与其他电子商务网站的合作经营。

6）顾客服务。互联网为网络营销提供了传统营销所不具有的互动性，使得企业为顾客提供服务十分方便，一般使用的方法包括FAQ（常见问题解答）、即时通信工具、电子邮件等。企业为顾客提供的网上服务质量是评价网络营销效果的依据之一。

7）客户关系。客户关系的维护是企业长久开发客户价值的良策，也是企业获取市场竞争优势的关键。客户关系是网络营销的职能之一，网络营销采取多样的营销方法，帮助企业建立客户关系、维护客户忠诚度、提升客户满意度等，如图1-3所示。

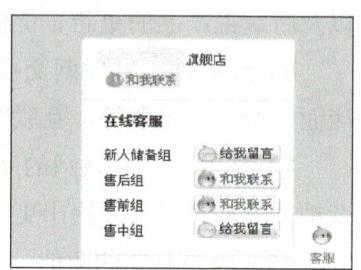

图1-3　为不同阶段客户提供不同服务

8）网上调研。网上调研为网络营销决策提供依据，是直接获悉网络市场活动所需的重要手段。网络营销之所以能充分发挥各职能的作用，让企业获取利润，离不开网上调研提供的重要信息。

网络营销八个职能之间并非相互独立的，而是相互融合、相互联系的，八个职能共同作用促成了网络营销的良好效果。

（4）网络营销的方式

网络营销的方式多种多样，企业通过各种网络营销方式将企业、产品、品牌等信息传递给受众，以下介绍几种常用的网络营销方式。

1）微信营销。微信营销是微信用户可与周围的微信用户"朋友"形成一种联系，用户订阅自己所需的信息，商家通过提供用户所需信息推广自己产品的点对点的网络营销方式。目前，企业微信营销最常见的方式是公众号营销。

2）微博营销。微博营销是指通过微博平台为商家、个人等创造价值的一种营销方式。微博营销以微博作为营销平台，每一位网友都是潜在的营销对象。企业通过更新自己的微博向网友传播企业信息、产品信息，树立良好的企业形象和产品形象。该营销方式注重价值的传递、内容的互动、系统的布局、准确的定位，从而取得显著的效果。

3）搜索引擎营销。搜索引擎营销是根据用户使用搜索引擎的方式，利用用户检索信息的机会尽可能地将营销信息传递给目标受众的方法。简单来说，搜索引擎营销就是基于搜索引擎平台的网络营销，利用人们对搜索引擎的依赖和使用习惯，在人们检索信息的时候尽可能地将营销信息传递给他们。目前，搜索引擎营销的主要方法包括搜索引擎优化、精准广告及付费收录等。

4）电子邮件营销。电子邮件营销是通过电子邮件的方式向目标受众传递价值信息的一种网络营销手段。一般包括三个基本因素，即目标受众许可、电子邮件传递信息、信息对目标受众有价值，三个因素缺一不可。这种营销方式是最原始的网络营销手段之一，它是利用电子邮件与目标受众进行商业交流的一种直销方式。

5）论坛营销。论坛营销是企业将论坛作为网络交流的平台，通过文字、图片、视频等方式发布企业的产品和服务信息，从而让目标受众更加深刻地了解企业的产品和服务，最终达到企业宣传自己的品牌及加深市场认知度的网络营销活动效果。

6）软文营销。软文营销是通过特定的概念诉求，以摆事实、讲道理的方式使目标受众逐渐接受企业的营销宣传信息，以强有力且具针对性的心理影响迅速实现产品销售的文字方式。这种营销方式从本质上来说，是企业软性渗透的商业策略在广告形式上的实现，通常借助文字表述与舆论传播使目标受众认同某种概念、观点和分析思路，从而达到企业品牌宣传和产品销售的目的。

7）病毒营销。病毒营销是由信息源开始，依靠用户自发的口碑宣传，达到一种快速、大范围传播效果的营销方式。它主要依赖用户口碑传播的原理，在互联网上像病毒一样迅速蔓延，因此病毒营销是网站推广、品牌推广等的高效信息传播方式。病毒营销不仅要求信息源具有吸引力，还要求信息易于大范围传播。

8）网络广告。网络广告是在网络上开展的广告活动，是指广告主利用多媒体技术，在互联网刊登或发布信息，向目标受众进行产品或服务信息的推销，以及进行交互式操作的有偿传播方式。其表现形式主要包括文字、图片、视频、声音等。这种网络营销方式是目前最常见、最直接的表现方式之一。

由于网络营销的方式多种多样，以上是最常见、最普遍的几种方式。随着互联网和信息技术的更新、发展，网络营销方式不断推陈出新，辅助企业营销战略的实现，下面介绍几种新的营销方式。

9）短视频营销。短视频营销将品牌或产品融入视频中，通过剧情或段子的形式演绎出来，在互联网上传播视频内容，内容时长一般限定在 5min 之内。目前很多热门短视频内容时长通常在 1min 以内。短视频营销类似于广告，但又不是广告，关键在于短视频在目标受众观看的过程中，能不知不觉将产品推荐给目标受众，使目标受众产生共鸣并主动下单和传播分享，从而达到裂变引流的目的。短视频运营平台有抖音、快手、西瓜视频、哔哩哔哩（bilibili）、小红书、微视、秒拍、淘宝买家秀等。

10）直播营销。直播营销是在现场随着事件的发生及发展进程，同时制作和播出节目的营销方式。直播营销是一种营销形式上的创新，它以直播平台为载体进行营销，以期达到品牌提升或销量增长的目的。常见的直播平台有淘宝直播、抖音直播、京东直播、看点直播、小红书直播、拼多多直播等。

11)大数据营销。大数据营销是指通过互联网采集大量的行为数据,帮助广告主找出目标受众,以此对广告投放的内容、时间、载体、形式等进行预判与调配,并最终完成广告投放的营销方式。大数据营销的核心在于让网络广告在合适的时间,通过合适的载体,以合适的形式,投给合适的人。大数据营销依托多平台的大数据采集,以及大数据技术的分析与预测能力,能够使广告更加精准有效,有助于品牌营销决策的调整与优化,给品牌企业带来更高的投资回报率。

  科技强国

奇瑞汽车:数据赋能,精准营销

2021年,中国车市持续低迷,线下汽车销售面对巨大的冲击。在这样的氛围中,奇瑞汽车股份有限公司(简称奇瑞汽车)每月公布的销量数据却逆市而上。截至2021年7月,奇瑞汽车累计销量已达37.3万辆,实现了连续7个月的销量增长。优异成绩的背后,除了造车技术的精进外,到底还有哪些秘密武器?

2019年开始,奇瑞汽车就围绕"线上电商平台+线下新车直购超市"的创新营销模式,为终端客户提供更便捷、透明的购车服务体验。奇瑞汽车官网(见图1-4)根据触达客户搜索、浏览、分享、试乘试驾和下单等全流程动作,实现客户购车旅程的数字化管理,并且通过客户的线上行为,收集数据,逐渐形成了客户完整购车行为的数据链。

图1-4 奇瑞汽车官网

拥有强大数据处理能力的数字营销中台,不仅可以分析描绘出更加清晰的客户画像,帮助奇瑞汽车更好地了解客户需求,还会进一步了解客户的活动和喜好,制作让客户感兴趣的品牌活动。

2021年3月9日,奇瑞汽车旗下全新一代瑞虎正式上市。整体上市的营销活动充分利用全平台矩阵,融合线上诸多社交场景,与消费者直接互动。利用阿里云的云计算架构搭建的奇瑞汽车官方商城,保证了活动期间出现的高并发、大流量的页面承载;此外,奇瑞汽车还通过技术手段,及时监测并识别出"羊毛党",进行防范控制,确保普通消费者的活动权益不受侵害。

数字营销中台里的"用户数据中心"通过在客户购车旅程全触点采集的数据，辅以各业务模块的数据汇合，制定出汽车行业营销域客户购车旅程标签体系，实现了具有汽车行业属性的客户画像与客户智能分群，既然知道了这类属性的客户此时此地需要什么，那么就给客户最需要的。另外，数字营销中台还实现了对经销商微信公众号的生态管理运营。奇瑞汽车的品牌活动信息，可以被一键实时下发到各经销商处，不同地域的经销商还能根据当地消费者行为特点，智能收发当地消费者感兴趣的活动内容，从而让经销商也可以掌握"千人千面"技能。

除了运用数字营销外，奇瑞汽车还基于对新消费群体、新营销形态的洞察，全面升级客户体验。一方面，奇瑞汽车在2021年继续发力线下渠道建设，通过不断的实体活动，为客户打造场景化体验。另一方面，奇瑞汽车加快了数字化体验平台搭建速度，通过构建云端智慧展厅、打造"新零售"数字化平台、全平台矩阵云上市（见图1-5）等形式，逐渐探索形成以客户为中心的看车、购车、用车的数字化营销体系。

图1-5　奇瑞汽车新车全平台矩阵云上市

充分运用数字化科技手段赋能营销的奇瑞汽车，无论是在国内市场还是在国际市场，都始终保持了稳步、快速的发展。于逆境中涅槃的奇瑞汽车必将赢得更多人对于中国民族汽车品牌的尊敬。

任务应用

总结不同网站的网络营销方式

1. 确定不同类型的网站

不能局限于某一个网站，要从不同类型的网站中确定网络营销方式。因此，分别浏览门户网站、官方网站及购物网站等，备选网站包括新浪、网易、海尔官网、苹果官网、京东商城、天猫商城等。

2. 讨论并总结网络营销方式

打开某个网站，查看网站类目、工具、布局等，通过网络检索或与同学探讨等方式确定网络营销方式，并简单总结出网络营销方式的使用方法。

任务拓展

认识网络营销方式

1. 任务目的

通过网络信息的收集和分析，对网络营销有较全面的认知。

2. 操作步骤

1）浏览不同类型的网站，如新浪、网易、海尔官网、苹果官网、京东商城、天猫商城等。

2）查找收集网络营销方式信息。

3）总结网络营销的方式，并谈谈自己对于网络营销的认知。

3. 实施结果

能完成网络营销方式的查找与总结，能准确表达对网络营销的认知。

任务2 网络营销岗位认知

01.2 网络营销岗位认知

相关知识

越来越多的企业开展电子商务活动，并逐步改变了企业的组织结构。近几年，随着电子商务对我国经济的影响越来越大，电子商务已经成为企业重视的经营方式，网络营销与电子商务的专职岗位出现，然而专业人才的需求缺口巨大。2022年教育部统计数据显示，2022年高校毕业生规模为1076万人，同比增加167万人，规模和增量均创历史新高。然而在电子商务领域，电商企业人才缺口依然存在，企业招聘需求强烈。网经社电子商务研究中心与赢动教育共同发布的《2021年度中国电子商务人才状况调查报告》中显示，超六成电商企业存在人才缺口。网络营销作为电子商务交易过程中的重要环节，其对专业人才的需求也很强烈，同样也存在人才缺口。网络营销的发展离不开专业人才的支持。

1. 网络营销岗位群

网络营销是企业网络市场竞争的主要手段，大多数企业在组织结构中设置了电子商务或网络营销的相关部门，并设置了包括网络营销经理、网络推广专员、网站设计师、大数据分析师等在内的岗位。本书探究的网络营销岗位群是按照岗位的职责和功能来区分的，主要包括商务类、技术类、运营类三个部分。

为了促进劳动者就业，根据《中华人民共和国劳动法》有关规定，受人力资源和社会保障部委托，中国就业培训技术指导中心面向社会公开征集促进就业的新职业信息。人力资源和社会保障部联合国家市场监管总局、国家统计局向社会发布了包括"区块链工程技术人员""互联网营销师"等在内的9个新职业。除了发布新增职业外，还发布了一些职业下发展出的新工种,如互联网营销师职业下增设的"直播销售员",人们熟知的"电商主播""带货网红"有了正式的职业称谓。

(1)商务类

企业主要通过网络平台进行贸易活动,因此商务类的岗位群主要负责产品的咨询、销售及售后服务等。商务类人员不仅知晓自身网站的工作流程,对其他网络平台也了如指掌,有一定的贸易知识与销售技巧;该类人员还具备专业的产品知识,为消费者提供更加专业的服务;外贸行业的商务运营人员更要具有一定的外语水平。

1)网站编辑:负责网站频道信息内容的搜集、把关、规范、整合和编辑,并更新上线;管理和维护网络社区,完善网站功能,提升用户体验;收集、研究和处理用户的意见和反馈;组织策划网络社区的推广活动及撰写相关业内文章;协助完成频道管理与栏目的发展规划,促进网站知名度的提高;配合技术、市场等其他部门的工作;信息的加工、采集;专业的编辑以及网页的推广。

2)网络推广员:负责运用网络营销的各种方法,实现企业指定的网络推广工作;掌握搜索引擎优化、链接交换、网站检测、邮件群发、客户端信息群发技能;负责网站推广。

3)网络营销策划师:负责对某个公司、项目、产品进行品牌塑造和市场营销策划;收集并研究市场宏观方面的信息;帮助企业(或商家)宣传推广、设计、建立、定位与维护产品品牌,拟定项目的整体营销方案和各阶段的网络营销方案;编写网络营销方案设计报告、实施方案报告,独立完成网络广告策划案、品牌网络推广方案。

4)媒介推广经理:及时把握媒体动向,拓展新的媒体渠道;结合每个时期的投放策略,制定媒介推广方案;评估各种媒介方案的有效程度,提高媒介投放效率;协调并维护媒体关系,与重要媒体建立长期稳定的合作关系。

(2)技术类

网络营销以互联网为基础,技术类岗位群侧重于网站设计与开发方面。一个高效且能为企业带来经济效益的网站,无论是设计还是建构都是十分关键的。因为网络营销依赖网站发布产品信息、提升客户服务水平、树立品牌形象等,所以需要具有网站开发、网站规划、网站维护、网站推广等知识和技术的专业人才。

1)网站设计师:负责收集网站前期业务需求及分析市场动态,确定网站定位;负责结合用户体验及技术实现的可能性,确定页面原型;负责根据页面原型,设计网站平面页面;负责将平面页面切图,并按照网站优化等标准设计静态页面;负责同网站技术开发部门合作开发网页前台、后台代码,并完成页面的代码嵌套工作;负责网站内测、公测及漏洞修复等测试工作;负责发布网站并上线。

2)网站维护工程师:负责管理和维护网站;根据需求完成网站信息的更新以及信息资源的整合;负责网站软硬件的调研、询价、采购、安装、升级、保管、维护等工作;负责计算机网络、服务器安全运行和数据备份,以及计算机系统防病毒管理。

3）网站优化工程师：负责网站的优化工作，使网站的关键词在搜索引擎中有较好的排名。

4）大数据分析师：负责大数据分析和挖掘平台的规划、开发、运营和优化；根据项目设计开发数据模型、数据挖掘和处理算法；通过数据探索和模型的输出开展分析工作，给出分析结果。

5）网站美工：配合网站程序开发人员整合完成网站前台界面的设计制作；负责企业门户网站所有频道栏目的图片设计及更新，对网站架构的优化提出建议；配合市场推广、网站策划及开发人员，对相应的商品专题推广页面进行设计制作、图片处理等。

（3）运营类

企业网站是开展网络营销的"根据地"，对于一个企业来说，不仅要建立网站，还要懂得如何运营网站，达到吸引消费者、促成购买、创建品牌等目的。同时，其他网络平台也为企业提供网络营销工具，这就需要企业做好客户开发与业务推广的工作。运营类人员一方面对网络市场有深入了解，另一方面也对网络营销工具十分熟悉，有利于企业网络营销的经营管理。

1）网站运营经理：负责网站建设及定期维护与更新；负责客户的开发；设计网站运营维护的标准化运作流程，提高页面浏览率，提高网站知名度；制订工作计划，监督、指导团队进行工作，实现高效率运作；参与宣传活动的主题策划及文档的撰写。

2）商务拓展人员：负责发掘合作伙伴需求，寻找新的合作点，拓展新项目；对内协调企业内部各部门，保证项目运营；策划、组织和督导所负责项目的市场推广活动；联结并推动上游及平行的合作伙伴结成利益相关体，向相关政府、媒体、社群等组织及个人寻求支持并争取资源。

3）网络营销顾问：提供与企业资源相匹配的网络营销解决方案，代为执行或辅助指导企业进行网络营销策划、实施、监督和管理，利用信息化手段开展网络营销，以提升企业在网络时代的竞争力。

4）跨境运营人员：研究跨境支付发展趋势，把控跨境支付业务发展方向；负责跨境支付产品的总体策划和创新；负责跨境支付项目的运营管理和运营优化；负责企业跨境支付市场战略的制定，完成市场调研和市场定位。

5）网络营销师：在数字化信息平台上，运用网络的交互性与传播公信力，对企业产品进行多平台营销推广的专业人员。主要研究数字化信息平台的用户定位和运营方式；接受企业委托，对企业资质和产品质量等信息进行审核；选定相关产品，设计策划营销方案，制定佣金结算方式；搭建数字化营销场景，通过直播或短视频等形式对产品进行多平台营销推广；提升自身传播影响力，加强用户群体活跃度，提高产品从关注到购买的转化率；签订销售订单，结算销售货款；负责协调产品的售后服务；采集分析销售数据，对企业或产品提出优化性建议等。

2．网络营销岗位能力需求

网络营销是一项综合性非常强的工作，它要求岗位人员是个"全才"——既专注于某方面的专业，也具备其他方面的技能和知识。从网络营销岗位职责的分析中看出，网络营销的从业人员一般要具备四个方面的技能：计算机基本操作技能、网站开发维护技能、商务营销技能、行业素质与技能。

（1）计算机基本操作技能

随着计算机的普及，计算机的基本操作成为必备技能。网络营销对从业人员的计算机基本操作要求更加严格，如熟悉软件与操作系统的安装和更新、熟练使用办公软件、熟悉计算机的配置并能简单处理网络故障、熟练使用电子邮箱及搜索引擎等网络工具，以及会使用客户关系管理（CRM）、企业资源计划（ERP）等管理信息系统。

（2）网站开发维护技能

网络营销对于从事技术类岗位的从业人员提出了较高的要求，他们要掌握网站开发、网页设计、图片处理、数据库应用及数据分析等方面的技能。网络营销尤其对编程、图片设计及数据分析等方面提出了更高的要求，例如熟悉常用网站开发工具、熟练使用图像处理软件，以及掌握数据的搜集、整理与分析方法等。同时，企业为了便于管理企业网站，保证企业网站能够正常访问，在网站维护方面，也设有专门岗位人员从事网站管理、内容更新、预防木马、监测网络攻击等工作。

（3）商务营销技能

网络营销是企业整体经营战略中的手段之一，商务营销技能是网络营销岗位的重要技能，尤其在进行电子交易过程中，消费者的信息搜索、决策、购买、售后等环节，都离不开商务营销技能的参与。商务营销技能包括信息收集与处理、信息发布、网络市场调研、网络营销策划与实施、网络营销效果监测、网络广告应用、搜索引擎优化等。

（4）行业素质与技能

网络营销对从业人员不仅在专业领域方面提出了较高的要求，还针对网络营销发展过程中出现的新变化，要求从业人员具备更高的团队合作、管理及学习能力，如能承受工作压力、具有团队合作精神、具有良好的法律意识、具有创新与创业能力等。

任务应用

查询并总结网络营销岗位

1. 查询并甄选网络营销岗位

在招聘网站的搜索框中，输入"网络营销"这一关键词，在搜索结果中，按照地区、学历、职位类别等甄选网络营销岗位。

2. 总结岗位要求、薪酬及发展方向

分别打开不同企业的同一岗位，查看岗位的招聘详情，汇总该岗位的要求、薪酬及发展方向。

任务拓展

利用互联网查找网络营销岗位

1. 任务目的

能理解企业的岗位要求,并根据企业的要求提升专业技能。

2. 操作步骤

1)选取并确定适合的网络招聘网站。

2)查找并甄选感兴趣的网络营销岗位。

3)筛选不同企业同一网络营销岗位的要求、薪酬及发展方向。

4)汇总并罗列网络营销岗位的说明。

3. 实施结果

能完成利用互联网查找网络营销岗位的任务,并能汇总出企业网络营销岗位的要求、薪酬及发展方向。

拓展阅读

鸿星尔克公益事件

2021年7月,河南特大暴雨引发洪涝,鸿星尔克向河南灾区捐赠5000万元物资并通过其官方微博发布此捐赠公告,如图1-6所示。

网友感慨鸿星尔克捐赠金额与关注度的差距,加上某网友发现鸿星尔克2020年财报显示亏损2.2亿,很快就引起了公众的热评和转发。鸿星尔克总裁亲自发文,如图1-7所示。大批网友涌入鸿星尔克直播间"野性消费"。在抖音连续直播近48h后,鸿星尔克抖音直播间点赞量4.2亿次,其3个抖音直播间的累计销售额超过1.9亿元。48h之内,鸿星尔克登上了微博、抖音、头条、知乎、百度、哔哩哔哩等各个平台的热搜/热门。在舆论的推动下,鸿星尔克的销量更是翻了几倍。除了支持鸿星尔克的产品外,网友们还用自己的行动来"回馈"鸿星尔克:发现鸿星尔克发布消息的账号没有会员权限,纷纷给鸿星尔克官微充值会员,据说会员时限已被充到2140年;一位男性顾客在鸿星尔克线下门店购买了500元的商品,用手机支付了1000元,转身就跑;等等。

鸿星尔克的一夜爆火,既在意料之外,也在情理之中。相比腾讯、阿里巴巴等巨头,鸿星尔克的捐款并不算多,却获得了最高的曝光度。作为不显山不露水的国货品牌,即使2020年亏损2.2亿元,鸿星尔克却能向河南捐赠5000万元物资的行为理应为人所热议。在很多消费者眼里鸿星尔克有着"二三流品牌""下沉市场品牌""还在亏损经营的公司"等标签。这反而更容易让大众产生情感共鸣。共情使得灾区、网民、品牌三者联系在一起,这是鸿星尔克成功出圈的最底层逻辑。强烈的社会责任感引发了网民的共鸣,而此次事件中企业品牌与网民都心系灾区，共鸣就演化成了共情。

图1-6　鸿星尔克官方微博发布捐赠公告

图1-7　总裁吴荣照发文

对于鸿星尔克的善举，网友们纷纷造梗来表达自己对鸿星尔克的支持。这些梗快速传播开来，引起更广泛的共鸣与认同，进一步引爆了鸿星尔克的热度。在直播间，网友们用"野性消费"来回应主播的理性劝导。他们还在各大社交平台的评论中留下自己对鸿星尔克浓浓的爱意。

阅读启示：

鸿星尔克在自身经营情况一般的条件下做出的捐赠行为，体现了企业具有的社会责任，从而激起了网民对其品牌的好感。此次鸿星尔克走红既是互联网时代的偶然，也是必然。传统企业可以利用新型营销工具，如微博、短视频、直播等多方位提升企业的品牌知名度，重新焕发生机。请同学们思考从"爆红"到"长红"，企业该如何把握营销机会？

项 目 小 结

本项目由走进网络营销和网络营销岗位认知两个任务组成，着重介绍了网络营销的产生背景、概念、特点、职能、方式，以及网络营销的岗位群与能力需求等方面的知识。读者结合任务应用与任务拓展，能够对网络营销有较全面的认知，并根据企业的要求提升专业技能。

思考与练习

1. **不定项选择题**（至少有一个选项是对的）

1）关于网络营销的说法不正确的是（   ）。

    A．以互联网为手段　　　　　　　　B．以开拓市场、实现利润为目标

    C．不仅是网上销售　　　　　　　　D．完全取代传统市场营销

2）下面不属于网络营销职能的是（   ）。

    A．网络推广　　　B．网络品牌　　　C．资源共享　　　D．网络调研

3）网络营销的方式包括（   ）。

    A．微博营销　　　B．电子邮件营销　　　C．搜索引擎营销　　　D．病毒营销

4）网络营销的商务类岗位包括（   ）。

    A．网站编辑　　　　　　　　　　　B．网络运营专员

    C．大数据分析师　　　　　　　　　D．网站设计师

5）熟练使用office软件是对（   ）提出的要求。

    A．网站开发维护技能　　　　　　　B．行业素质与技能

    C．商务营销技能　　　　　　　　　D．计算机基本操作技能

2. **简答题**

1）什么是网络营销？网络营销的职能有哪些？

2）结合网络营销岗位与要求，谈一谈自己的职业规划。

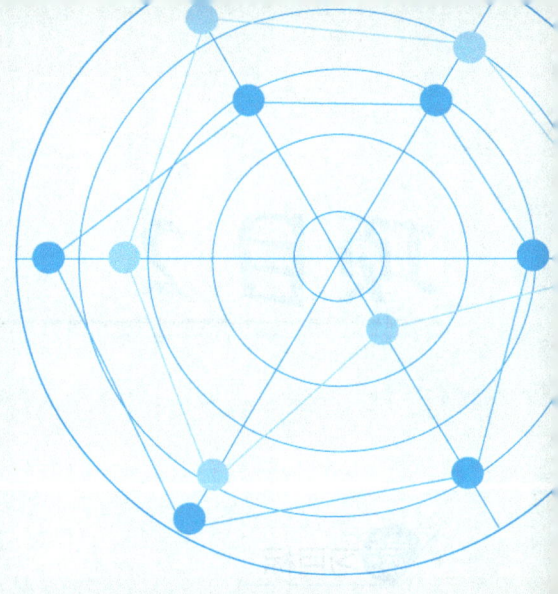

第 2 部分

网络营销策划

"凡事预则立，不预则废。"好的网络营销策划能使营销效果事半功倍。网络营销策划不单指网上销售，也不是单纯网站推广，而是为了实现特定网络营销目标进行的策略思考、方案规划的过程。网络营销的效果包括对线上线下产品销售额的促进、对客户服务的支持及对企业品牌拓展的帮助等。

项目 2

网络市场调研

 **学习目标**

知识目标

1）识记网络消费者的定义。
2）熟识网络消费者购买动机以及网络市场调研的内容。
3）牢记网络消费者的购买过程以及网络市场调研的方法。

能力目标

1）能预测消费者动机行为，会引导消费者消费。
2）能够设计网络市场调研问卷。
3）能对调研问卷进行推广，并统计调研数据和整理调研结果。

素质目标

1）能与团队成员协作开展网络市场调研。
2）培养逻辑思维能力、数据分析能力。

 **案例导读**

不同的调研结论

美国一家制鞋公司要寻找国外市场，该公司派一名业务员去非洲一个国家，让他了解能否将本公司的鞋销售到这个国家。这名业务员到这个国家待了一天后发回一封电报："这里的人不穿鞋，没有市场。我即刻返回。"该公司派出了另外一名业务员，第二名业务员在这个国家待了一个星期，发回一封电报："这里的人不穿鞋，鞋的市场很大，我准备把本公司生产的鞋卖给他们。"公司总裁得到两种不同的结果后，为了了解更真实的情况，于是派去了第三名业务员，第三名业务员到非洲这个国家后待了三个星期，发回一封电报："这里的人不穿鞋，原因是他们脚上长有脚疾，他们也想穿鞋，过去不需要我们公司生产的鞋，因为我们的鞋太窄。我们必须生产宽鞋，才能满足他们对鞋的需求。这里的部落首领不让我们做买卖，我们不得不借助政府的力量和公关活动做市场营销。我们打开这个市场需要投入大约1.5万美元。这样我们每年能卖大约2万双鞋，在这里卖鞋可以赚钱，投资收益率约为15%。"

案例思考：

1）三个人的结论为何不同？

2）这三名业务员的结论哪个更好？为什么？

任务1 网络消费者行为分析

02.1 网络消费者行为分析

网络消费者的购买行为是影响网络营销的重要因素。研究网络消费者的购买动机和影响购买的主要因素，了解消费者购买行为决策的过程，有利于引导潜在消费者变为现实消费者，并为企业网络营销提供制定决策的科学依据。

相关知识

1. 网络消费者的定义

网络消费者是以互联网为手段而实现消费和购物等活动的消费人群，是网民的一部分。网络消费者是网络营销的主要个体，也是推动网络营销发展的主要动力，其现状决定了网络营销的发展趋势。要做好网络营销工作，就必须对网络消费者的群体特征进行分析以便采取相应对策。

中国互联网络信息中心（CNNIC）历次发布的《中国互联网络发展状况统计报告》显示，我国网民规模、互联网普及率逐年上升，网民性别结构趋向均衡，且与人口性别比例基本一致。20～29岁、30～39岁、40～49岁网民占比高于其他年龄段群体，50岁及以上网民群体占比提升，互联网进一步向中老年群体渗透。同时，未成年人"触网"低龄化趋势明显。我国网络支付用户规模及使用率逐年提高，网络支付业务量保持稳定增长态势，支付服务壁垒逐渐打破，互联互通进入新发展阶段。我国网络购物用户规模及使用率逐年增长，同时，网上外卖、在线旅行预订等用户规模大幅增加。

近年来我国互联网应用（如即时通信、网络视频、短视频等）用户使用率、用户规模也保持平稳增长。而在线办公、在线医疗等应用则保持较快增长，成为用户规模增长最快的两类应用；网上外卖、网约车的用户规模增长速度紧随其后。

随着互联网的发展，网民数量迅速增长，网购方式日益多元化，网络消费者在整体网民中的比例也越来越高。未来企业应提供更精准的服务来满足不同网络消费群体的需求。

2. 网络消费者的购买动机

网络消费者的购买动机是指在网络购买活动中，能促使消费者产生购买行为的一种内部动力,反映了消费者在认知或感情方面的需求或欲望。例如,一个人想要利用网络更好地学习,他就产生了上网学习的需要,而上网学习需要借助计算机,因此这个人就有了购买计算机的动机。购买行为的产生原理如图 2-1 所示。

图 2-1　购买行为的产生原理

根据购买商品的原因和驱动力的不同,网络消费者的购买动机可分为:

1)情绪动机。情绪动机是由人的喜、怒、哀、乐等情绪引起的动机。这类动机常常是被外界刺激信息所感染的,所购商品并不是生活必需或急需的,事先也没有计划或考虑。情绪动机推动下的购买行为具有冲动性和即景性的特点。

2)情感动机。情感动机是道德感、群体感、美感等人类高级情感引起的动机。例如,因爱美而购买化妆品,以及为交际而购买馈赠品等。这类动机推动下的购买行为,一般具有稳定性和深刻性的特点。

3)理智动机。理智动机是建立在人们对商品的客观认识之上,经过比较分析而产生的动机。这类动机使人类对欲购商品提前做计划,经过深思熟虑,购买前做过一些调查研究。例如,经过对质量、价格、保修期的比较分析,有的消费者在众多品牌洗衣机中决定购买某个品牌的洗衣机。理智动机推动下的购买行为具有客观性、计划性和控制性的特点。

4)惠顾动机。惠顾动机是指消费者基于情感与理智的经验,对特定的商店、品牌或商品产生特殊的信任和偏好,重复地、习惯地前往购买的动机。例如,有的消费者多年使用同一品牌的牙膏;有的消费者总是到某几个商店去购物;等等。这类动机推动下的购买行为具有经验性和重复性的特点。

3. 影响网络消费者购买的主要因素

(1)商品的特性

首先,由于网络市场不同于传统市场,网络消费者有着区别于传统市场消费者的消费需求特征,因此并不是所有商品都适合在网络销售和开展网络营销活动。根据网络消费者的特征,网络销售的商品一般要考虑商品的新颖性,即商品是新商品或者是时尚类商品,比较能吸引消费者的注意。追求商品的时尚和新颖是许多消费者特别是青年消费者的重要的购买动机。

其次,考虑商品的购买参与程度,一些商品要求消费者参与程度比较高,消费者一般需要现场购物体验,而且需要很多人提供参考意见,这些商品就不太适合网络销售。对于消费者需要购买体验的商品,企业可以采用网络营销推广功能,辅助传统营销活动,或者将网络营销与传统营销进行整合。企业还可以通过网络来宣传和展示商品,消费者在充分了解商品的性能后,再到线下门店选购。

(2)商品的价格

从消费者的角度来说,价格虽然不是决定消费者购买的唯一因素,却是消费者购买商品时肯定要考虑的因素，而且是一个非常重要的因素。对一般商品来讲，价格与需求量之间经常表现为反比关系：同样的商品，价格越低，需求量越大。网络购物之所以具有生命力，其中一个重要的原因就是网络销售的商品价格普遍低廉。

此外，消费者对于网络销售商品有特殊价格心理预期，那就是即使网络销售商品是要花钱的，那价格也应该比传统渠道的价格低。一方面，互联网的起步和发展都依托了免费策略，因此互联网的免费策略深入人心，而且免费策略也得到了成功地商业运作。另一方面，互联网作为新兴市场，可以减少传统营销的中间费用和一些额外的信息费用，可以大大削减商品的成本和销售费用，这也是互联网商业应用巨大增长潜力所在。

（3）购物的便捷性

购物的便捷性是消费者选择网络购物的首要考虑因素之一。一般而言，消费者选择网络购物时考虑的便捷性：一方面是时间上的便捷性，可以不受时间的限制并节省时间；另一方面是空间上的便捷性，可以足不出户，在很大范围内选择商品。

（4）安全可靠性

网络购买时必须考虑安全性和可靠性。由于网络消费者一般需要先付款后收货，这与一手交钱一手交货的现场购买方式不同，网络购物中，消费者有失去控制的离心感。因此，为减弱网络购物的这种离心感，网络购物各个环节必须加强安全和控制，以保护消费者购物过程的信息传输和个人隐私安全，以及树立消费者对网站的信心。

任务应用

网络消费者购买行为决策

网络购物是指网络消费者为完成购物或与之有关的任务而在虚拟的网络购物环境中浏览、搜索相关商品信息，从而获得购买行为决策（简称购买决策）所需的必要信息，并做出购买决策的过程。网络消费者的购买决策过程是消费者需要、购买动机、购买活动和购买后使用感受的综合与统一。网络消费者的购买决策过程可分为以下5个阶段：确认需求、收集信息、比较选择、购买决策和购后评价。

1. 确认需求

网络购买过程的起点是诱发需求，当消费者认为已有的商品不能满足其需求时，才会产生购买新商品的欲望。在传统的购物过程中，消费者的需求是在内外因素的刺激下产生的，而对于网络购物过程来说，诱发需求的动因只能局限于视觉和听觉，因而网络营销要吸引消费者是有一定难度的。企业或中介商一定要注意了解与自己商品有关的实际需要和潜在需要，掌握这些需要在不同时间内的不同程度及刺激诱发的因素，以便设计相应的促销手段去吸引更多消费者浏览网页，诱导他们的需求或欲望。

2. 收集信息

当需求被唤起后，每一个消费者都希望自己的需求能得到满足。所以，收集信息、了解行情成为消费者购买决策过程的第二个阶段。

收集信息的渠道主要有两种：内部渠道和外部渠道。消费者首先在自己的记忆中搜寻可能与所需商品相关的知识经验，如果没有足够的信息用于决策，他便要到外部环境中去寻找与所需商品相关的信息。当然，不是所有的购买决策活动都要求同样程度的信息和信息搜寻。根据消费者对信息需求的范围和对需求信息的努力程度不同，可以分为以下三种模式：

（1）广泛问题的解决模式

广泛问题的解决模式是指消费者尚未建立评判特定商品或特定品牌的标准，也不存在对特定商品或特定品牌的购买倾向，而是很广泛地收集某种商品的信息。这类消费者可能是因好奇、消遣或其他原因而关注自己感兴趣的商品。这个模式下收集的信息会为以后的购买决策提供经验。

（2）有限问题的解决模式

处于有限问题解决模式下的消费者，已建立了对特定商品的评判标准，但尚未建立对特定品牌的倾向。这时，消费者有针对性地收集信息。这个层次的信息收集，才能真正而直接地影响消费者的购买决策。

（3）常规问题的解决模式

在常规问题的解决模式中，消费者对将来购买的商品或品牌已有足够的经验和特定的购买倾向，购买决策需要的信息较少。

3. 比较选择

消费者需求的满足是有条件的，这个条件就是实际支付能力。消费者为了使自己的消费需求与购买能力相匹配，就要对各种渠道汇集而来的信息进行比较、分析、研究，根据商品的功能、可靠性、性能、模式、价格和售后服务，从中选择一种自认为"足够好"或"满意"的商品。

由于网络购物时消费者不能直接接触实物，所以网络营销者要对自己的商品进行充分的文字描述和图片描述，以吸引更多消费者。但是网络营销者不能对商品进行虚假宣传，否则会永久失去消费者。

4. 购买决策

网络消费者在完成对商品的比较选择之后，便进入购买决策阶段。与传统的购买方式相比，网络消费者的购买决策主要有以下三个方面的特点：

第一，网络消费者理智动机所占比重较大，而情感动机所占比重较小。

第二，网络购物受外界影响小。

第三，网络购物的决策行为与传统购买决策行为相比速度要快。

网络消费者在决策购买某种商品时，一般要具备以下三个条件：

第一，对厂商有信任感。

第二，对支付有安全感。

第三，对商品有好感。

因此，网络营销者要重点做好以上工作，促使消费者做出购买行为。

5. 购后评价

消费者购买商品后，往往通过使用商品对自己的购买决策进行检查和反省，以判断这种购买决策的准确性。购后评价往往能够决定消费者以后的购买动向，满意的消费者就是最好的广告。

为了提高竞争能力，最大限度地占领市场，企业必须虚心听取消费者的反馈意见和建议。方便、快捷、便宜的电子邮件，为网络营销者收集消费者购后评价提供了得天独厚的优势。网络营销者在网络上收集到这些评价之后，通过计算机的分析、归纳，可以迅速找出工作中的缺陷和不足，及时制定相应对策，改进自己商品的性能和售后服务。

任务拓展

体验并分析消费者购买行为

1. 任务目的

掌握分析影响消费者购买和购买行为决策的影响因素。

2. 操作步骤

1）选择自己或朋友购买重要商品的网购经历，如计算机、手机等，综合分析并确定影响购买的因素。

2）详细阐述购买决策过程。

3）思考最终影响购买决策行为的原因是什么。

3. 实施结果

结合自身的网购经验，分析网络消费者的购买行为，将整个决策过程具体化并形成报告。

任务 2　网络营销市场调研

02.2　网络市场调研的内容与方法

相关知识

一般市场调研是指以科学的方法，系统地、有目的地收集、整理、分析和研究所有与市场有关的信息，重点把握有关消费者需求、购买动机和购买行为等方面的信息，从而把握市场现状和发展态势，以便有针对性地制定营销策略，取得良好的营销效益。互联网作为新的信息传播媒体，加快了世界经济结构的调整与重组，形成了数字化、网络化、智能化与集成化的经济走向，也在迅速改变着传统的市场营销方式。为了适应这种信息传播的变革，一种崭新的调研方式——网络营销市场调研随之产生。

1. 网络营销市场调研的定义及特点

网络营销市场调研是企业开展网络营销活动的前提和基础。互联网为网络营销市场调研提供了强有力的工具，并且取得了满意的效果。

（1）网络营销市场调研的定义

网络营销市场调研是指利用互联网和信息技术，针对特定营销环境进行调研设计、问卷设计、资料收集和分析研究，并将这些信息作为企业网络营销决策的数据支持和分析依据，从而更好地实现营销效益。

网络营销市场调研与传统市场调研相比较，可以非常明显地看出两者的不同，见表2-1。

表2-1 网络营销市场调研与传统市场调研比较

项目比较	网络营销市场调研	传统市场调研
调研费用	较低，主要是数据处理费与设计费，调研问卷要支付的费用几乎为零	昂贵，包括问卷设计、印刷、发放、回收、培训、调研结果整理与分析
适用性	适合长期大样本调研，适合迅速得出结论的情况	适合面对面深度访谈
调研范围	全国乃至全球，样本数量庞大	受成本限制，调研地区和样本数量有限
调研速度	只需搭建平台，数据库可自动生成	较慢，至少2~6个月才能得出结论
被访问者便利性	非常便利，被访问者可自由决定时间、地点来回答问卷	不太方便，一般要跨越空间障碍，到达访问地点
调研时效性	全天候进行	对访问者只能在有限时间内进行访问

（2）网络营销市场调研的特点

通过以上对比，可以更加清晰地概括出网络营销市场调研的特点：

1）便捷性和经济性。传统市场调研要耗费大量人力、物力，而网络营销市场调研非常便捷、经济，只需一台能上网的计算机即可。调研人员在企业网站上发出电子调研问卷，网民自愿填写，然后通过统计分析软件对被访问者反馈回来的信息进行整理和分析。信息收集过程不受天气和距离等条件的限制，调研人员不需要印刷调研问卷，调研过程中最繁重、最关键的信息收集和录入工作将分布到众多网民的终端计算机完成。

2）交互性和充分性。在网络调研时，被访问者可以及时就问卷相关问题提出自己的看法和建议，减少因问卷设计不合理而导致的调研结论出现偏差等问题，也可自由地在网上发表自己的看法，没有时间限制。传统的市场调研是不可能做到这些的，例如面谈调研时间不能超过10min，否则被访问者会不耐烦，因而对调研人员的要求非常高。

3）及时性和共享性。网络调研是开放的，任何网民都有权参加投票和查看结果，这保证了网络信息的及时性和共享性。网络投票信息经过统计分析软件初步处理后，可以看到阶段性结果，传统的市场调研则需经过很长的一段时间才可得出结论。

4）无时间和地域的限制。网络营销市场调研可以 24h 全天候进行，这与受时间和地域限制的传统市场调研方式有很大的不同。例如，某公司要了解各国对某一国际品牌的看法，只需在一些著名的全球性广告站点发布广告，把广告链接到公司的调查表就行了，无须像传统的市场调研那样，在各国找不同的代理分别实施。

5）调研结果的可靠性和客观性。被访问者在完全自愿的原则下参与调研，调研的针对性更强，这种基于消费者和潜在消费者的市场调研结果是客观和可靠的，在很大程度上反映了消费者的消费心态和市场发展的趋向。传统的市场调研面谈法中的拦截询问法，实质上是带有一定"强制性"的。

6）可检验性和可控制性。利用互联网进行市场调研并收集信息，可以有效地控制采集信息的质量实施系统。首先，网络营销市场调研可以附加全面规范的指标解释，有利于消除对指标理解不清或调研人员解释口径不一致所造成的调研偏差。其次，问卷的复核检验由计算机依据设定的检验条件和控制措施自动实施，可以有效地保证对调研问卷正确率的复核检验，保证检验与控制的客观公正性，通过对被访问者的身份验证可以有效地防止信息采集过程中的舞弊行为。

2. 网络营销市场调研的内容与基本方法

与传统的市场调研一样，网络营销市场调研应遵循一定的步骤和方法，以保证调研过程的质量。

（1）网络营销市场调研的内容

网络营销市场调研的内容主要有以下 3 个部分：市场需求容量调研、可控因素调研和不可控因素调研。

1）市场需求容量（The Market Needs）调研。市场需求容量调研主要包括：现有和潜在的需求容量；市场最大和最小需求容量；不同商品的需求特点和需求规模；营销机会在不同市场空间的分布以及对竞争对手和企业的现有市场占有率情况的调查分析。

2）可控因素（The Controllable Factor）调研。可控因素调研主要包括对产品、价格、销售渠道和促销方式等因素的调研。

① 产品调研。产品调研包括：有关产品性能、特征与消费者对产品的意见和要求的调研；产品寿命周期调研，以了解产品所处的寿命周期的阶段；产品的包装、名牌等给消费者所留印象的调研，以了解这些形式是否与消费者或用户的习惯相适应。

② 价格调研。价格调研包括：产品价格的需求弹性调研；竞争对手价格变化情况调研；新产品价格制定或老产品价格调整所产生的效果调研；选样品实施价格优惠策略时机的效果调研。

③销售渠道调研。销售渠道调研包括：企业现有产品分销渠道状况调研；中间商在分销渠道中的作用及各自实力调研；消费者或用户对中间商尤其是代理商、零售商的印象等的调研。

④促销方式调研。促销方式调研主要是指对广告宣传、人员推销、公共关系等促销方式的实施效果进行对比、分析。

3) 不可控因素（The Uncontrollable Factor）调研。不可控因素调研主要包括对政治环境、经济发展状况、社会文化因素、技术发展状况与趋势和竞争对手等因素的调研。

①政治环境调研。政治环境调研主要是指针对企业商品消费者或用户所在国家或地区政治形势的稳定程度、政府现行法令、政策等方面的调研。

②经济发展状况调研。经济发展状况调研主要是调查在宏观经济发展中，企业所面对的市场将产生何种变化。

③社会文化因素调研。市场需求变动是受社会文化因素影响的，社会文化因素调研如职业、文化程度、社会道德与审美意识、宗教信仰及民风等方面的调研。

④技术发展状况与趋势调研。技术发展状况与趋势调研主要是为了了解与本企业商品生产有关的技术水平现状及发展趋势，同时还应把握社会同类商品生产企业的技术水平提高情况。

⑤竞争对手调研。竞争对手调研主要是指对竞争对手数量、竞争对手的市场占有率及发展趋势、竞争对手正在及将要采用的营销策略、潜在竞争对手情况等方面的调研。

（2）网络营销市场调研的基本方法

利用网络进行市场调研有两种方法：一种是直接进行的一手资料调研，即直接调研法；另一种方法是间接调研法，即利用互联网的媒体功能，在互联网上收集二手资料进行调研。

1) 直接调研。直接调研是指为当前特定的目的在互联网上收集原始信息或一手资料的过程。直接调研的方法有4种：网上观察法、专题讨论法、网上实验法和在线问卷法。其中在线问卷法的应用最广，也是专业程度最高的网络调研方法。

①网上观察法：网上观察法的实施主要是利用相关软件记录网络浏览者的活动。相关软件能够记录：网络浏览者浏览企业网页时所点击的内容和浏览的时间；在网上喜欢看什么商品网页；看商品时，先点击的是商品的价格、服务、外形还是其他人对商品的评价；是否有就相关商品和企业进行沟通的愿望等。

②专题讨论法：专题讨论法可通过电子公告牌（BBS）、新闻组（Usenet）或邮件列表讨论组进行。

③网上实验法：网上实验法可以通过在网络中所投放的广告内容与形式进行实验。设计几种不同的广告内容与形式并发布在网页或者新闻组上，也可以利用电子邮件传递广告。我们可以通过服务器端的访问统计软件随时监测广告的效果，也可以利用客户反馈信息量的大小来判断，还可以借助专业的广告评估机构来评定。

④ 在线问卷法：在线问卷法也是最常用的在线调研方法，被广泛应用于各种专业的调研活动。它其实相当于传统问卷调研方法在网络上的表现形式。很多专业的在线调研问卷可以委托专业公司投放和回收。有一些在线调研平台，提供免费的调研服务，在提供常规在线问卷设计及投放服务的同时，还提供一些常用的问卷模板，使设计变得更简单，例如腾讯问卷免费调研系统（见图2-2）。专业问卷调查平台——问卷星（见图2-3）。

图2-2　腾讯问卷免费调研系统

图2-3　专业问卷调查平台——问卷星

2）间接调研。间接调研收集的是网上二手资料。它是指通过搜索引擎搜索有关站点的网址，访问所需信息的网站或网页，收集与企业营销活动相关的宏观环境、竞争对手、消费者、供应商、市场营销渠道以及商品等方面的信息的调研方式。间接调研被企业广泛应用：一方面，这种调研方法操作相对便捷；另一方面，这种调研方法提供的信息非常广泛，可以满足企业管理决策需要。

如果企业想要在互联网海量的二手资料中找到自己需要的信息，首先必须能够熟练使用搜索引擎，其次要掌握专题型网络信息资源的分布状况。网上查找资料主要通过以下方法进行：

① 利用搜索引擎查找资料：搜索引擎提供一个搜索入口，根据搜索者提供的关键词搜索，反馈出的搜索结果是与关键词相关的商机信息，如供求信息、商品信息、企业信息及行业动态信息，并且给予搜索者一定的信息分拣引导，最终达到满足搜索者实际需求的目的。利用搜索引擎可以获得大量有用的市场资料，是最简单、最有用的网络调研工具之一。

② 访问相关网站收集资料：由于互联网数据的开放性和动态性，利用搜索引擎收集的市场资料通常适用于临时性的调研；需要长期跟踪收集的行业资料，则可以通过长期直接跟踪访问相关专题信息集中的热门行业网站，例如国家统计局（见图2-4）、海关总署等来获得。

图2-4　访问国家统计局网站收集相关资料

③ 利用网上数据库查找资料：网上数据库分为免费和付费两种。用于市场调研的数据库一般都是需要付费的。

任务应用

进行网络营销市场调研的步骤

1. 明确问题与确定调研目标

明确问题和确定调研目标对使用网络搜索的方法来说非常重要。所以，在进行网络搜索时，要有一个清晰的目标并注意去寻找。一些可以设定的目标如：

1）谁有可能想在网上使用你的产品或服务？
2）谁是最有可能成为购买你产品或服务的客户？
3）在你这个行业，谁已经开始网络销售？他们在做哪些活动？
4）客户对你的竞争者的印象如何？
5）企业日常运作，可能要遵守哪些法律、法规？如何合法合规开展运营？

2. 制订调研计划

制订出最为有效的信息搜索计划是网络营销市场调研的第2个步骤。具体来说，要确定资料来源、调研方法、调研手段、抽样方案和联系方法。下面就相关的问题进行说明：

（1）资料来源　确定收集的是二手资料还是原始资料。

（2）调研方法　网络营销市场调研可以使用专题讨论法、问卷调查法和实验法。

1）专题讨论法是借用邮件列表讨论组、新闻组和网上论坛的形式进行的。

2）问卷调查法可以使用电子邮件（主动出击）分送和在网站上刊登等形式。

3）实验法则是选择多个可比的主体组，分别赋予不同的实验方案，控制外部变量，并检查所观察到的差异是否具有统计上的显著性。

（3）调研手段　具体内容如下：

1）在线问卷。其优点是制作简单、分发速度快并且回收方便，但要注意问卷的设计水平和技巧。

2）交互式计算机辅助电话访谈系统是利用一种软件程序在计算机辅助电话访谈系统上设计问卷结构，并在网上传输各种信息。互联网服务器直接与数据库连接，直接存储收集到的被访者答案。

3）网络调研软件系统是专门为网络调研设计的问卷链接及传输软件，包括整体问卷设计、网络服务器、数据库和数据传输程序。

（4）抽样方案　确定抽样单位、样本规模和抽样程序。

（5）联系方法　获取网上交流的形式，如电子邮件传输问卷、参加网上论坛等。

3. 收集信息

资料收集方法借助网络通信技术的突飞猛进得以迅速发展。互联网不受时间和地域的限制，因此网络营销市场调研可以在全国甚至全球进行。同时，收集信息的方法也很简单，直接在网上递交或下载即可。这与传统市场调研收集资料的方式有很大区别。

法律法规

收集使用个人信息应遵循合法合规原则

根据《中华人民共和国网络安全法》第四十一条的规定，网络运营者收集、使用个人信息，应当遵循合法、正当、必要的原则，公开收集、使用规则，明示收集、使用信息的目的、方式和范围，并经被收集者同意。

合法、正当原则主要是指网络运营者要通过合法、正当的手段收集、使用个人信息，不得欺诈、诱骗、强迫个人提供信息，不得隐瞒产品或者服务所具有的收集个人信息的功能，不得通过非法渠道获得个人信息，不得收集法律、法规明令禁止收集的个人信息，不得违法、违规或者违反双方约定使用个人信息。

必要性原则是指网络运营者应当符合最小化要求，即按照最低频率、最少数量收集有直接关联的个人信息，而不能仅仅以改善程序功能、提高用户体验、定向推送等目的收集个人信息。

2021年7月4日，国家互联网信息办公室发布《关于下架"滴滴出行"App的通报》，如图2-5所示。通报内容为：根据举报，经检测核实，"滴滴出行"App存在严重违法违规收集使用个人信息问题。国家互联网信息办公室依据《中华人民共和国网络安全法》相关规定，通知应用商店下架"滴滴出行"App，要求滴滴出行科技有限公司严格按照法律要求，参照国家有关标准，认真整改存在的问题，切实保障广大用户个人信息安全。

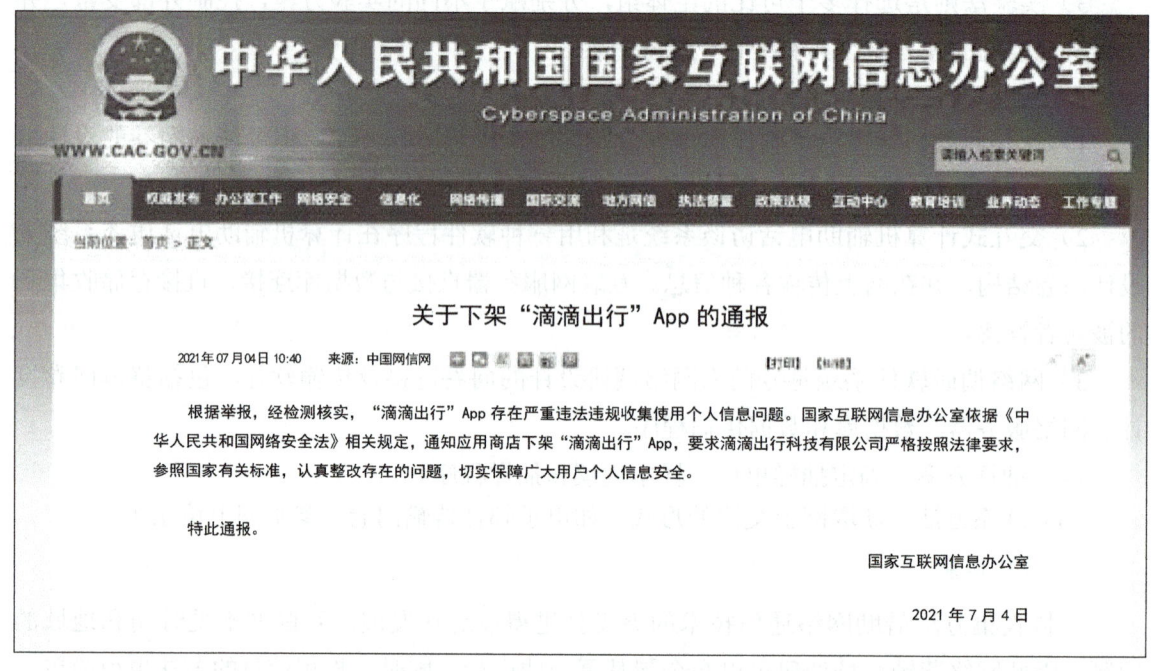

图2-5　关于下架"滴滴出行"App的通报

互联网时代的飞速发展，让人们的生活更加便利，但在便利的同时，个人信息安全也成为许多人关心的问题。目前我国针对个人信息保护，已经建立起比较完善的法律体系。在这一体系下，相关部门对App个人信息收集的范围和用途给予更明确的指导。从相关部门对App收集个人信息乱象的通报和整改中可以看出，保护个人信息成为一种常态化的监管，对具体App和企业而言，这也有利于其长期健康发展。

4. 分析信息

目前国际上较为通用的分析软件有 SPSS、SAS 等。即时呈现是网上信息的一大特征，而且很多企业还可以从一些知名商业网站上得到同样的信息，因此信息分析能力尤为重要，它能使企业在动态中捕捉到商机。

5. 提交报告

撰写调研报告是整个调研活动的最后一个步骤。报告不是数据和资料的简单堆砌，调研人员也不能把复杂的统计技术和大量的数字扔到管理人员面前，否则就失去了调研的价值，而应该把与网络营销关键决策有关的主要调研结果报告出来，并以正规结构格式撰写调研报告。

作为对被调研者的一种激励或犒赏，网络调研应尽可能地把调研结果反馈给被调研者或广大读者。当调研结果限定仅对被调研者开放时，只需分配给被调研者一个访问密码。对于简单调研，可以采取互动的形式公布统计的结果，效果更佳。

任务拓展

设计在线调研问卷

1. 任务目的

能够设计并使用在线调研问卷，提高对网络营销市场调研的认知水平。

2. 操作步骤

1）登录、注册问卷星等调研问卷网站。

2）为家乡特产设计一套网络调研问卷，包括调研说明、调研内容及被调研者个人信息。

3）利用微信、朋友圈、QQ 等多渠道发放问卷。

4）汇总、统计问卷数据并进行分析。

3. 实施结果

根据回收的问卷结果，分析数据、得出结论，形成调研报告。

拓展阅读

"双十一"网络购物消费者行为调研

中国互联网络信息中心（CNNIC）数据显示，截至 2022 年 12 月，我国网络购物用户规模达 8.45 亿，较 2021 年 12 月增长 319 万，占网民整体的 79.2%。网购消费者黏性较强，市场潜力巨大且稳定度高。

2022 年"双十一"全网交易额为 5571 亿元。"双十一"购物节继续稳健增长，折射出消费活力和经济韧性。"双十一"网络购物节出现的十余年间，网络购物节历经试水期、探索期、爆发期以及多元期，已经逐步成熟与完善，其对消费者的影响也在潜移默化地发生改变。

在"双十一"网络购物节的大环境下，商品购买的必要性以及是否与个人需求相匹配成为影响用户最终消费的核心要素。用户的购物决策不再以价格作为唯一考量因素，而是兼顾对品牌、品质、服务、价格等多方面的理性判断，网络购物节的消费趋于理性。

淘宝、京东暂列消费者首选，抖音、美团成新焦点。 根据艾瑞咨询调查数据，2022年中国消费者在淘宝参加"双十一"购物人数最多，占比61.1%；京东和天猫位列第二、第三，分别占比56.6%、51.9%；抖音电商、快手电商及美团电商分别占比28.9%、23.1%、22.2%。淘宝、京东仍是消费者参加"双十一"购物的首选平台，但快手电商、美团电商、小红书等市场占有率明显增加。新兴的流量平台将成为新焦点，未来行业竞争更加激烈。

市场消费趋于理性，影响平台策略。 2022年天猫和京东先后公布了"双十一"战报，天猫表示"与去年持平"，京东则表示"超越行业增速"。直播带货作为抖音的王牌，7667个直播间销售额超百万元。究其原因2022年市场消费趋于理性，影响各平台布局，整体趋于保守。对于商家而言，能否更精准把握消费者需求，提供准确的产品供给，让消费者在原有预算框架内有更好的获得感和满足感，将是下一轮创新竞争的关键。

直播带货成主战场。 2022年"双十一"，各平台提出了新对策。淘宝改变以往纯粹依靠成交驱动的算法逻辑，重新打造供流量循环再生的内容流量场。淘宝直播产生了62个成交额亿元以上的直播间，通过吸收达人主播获取流量，如某头部主播直播间成交额上亿，带动淘宝销量的增长；抖音布局商城，"双十一"活动商家数量同比增长86%。品牌商家的多平台直播带货或将成为常态，直播机构多平台布局将成为未来趋势。

即时零售成零售领域新亮点。 2022年"双十一"，即时零售以高速的增长从大盘中突围，成为零售商和品牌们的"必选项"。作为零售行业的重要渠道，持续为线下实体、品牌带来新增量。即时零售平台覆盖的商品品类不断拓宽，消费者线上消费、即时性消费习惯日趋养成，成为2022年"双十一"的一大亮点。优化本地供给、整合本地商家资源、丰富商品供应则是未来各平台需要迎接的挑战。

生活必需品需求最旺盛。 咨询机构调研数据显示，生活日化和服装鞋帽为中国消费者在"双十一"购买最多的商品品类，分别占51.4%和51.1%，而食品饮料和美妆护肤紧跟其后。日用品、服饰、饮料为"双十一"销售大类，作为生活必需品需求较大，而家居、家电作为耐用品使用周期长，消费需求相对稍弱。未来产品创新或将是刺激消费购物的动因。

价格优惠仍是购物主动力。 因价格优惠而参加"双十一"购物节的网民最多，占比69.1%；正好想买的消费者占比49.1%。相比2021年，消费者总体认为品牌给出的优惠力度并不高。调研数据显示，54.3%消费者会因为观看网红或明星而购买商品，且59.0%的消费者认为直播间价格比较实惠。达人直播作为直播电商的一种主要业态,因其专业性、高流量、高转化率而被商家使用,其可在短时间内提升品牌销量。直播作为营销推广的利器,在未来,"直播+"将会成为电商营销新常态,"人货场"范围将持续扩大。

阅读启示:

网络购物节发展至今,用户的消费行为日渐理性,更加重视好物低价和服务质量,品牌品质兼具的商品成为消费主流。同时用户也更加重视购物的必要性,减少冲动消费,实现按需购买。电商直播的兴起加剧了流量争夺和电商内容化的趋势,在拉动消费方面起到了至关重要的作用,直播带货成电商平台、内容平台的新增长动力。随着短视频平台入局,多渠道、多平台分流趋势不可避免。近年来各品牌积极在全渠道提升份额,多平台发展成为常态。

近年来,越来越多的高品质、高价值的中国品牌商品受到消费者青睐,中国品牌正在由"量变"到"质变",消费结构实现升级与变革,"双十一"的海外溢出效应持续释放,"双十一"购物节也成为中国电商与海外消费者、中国消费者与海外商家互联互通的桥梁。

项 目 小 结

本项目着重对网络市场调研进行介绍,由网络消费者行为分析和网络营销市场调研两个任务组成。本项目主要阐述网络消费者的购买动机、购买决策过程以及网络营销市场调研的方法等相关知识,通过对网络消费者购买行为的分析,以及网络营销市场调研的介绍,结合任务应用与任务拓展,使读者能够开展市场调研并引导消费者消费。

思考与练习

1. **不定项选择题**(至少有一个选项是对的)

1)网络营销市场调研的内容主要有(   )。
   A.市场需求容量调研   B.可控因素调研
   C.不可控因素调研

2)常用的网络调研问卷设计网站有(   )。
   A.雅虎   B.搜狐   C.腾讯问卷   D.问卷星
   E.百度问卷

3）下列属于间接调研有（　　　）。

　　A．利用搜索引擎查找资料　　　　B．专题讨论法

　　C．网上实验法　　　　　　　　　D．在线问卷法

4）网络消费者的购买决策过程包括（　　　）。

　　A．确定需求　　B．收集信息　　C．比较评价　　D．购买决策

　　E．购后评价

5）影响网络消费者购买的主要因素有（　　　）。

　　A．产品的特性　　B．产品的价格　　C．安全可靠性　　D．购物的便捷性

2．简答题

1）网络营销市场调研的特点有哪些？

2）网络营销市场调研的基本方法有哪些？

3）网络消费者购买决策过程一般有哪几个阶段？

项目 3

网络营销方案策划

习目标

🔵 **知识目标**

1）熟识网络营销组合策略，网络策划书的分类。
2）识记网络营销策划的步骤。
3）熟记网络营销策划方案的撰写要点。

🔵 **能力目标**

1）能够针对企业目标，设计网络营销组合策略。
2）能够进行网络营销策划，并撰写网络营销策划书。

🔵 **素质目标**

1）能与团队成员共同协作，制定网络营销策划方案。
2）培养网络创新意识。

案例导读

褚橙销售奇迹始末

"褚橙"即冰糖橙，因其种植者褚老先生历经跌宕人生，故亦有励志橙之称。这位褚橙的创始人曾经是云南玉溪红塔集团的董事长，75岁时再次创业，创造了"褚橙"这一现象级的品牌。

"褚橙"的成功离不开互联网。2012年首次大规模进入北京市场，"褚橙"先与电商本来生活网合作，进行网络造势，随后进行网络首发，5min卖出800箱，20t在3天半售罄；2013年11月"褚橙"再次进行销售，11月11日首批特级"褚橙"全部售罄，最终卖了200t，创下国内农产品销售奇迹。网上热卖也引起了社会的较大关注，促进了线下传统渠道销量的增长。"褚橙"俨然已成为中国互联网时代农产品标志性品牌之一。"褚橙"自进京开始即一炮打响，成为销售最为火爆的农产品之一。

褚橙的营销策略包括产品策略、品牌策略、销售策略、定价策略和新媒体营销策略。

1. 产品策略

"褚橙"的品种是云南所产冰糖橙,规模化种植后,一开始对标的就是美国橙子——新奇士。新奇士外观漂亮、价贵,但口感不行,褚橙要种更好吃的橙子,不仅有价,还有质。

"褚橙"借助云南的天时地利,通过专业技术剪枝控梢、建沟引渠、改土培肥,用塘泥+草炭+鸡粪+烟梗的肥料配比改变土质,并对每棵果树的产量进行定量分析,采用浇水、施肥、抹梢、剪枝等科学的作业流程。精心培育出来的"褚橙",清甜、化渣、易剥皮,如图3-1所示,达到了国人最喜爱的24:1的酸甜比。

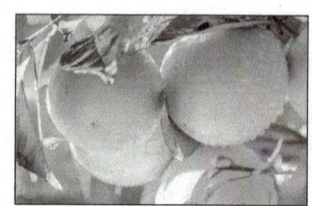

图3-1 成熟的褚橙

2. 品牌策略

大品类,小品牌;大产地,小企业。这两大现象,是中国农产品多年未解的结。褚老先生将辛苦培育而成的冰糖橙命名为云冠橙,本来生活用名人姓氏为品类品种命名,将其命名为"褚橙"。"褚橙"诞生的过程本就是充满传奇色彩和励志精神的过程,对于这个品牌来说,这种精神和文化符号就是营销的引爆点。

"褚橙"现象提示了农产品推广的第一张入场券——品牌化。这个品牌化,不仅包括命名、设计、视觉,还包括品牌内涵、产品内涵、营销推广、媒体造势等一系列手法,这些都是消费品推广中"品牌化"的基本内涵。

3. 销售策略

"褚橙"是典型的电商玩法,不需要开发任何实体经销商、终端零售点,所有销售在网上完成。快递取代了经销商,网上支付代替了零售终端,网络传播代替了媒体广告。网购消费者是"褚橙"的买主。如果没有网购消费者及已经成熟的电商系统,"褚橙"的热销就是不可想象的。

4. 定价策略

渠道结构与渠道成员的权力格局,决定产品的定价权。"褚橙"的定价,是在上述品牌化、渠道变革的背景下,才有可能发生的。当市面上普通橙子售价不超过5元/500g时,"褚橙"售价高达10.8~18.8元/500g,如图3-2所示。"褚橙"的售价是普通橙子的几倍,因此被网友调侃为"橙中茅台"!

"褚橙"走的是高溢价的撇脂定价路线,因为对于农产品来说,低价格意味着低价值,反而不能让消费者产生购买冲动。

项目 3　网络营销方案策划

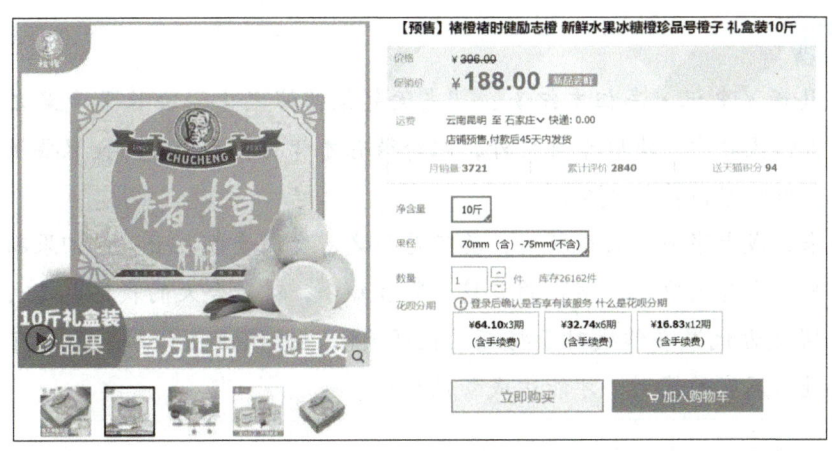

图 3-2　褚橙预售截图

5．新媒体营销策略

橙子不是稀罕物，本不大好卖，传统广告也未必奏效。褚老先生不做广告，他讲了关于自己的沧桑故事。宣传伊始，一家媒体的官方微博发布了《褚橙进京》的文章，24h内被转发了 7000 多次。很多企业界大佬也跟进传播。这些为之后"褚橙"的首发大卖奠定了舆论基础。

"褚橙"在营销上的成功，既是因为顺应了消费者消费升级的趋势，也是因为借助了互联网的传播效应，利用目标群体中的意见领袖和偶像，以他们口中的产品或品牌故事，来影响粉丝和目标群体的认同。"褚橙"告诉我们，营销的核心并非炒作虚无的概念，营销策划绝对不是无中生有，而是本身就有的 IP、人设、价值主张的挖掘、提炼和呈现。

案例思考：
1）"褚橙"的营销为什么会成功？
2）营销策划在整个网络营销中有怎样的地位？

任务 1　网络营销组合策略

03.1　网络营销组合策略

相关知识

策划是进行策略思考、布局规划、谋划制胜创意的过程，并形成可执行的方案。换言之，策划就是为了达到特定的目标而构思、设计、规划的过程。网络营销策划可定义为：企业在特定的网络环境和条件下，为了达到事先设定的营销目标，所采取的一系列策略思考和营销计划活动。因此，网络营销策划的核心是选择合适的网络营销组合策略。

> **传统文化**
>
> 西汉司马迁《史记·高祖本纪》:"夫运筹策帷帐之中,决胜于千里之外,吾不如子房。"运筹帷幄之中,决胜千里之外,比喻很有才智的人无须上阵,只要做好前期的战略部署,就能够让事情获得成功。
>
> 古往今来,成大事业、大成就者,莫不是胆略、智谋兼备之士,他们果断决策谋事,小心求证成事。先贤们决断、谋事的智慧,鉴古知今,对于今天的我们也是大有裨益的。
>
> 运筹帷幄是古代军事作战对于将领的最高要求,营销活动和军事作战有异曲同工之处,都需要进行周密的策划,才能达成营销目标。

1. 网络营销组合策略的概念

网络营销组合策略是从事网络营销的企业根据自身所处的市场地位而采取的一系列营销手段的组合。

网络营销组合策略是以互联网为基础,利用数字化的信息和网络媒体的交互性来辅助营销目标实现的一种新型的市场营销方式。简单地说,网络营销组合策略就是以互联网为主要手段进行的,为达到一定营销目的而开展的一系列营销活动。

2. 网络营销组合策略的内容

最主要的市场营销组合策略之一是 4P 理论,重点围绕产品(Product)、价格(Price)、渠道(Place)、促销(Promotion)等方面展开,这是一个完整的营销策划中必不可少的内容。以此为基础,网络营销组合策略是企业采取的一系列营销手段的组合,主要包括以下 5 种策略:

(1) 产品策略

产品策略专指产品营销策略,即策划通畅的销售渠道、持续的销售态势及维持产品设计的理想化售价,也就是如何能在产品更好卖出的同时塑造品牌形象。

网络营销产品的整体概念可分为 5 个层次,每个层次有不同的策略:

1) 核心产品或服务层次。在核心产品或服务上,消费者在购买产品时希望从产品或服务中得到基本效用,即消费者追求核心利益。因此,企业在设计和开发产品或服务核心利益时要从消费者的角度出发,根据上次营销效果来进行本次产品或服务的开发设计。

2) 有形产品层次。在有形产品层次上关注产品在市场上出现时的具体物质形态。对于物质产品来说,必须保证产品的品质、注重产品的品牌、注意产品的包装。在式样和特征方面,要根据不同地区的文化有针对性地加工产品。

3) 期望产品层次。在期望产品层次上,消费者在购买产品前对所购产品的质量、使用方便程度、特点等方面怀有期望。在网络营销中,消费者占主导地位,消费呈现出个性化的特征,不同的消费者可能对产品有不一样的需求,因此,产品的设计和开发必须满足消费者个性化的消费需求。

4）延伸产品层次。在延伸产品层次上，由产品的生产者或经营者满足消费者需求，主要是帮助消费者更好地获得核心利益。在网络营销中，对于物质产品来说，企业要在保证质量的前提下，提供满意的送货、售后服务等。

5）潜在产品层次。在潜在产品层次上，由企业提供能满足消费者潜在需求的产品或服务，主要是产品的增值服务，与延伸产品的区别在于消费者没有延伸产品层次依然能很好地使用产品的核心利益和服务。

（2）品牌策略

网络营销的重要任务之一就是在互联网上建立并推广企业的品牌，快速树立品牌形象，并提升企业的整体形象。网络品牌建设是以企业网站建设为基础，通过一系列的推广措施，使企业获得消费者和公众的认知和认可。从某种意义上说，网络品牌的价值甚至高于通过网络获得的直接经济收益。

品牌策略是指通过对消费者心理的引导、激发，使企业形象和产品品牌在消费者心中形成一种个性化区隔。品牌策略更注重意识形态和心理描述，是消费者对品牌的模糊认识逐渐清晰化的过程。

（3）价格策略

价格策略（也称定价策略）是指企业通过对消费者需求的估量和成本分析，选择一种能吸引消费者并实现网络营销组合的策略。由于企业物流成本构成比较复杂，包括运输、包装、仓储等多方面问题，所以价格策略的确定需要根据实践经验，在维护生产者和消费者双方经济利益的前提下，以消费者能够接受的水平为基准，根据市场变化情况，灵活客观地进行决策。

1）差别定价策略。差别定价又称"弹性定价"，是一种"根据消费者支付意愿"而制定不同价格的定价法，其目的在于满足基本需求、缓和需求的波动和刺激消费。当一种产品对不同的消费者，或在不同市场上的定价与它的成本不成比例时，就产生了差别定价。要实行差别定价策略，需要进行资料的搜集，建立数据库，将每一个消费者都当成一个独立的个体。对消费者的需求进行详细的分析，从而定出不同的价格。

例如，某民航公司采取收益管理措施，规定"只有在旅行目的地过周末的乘客才可按折扣价购买机票"，将公务旅行者和休假旅行者分开，既为价格灵敏度较高的休假旅行者提供优惠票价，又可防止大多数不愿在旅行目的地过周末、价格灵敏度较低的公务旅行者利用价格折扣。

2）低价定价策略。低价定价策略是一种在网络营销中最耳熟能详的定价策略之一，其核心是薄利多销和抢占市场。薄利多销的前提是产品的需求量大、生产效率高，如生活快消品类的纸巾、牙膏、洗发水等。一个新产品发布时为了抢占市场也可采用低价定价策略，旨在提高市场的知名度，快速建立消费者对产品的认知，大范围培养潜在忠实用户。

3）拍卖定价策略。拍卖定价策略是一种较为新颖的定价策略，在电商平台使用较多，淘宝（见图 3-3）或 eBay 均有单独的拍卖专栏。

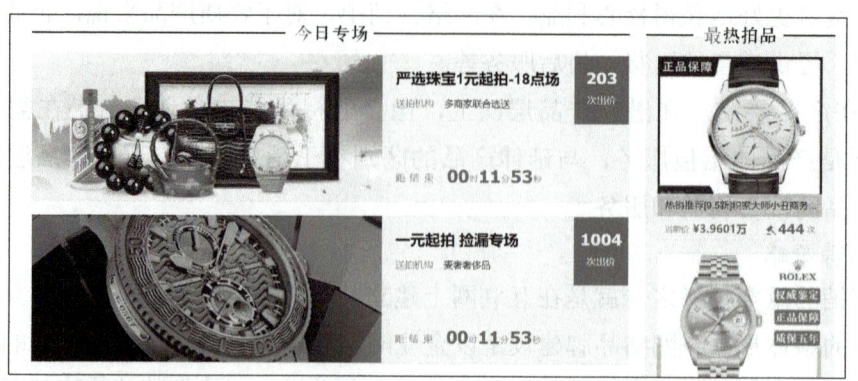

图 3-3　淘宝拍卖商品

拍卖定价策略设置的商品起始价格非常低，甚至为零，但是经过消费者的一番争夺后，其价格便会上涨，甚至竞拍价格会高于商品的一般价格。例如，一些数量稀少、市场需求量大又难以确定价格的商品都可采用拍卖定价策略。

4）捆绑定价策略。捆绑定价策略是共生营销的一种形式，是现代最为普遍的一种定价策略。捆绑定价策略多运用于配套的商品或服务。例如，商品 A 和商品 B 不单独标价，而是按照捆绑后的统一价售出；或者消费者在购买商品 A 时，可以用优惠的价格购买到商品 B。但是捆绑定价策略不可令消费者产生负面的印象，需要令消费者满意。

5）品牌定价策略。在现代商品销售中，定价除了需要考虑商品的成本和质量外，还需要考虑商品的品牌性，现代消费者消费也具有品牌针对性。一旦消费者认准某个品牌，其未来的消费都会倾向于该品牌。品牌的知名度建立在不断的推广和维护上，如果商品具有良好的品牌形象，具有较高知名度，那么商品将会产生较大的品牌增值效应，因此可以采取"优质高价"策略。这样既增加了企业盈利，也满足了消费者的消费心理。

6）尾数定价策略。尾数定价又称奇数定价或零头定价，是利用消费者在数字认识上的某种心理制定尾数价格，使消费者产生商品价格低廉、商家定价认真以及售价接近成本等信任感。目前，这种定价方法被线上线下的商家普遍运用，如图 3-4 所示。

图 3-4　电商平台尾数定价

在使用尾数定价法时，要注意价格尾数应当使用大众喜欢的数字（如6、8、9），而不应当采用"1、4、7"等数字。这样更容易令消费者产生标价真实的感受。例如，标价1999元通常要比标价2000元的商品更易出售：消费者不相信商品的成本与合理利润之和正好等于2000元；1999元却可能让消费者认为这个商品的标价还挺真实，不然为什么不写2000元，还减1元呢。

（4）网络促销策略

网络促销策略是利用互联网来进行促销活动的，也就是利用现代化的网络技术向虚拟市场传递有关商品信息，以引发需求，引起消费者购买欲望和购买行为。网络促销关键在于网络宣传广告的设计要能发掘商品的潜在客户，拓宽商品的销售范围。网络促销形式有四种，分别是网络广告、站点推广、销售促进和关系营销。

网络广告主要是借助网上知名站点，如互联网服务提供商（ISP）或互联网内容提供商（ICP）、免费电子邮件网站和一些免费公开的交互站点（如新闻组、公告栏）发布企业的商品信息，对企业和商品进行宣传推广。

站点推广是利用网络营销策略扩大站点的知名度，吸引消费者访问网站，起到宣传和推广企业以及企业商品的作用。站点推广主要有两种方法：一种是通过改进网站内容和服务从而吸引消费者访问，起到网站推广的作用；另一种是在适当的站点上购买广告栏发布网络广告。

销售促进就是企业利用可以直接销售的网络营销站点，采用一些销售促进方法，如价格折扣、有奖销售、拍卖销售等，宣传和推广商品。大部分网络营销方法都直接或间接促进销售，但不限于促进线上销售，事实上，网络营销在很多情况下对于线下销售的促进也十分有价值。

关系营销是借助互联网的交互功能吸引顾客与企业保持密切关系，培养顾客忠诚，提高企业收益率。实施关系营销并不以损伤企业利益为代价，研究表明，争取一个新顾客的营销费用大约是维护一个老顾客营销费用的5倍，因此增强与顾客之间的关系并建立顾客的忠诚，是可以为企业带来长远利益的。它提倡的是企业与顾客的双赢。

（5）渠道策略

随着营销环境的变化，网络给企业提供了一种全新的销售渠道，它突破了传统营销渠道的地域限制，把企业和消费者连在一起。网络营销渠道不仅是传统营销渠道的补充，而且是传统营销渠道的延伸。网络渠道不仅简化了传统营销中多种渠道的层级构成，而且集售前、售中、售后服务为一体，因此具有很大的优势。

对于从事网络营销的企业来说，熟悉网络营销渠道策略，不仅有利于顺利地完成企业商品从生产领域到消费领域的转移，促进商品销售，而且有利于企业获得整体网络营销的成功。

网络营销渠道就是借助互联网将商品从生产者转移到消费者，是实现企业营销目标的一整套相互依存环节的一部分。它一方面为消费者提供商品信息，供消费者选择；另一方面，在消费者选择商品后，完成交易手续。

设置网络营销的渠道应本着让消费者方便的原则。一个完善的网络销售渠道应具有三大功能：订货功能、结算功能和配送功能。

随着以顾客为中心的新型营销思路的出现，与传统营销 4P 相对应的 4C 营销理论应运而生。它以顾客需求为导向，4C 分别指代顾客（Customer）、成本（Cost）、便利（Convenience）和沟通（Communication）。4C 营销理论强调企业应该把追求顾客满意放在第一位，其次是努力降低顾客的购买成本，然后要充分注意到顾客购买过程中的便利性，而不是从企业的角度来决定销售渠道策略，最后还应以顾客为中心实施有效的营销沟通。4C 营销理论的提出引起了营销传播界及工商界的极大反响，并成为整合营销理论的核心。

随着时代的发展，当顾客需求与社会原则相冲突时，又出现了 4R 营销理论。它是以关系营销为核心，注重企业和顾客关系的长期互动，重在建立顾客忠诚的一种理论。4R 营销理论的营销四要素指关系（Relationship）、节省（Retrenchment）、关联（Relevancy）和报酬（Reward），它既从企业利益出发又兼顾顾客的需求，以竞争为导向，在新的层次上概括了营销的新框架，根据市场不断成熟和竞争日趋激烈的形势，着眼于企业与顾客的互动与双赢，不仅积极地适应顾客的需求，而且主动地创造需求，运用优化和系统的思想整合营销。

任务应用

网络营销策划的步骤

选择合理的网络营销组合策略，仅是网络营销的基础。如何有效运用，更有效地实现网络营销组合策略的效果，还需要周密的网络营销策划。网络营销策划就是为了实现企业的网络营销目标而进行的策略思考和方案规划的过程。本书中专指网络营销推广策划。

简单地说，网络营销策划就是通过一系列相关性计划的制订、执行，最后达到想要的营销效果的过程，具体步骤如下：

1. **明确目标**

在策划要求提出后，策划者首先要明白策划是为谁做的，为什么要策划，策划对象是什么，策划最终要达到何种效果等问题。只有将这些问题全部解决，策划活动才能有效、有意义。

2. **环境分析**

在正式开始策划前，策划者需要弄清楚策划的需求、企业的现状、市场环境及营销对象等。也就是说，策划之初需要对企业的宏观、微观环境进行详细分析。

策划者掌握企业的宏观、微观环境因素后，需要对这些因素进行详细分析、比较。SWOT 分析法作为一种战略策划工具（见表 3-1）实际上是对企业内外部条件各方面内容进行综合和概括，进而分析企业的优劣势、面临的机会和威胁的一种方法，是态势分析法。

表 3-1 SWOT 分析法

外部分析	内部分析	
	优势（Strength）	劣势（Weakness）
机会（Opportunity）	SO 战略 发挥优势 利用机会	WO 战略 克服劣势 利用机会
威胁（Threat）	ST 战略 利用优势 规避威胁	WT 战略 减少劣势 规避威胁

SWOT 分析法有助于策划者客观地审时度势，正确评估企业完成其基本任务的可能性和现实性，正确地设置切实可行的网络营销目标，使策划活动有具体的方向。

3．选择网络营销组合策略

选择网络营销组合策略是网络营销策划中的核心部分，主要包括 4P 策略的设计——网络产品策略的设计、网络价格策略的设计、网络渠道的设计、网络促销策略的设计。网络营销策划过程中，运用多种营销策划组合，来提高营销策划的效率和经济效益。

4．控制措施

网络营销策划具有延时性，策划需要经历一段时间的运转后才能产生所预测的效果，往往需要通过"二次传播""多次传播"才能达到预计的目标。为了预防在这段时间内出现障碍或其他特殊情况，影响策划活动的执行，必须事先制定完备的应急措施和方案，防患未然。

任务拓展

制定家乡特产网络营销组合策略

1．任务目的

提高对网络营销组合策略的认知，能够进行网络营销策划设计。

2．操作步骤

1）策划家乡特产的网络营销设计方案。以家乡特产为网络营销对象，分析营销目标用户，进行网络营销策划。

2）企业网络营销现状分析（网络营销 SWOT 分析）。

3）策划有效的网络营销组合策略分析及执行方案。

3．实施结果

制定合理的家乡特产网络营销组合策略，将策划结果形成报告。

任务2　撰写网络营销策划书

相关知识

03.2　网络营销策划

网络营销方案的制定是网络营销策划的灵魂。网络营销方案是企业根据当前实际状况和发展趋势制定的未来某一时段网络营销战略战术的策划方案,用以指导企业未来网络营销工作。由此可见,网络营销方案是企业应对市场竞争的对策和决定的一部分,它的重要性不言而喻。作为网络营销策划的最终成果,网络营销方案也是整个策划活动的书面记录。其主体包括网络营销策划目的确定、网络营销策划环境分析、网络营销策划目标体系建立、网络营销策略选择、网络营销策划具体方案、方案调整、预期收益和风险评估等。网络营销策划书的类型有两种:

1. 网络营销策划书

网络营销策划书是为企业尚未推出的产品、服务、品牌或网站等实现一定的市场目标而做出的全盘网络营销计划。在项目启动之前,制作一份完整的网络营销策划书是非常必要的。

2. 网络营销诊断书

企业的网络营销运营活动不可避免地会出现各种问题,有了问题就需要找出原因,只有这样才能有针对性地提出改进措施和方法。这些就是网络营销诊断书需要解决的问题。网络营销诊断书通过分析企业现有的网络营销运营状况,发现存在的问题,然后运用科学的方法,有针对性地进行分析,找出产生问题的原因,提出可行的改进方案,从而以最小的代价实现营销效益的最大化。

任务应用

1. 网络营销策划书的撰写

网络营销策划的结果是策划方案,具体体现为详尽、周全的策划书。完备的网络营销策划书能使营销策划团队和营销组织迅速理解策划的基本内容和要求。一个完备的网络营销策划书应包含以下几个部分:

(1) 策划书封面

策划书的封面通常包含策划呈报对象、文件类型、网络营销策划名称及副标题、策划者姓名及简介、呈报日期、编号及总页数等信息。

(2) 前言及策划摘要

策划书前言是正文之前方便读者快速了解正文内容及价值的部分,前言中一般会描述正文的核心问题,体现策划的目的、目标以及策划的价值,是对正文内容的总结;摘要阐明策划书的重点、核心构思和创新之处。这两部分都是方便读者快速了解策划书内容,清楚策划的核心问题和策划价值所在。

(3)目录

策划书一般都包含目录,通过目录对策划书的主题内容进行简单介绍,同时也使整个策划书有清晰的脉络。

(4)正文

这是整个策划书的中心,也是最为复杂详细的内容,同时还是整个策划方案的书面描述。它通过文字、数据、图形、统计表格等方式将策划者的意图表达出来。一般包括:

1)策划所需企业的环境分析,包括企业宏观环境分析、企业营销环境分析、企业目标市场分析、企业定位分析,以及SWOT分析法中需要分析的企业优势与劣势、企业机会与威胁等要素。

2)策划目标体系的制定。策划是一系列活动的集合,每项活动、每个环节都对应一个具体的细分目标。在策划书中必须体现每项工作、每个步骤要求达到的目标。

3)选择网络营销策略。针对每项工作、每个环节的目标,提出对应的网络营销策略或策略组合。

4)预算评估。营销策划是需要一定资金支持的,营销策划方案预算是就策划活动所需花销进行预估,包括总体投入、阶段费用、单个项目费用等开销,从而达到控制资金支出,实现以最少费用获得最优效益的目标。

5)制定可调整方案。市场的剧烈变化使方案可能出现与变化不符的情况,所以策划者必须事先对可能出现的变化进行预估,并且准备相应的备用方案,实现"权变管理"的灵活控制。

6)预估收益与风险防范。策划书正文中必须说明策划方案能带来的效益,以及这些效益有多大的价值。另外,内外部环境不断变化,不可避免地会出现预先方案不能顺利实施或被阻碍的情况,因此,策划者需要做好备用方案或提供规避这些障碍的方法,甚至做好失败后的补救工作。

(5)参考资料

策划方案中涉及的主要参考资料要在策划书中列出,以增强可信度。

2. 网络营销诊断书的撰写

网络营销诊断是以网络营销运营过程为研究对象,具体分析企业网络营销运营过程中出现的问题,并提出有针对性的改进措施和方法的过程。因此,网络营销诊断书的撰写应该包含以下步骤:

(1)分析企业网络营销现状与查找问题

首先要确定导致企业经营状况出现问题的原因。例如,诊断企业的电子商务平台运营,可以从用户体验项目检测、营销功能项目检测、日常服务项目检测、网站推广项目分析、网站运营项目检测等几个方面入手。

其次要介绍诊断"病情"的调查方法，如网站访问时的监测工具等。网络营销诊断书的撰写要以调查为基础，只有运用科学的调查方法，调查结论才具有说服力。

最后要明确诊断工作的目标。网络营销诊断书清楚阐述针对在大量调查基础上发现的企业运营问题，诊断书能将"病情"医治到何种程度。

（2）分析问题产生的原因

明确了"病情"，还要分析"病因"所在，以便对症下药。一般来说，对"病因"的解释需要做以下两方面工作：

1）收集资料。诊断内容不同，收集的资料也不尽相同。

2）分析资料。要想准确查找导致企业存在问题的原因，就需要对收集到的材料进行整理和分析。如果材料很多，为避免网络营销诊断书的文案过于烦冗，可以用表格或者图表的形式加以归档整理。

（3）完善措施

网络营销诊断书中最后的对策方法部分是网络营销诊断书的核心部分，可体现一份成功的诊断书的价值所在。发现问题是切入点，分析问题是基础，而解决问题才是关键。

任务拓展

撰写家乡特产网络营销策划书

1. 任务目的

掌握网络营销策划书的撰写格式、技巧。

2. 操作步骤

1）在上一任务拓展中已制定的家乡特产的网络营销组合策略基础上，对整个营销策划进行再次梳理。

2）撰写一份针对家乡特产的网络营销策划书。

3. 实施结果

完成家乡特产网络营销策划书的撰写，并进行方案总结。

拓展阅读

北京同仁堂：老字号的海外之路

北京同仁堂（简称同仁堂）是我国中药行业著名的老字号，其产品以"配方独特，选料上乘，工艺精湛，疗效显著"而享誉全国。在现如今这个经济全球化的时代，同仁堂又是如何与时俱进，成功实现跨国经营，带领中药走向世界的呢？同仁堂海外营销策略包括以下几个方面：

1. 产品策略

形成特色产业链。同仁堂利用现有资源，研制开发绿色中药和绿色保健品，并形成极具同仁堂特色的产业链，发挥同仁堂品牌效应，提高产品市场覆盖率。本着"炮制虽繁必不敢省人工，品味虽贵必不敢减物力"的古训，同仁堂努力研发绿色保健品、中草药化妆品（见图3-5）等新型产品。将这些产品在不同的市场分别推广，实现了差异化，提高了市场渗透率。

图3-5　同仁堂化妆品

通过二次研发，发展现代剂型。同仁堂将传统名特优产品，如六味地黄丸、牛黄上清丸等进行二次研发，开发安全、有效、服用方便的现代制剂，制定国际认可的临床疗效评价标准，强化了国际竞争力。

2．渠道策略

同仁堂主要采取"由近及远"的方式，将华人较多的周边国家和地区作为首要目标。同仁堂通过建立海外投资公司，建立产品代理制，转口贸易，针对目标市场共同开发产品，开设海外药店，以医带药等方式在世界范围内条件成熟的国家和地区运营，在产品于当地站稳"脚跟"后，将其作为跳板，继续向其他更加发达的国家和地区渗透。

3．价格策略

同仁堂对不同品种的中药，实施不同的价格策略。针对疗效显著、成分复杂、工艺独特的产品实施撇脂定价，先以较高价格售卖，在竞争者研制出相似产品以及取得部分利润后，再逐步降低价格，增大销售量；针对比较容易仿制、竞争比较激烈的产品，实施渗透定价，以低廉的价格、显著的疗效打赢价格战，来提高市场占有率。同仁堂不定期地进行降价促销，以加深在消费者心中的印象。

4．促销策略

同仁堂通过人员推销、广告、公共关系和营业推广等各种促销方式，向消费者传递产品信息，引起他们的注意和兴趣，激发他们的购买欲望和购买行为。例如，在马来西亚同仁堂分店，凡消费者购买金额达到一定数量就赠送《大宅门》《大清药王》等VCD。旨在促进销售的同时，向外国人介绍中医药历史，产品推广与文化推广双管齐下，在产品销售的基础上，努力弥补文化和观念上的差异。

同仁堂突出"绿色""健康"两大主题，满足消费者绿色消费的心理，激发他们的购买欲望。同仁堂先通过举办各种健康咨询讲座、赠医施药等活动，让外国人接受中医中药，再以高质量的产品和精湛的医术让外国人信服，奠定了同仁堂海外拓展的基石。

阅读启示：

同仁堂通过上百年的产品多样化和工艺稳定性，打造出了独具特色的品牌优势与技术优势，形成了内在的核心竞争力。同仁堂在跨国发展过程中坚持传统的制药特色，凭借良好的产品质量以及精益求精的制药精神，通过严把产品的质量关和实现产业的多样化，开创了中华老字号焕发新生命的成功之道。

同仁堂以海外目标市场需求为战略基点,根据不同市场的特点及时调整营销策略,采用差异化的产品策略、"由近及远"的渠道策略以及撇脂与渗透相结合的价格策略等措施,成功实现了中华老字号的跨国经营。

项 目 小 结

本项目由网络营销组合策略和撰写网络营销策划书两个任务组成。本项目主要介绍了网络营销组合策略相关知识,通过对网络策划方案的设计,结合任务应用与任务拓展,使读者能够针对企业目标,尝试进行网络营销策划,为企业开展网络营销活动提供重要依据。

思考与练习

1. **不定项选择题**(至少有一个选项是对的)

1)网络营销中产品的层次有(　　)。
　　A．核心产品　　　B．形式产品　　　C．期望产品　　　D．延伸产品
　　E．潜在产品

2)网络促销形式有(　　)。
　　A．网络广告　　　B．站点推广　　　C．销售促进　　　D．关系营销

3)网络广告可以通过(　　)平台,进行产品的宣传推广。
　　A．网上知名站点　　　　　　　　　B．新闻组
　　C．免费电子邮件网站　　　　　　　D．公告栏

4)SWOT分析法是(　　)。
　　A．广告效益分析法　　　　　　　　B．态势分析法
　　C．用户环境分析法　　　　　　　　D．最大利益分析法

5)一份完整的网络营销策划书包括以下(　　)部分。
　　A．封面　　　　　B．开头　　　　　C．正文　　　　　D．附录

2. **简答题**

1)网络营销定价策略有哪些?
2)SWOT分析模型具体指什么?
3)简述网络营销策划的步骤。

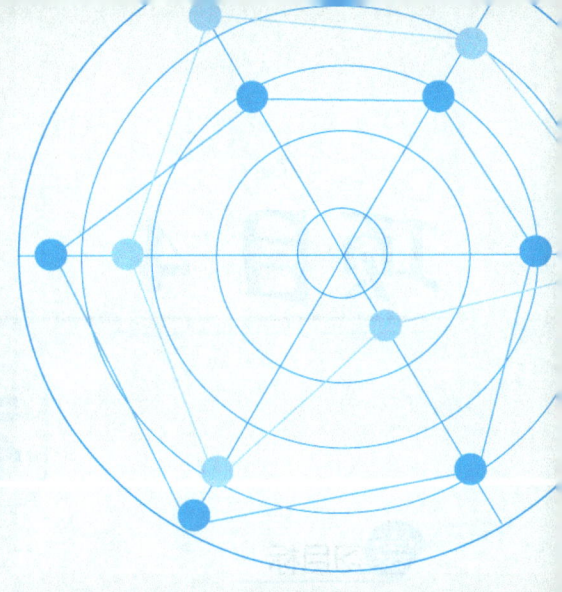

第 3 部分

网络营销推广

> 网络营销推广建立在市场调研以及营销策划基础上，学习并掌握各种网络营销的推广方法是非常重要的。

项目 4

社会化媒体营销

 学习目标

知识目标

1) 熟知社会化媒体营销的概念。
2) 熟知微信营销、微博营销、论坛营销和其他社会化媒体营销工具的概念。
3) 掌握社会化媒体营销的不同推广手段的过程。

能力目标

1) 能够策划社会化媒体营销。
2) 能够针对企业营销目标选择合适的推广手段。
3) 能够选择有效的平台进行推广。

素质目标

1) 能够与团队成员协作开展社会化媒体营销的策划与推广。
2) 培养创新精神。

 案例导读

完美日记是怎么一夜爆红的？

完美日记是广州逸仙电子商务有限公司（简称逸仙电商）的品牌。2017 年，完美日记的天猫店铺上线，仅用了 3 年的时间，年销售额就做到了 30 亿元。那么完美日记是如何完成这一销售额的？它采取了哪些社会化媒体营销方式呢？

第一，小红书投放。2018 年 2 月，完美日记在小红书请明星分享使用体验。明星分享了对于一款产品的使用体验，可以让很多人对这个产品有印象。用户分享干货、试色、新品等都是从内容的角度，潜移默化地宣传产品。

第二，品牌微博互动。首先，完美日记和大都会博物馆、大英博物馆推出了联名彩妆。完美日记还和《中国国家地理》杂志推出了联名的眼影，和 Discovery 探索频道推出了"探险家十二色眼影盘"。其次，完美日记在品牌微博中提供了大量转发抽奖，还有明星直播的预告，每次发布明星新品试妆视频和照片，都会获得大量"粉丝"的互动。

第三，抖音和哔哩哔哩引流。完美日记抖音账号的主要内容有新品宣传、妆容展示、剧情视频三种类型，并且直接把淘宝链接到抖音账号，打通内容和销售，实现直接的转化。哔哩哔哩是年轻人的文化社区，主要用户都是生活在一二线城市的"95后"，有一定的经济基础，是品牌方争抢的目标人群。完美日记在哔哩哔哩上的投放，旨在找美妆视频内容创作者合作试色、测评、种草、发布妆容教程等。

第四，直播助力。在淘宝直播方面，完美日记投了上千位主播，进行了一万多场带货直播。其中，完美日记的"小黑钻"和"小狗盘"就曾多次找知名主播合作实现直播带货。

第五，品牌公众号也功不可没。完美日记的公众号每篇文章阅读量都超过10万以上，主要以推送新品为主，用来深度经营用户。同时，公众号还链接了小程序，可以完成直接的销售转化，也是其核心的销售阵地。

案例思考：

1）什么是社会化媒体营销？它的优势在哪里？

2）以上案例提到哪些社会化媒体营销工具？

任务1　微信营销

相关知识

微信是移动互联网时代下的新兴社会化媒体平台，全球拥有超过9亿的超大规模用户群，并且用户数依然呈现快速上升的趋势。在大数据和云计算技术日渐成熟的今天，微信必将焕发出巨大的数据活力，微信的营销价值也必将更加重要。

04.1　微信营销工具

微信营销是网络经济时代的一种企业或个人营销模式，是伴随着微信的火热而兴起的一种网络营销方式。微信不受距离的限制，用户注册微信后，可与周围同样注册的"朋友"形成一种联系，也可订阅自己所需的信息；商家通过提供用户需要的信息，推广自己的产品，从而实现点对点的营销。微信营销的性质其实就是"粉丝"营销，当"粉丝"认可个人或者企业品牌时，自然就会成为其顾客。

微信用户和公众号市场规模始终保持增长态势。腾讯财报相关数据显示，截至2020年中国微信公众号数量为162万个，截至2023年6月，微信及WeChat的合并月活跃账户数为13.27亿。

1. 对微信营销的认知

（1）发展现状

1）微信营销的现状。近年来微信呈现突飞猛进的发展态势，微信营销的优势也日渐显现。随着我国民众对网络的进一步认知以及消费群体的增长，使用微信的人数也越来越多，微信营销也随之壮大。与传统的营销方式相比，微信营销集技术与服务于一身，更加快捷、方便、高效，有着许多传统营销方式无法相比的优势。

2）微信营销存在的问题。在微信群体不断扩大的同时，许多商家也抓住了其中的商机，选择微信营销。微信营销作为一个全新的营销方式得到了迅速的发展。但是微信营销也存在一些问题：第一，微信平台的营销渠道比较单一。一般情况下，用户只是单方面地接受公众平台发送的信息，得到的回复基本上都是内容格式化的系统自动回复，缺乏互动性和及时性，导致微信用户的活跃度较低。第二，营销环境不够完善。微信营销是通过微信环境而运行的，因此面临新的营销问题。例如，产品质量问题、售后问题、用户隐私保护问题以及信息安全问题等。第三，信息量大、效率低。商家每天通过微信平台向用户推送大量信息，推广自己的产品和服务。由于信息量的增加，信息泛滥的情况是难以避免的。另外，频繁地在朋友圈"刷屏"和群发公众账号信息，容易使用户产生广告疲劳，没有形成有效阅读，营销信息起不到应有的作用。第四，品牌推广类营销需求得不到实现。品牌的推广是营销的第一层级，目前的微信公众账号不具有分类和排行功能，需要用户自己去搜索和查找，这就导致微信在互动推广上存在一定的弊端，无法达到让品牌商和消费者双赢的标准。

（2）主要应用平台

目前，微信营销离不开微信公众平台的支持。

2011年1月26日，腾讯公司推出了一个为智能手机提供即时通信服务的免费应用程序——微信（WeChat）。微信支持跨通信运营商、跨操作系统平台，通过网络快速发送视频、图片和文字，同时也可以通过共享流媒体内容的资料，以及基于位置的社交插件"朋友圈""公众平台""语音记事本"等服务插件完成使用。腾讯发布的相关数据显示，截至2023年6月微信在全球范围内的用户总数已经超过了13.27亿，并且微信的用户数还在增长，微信已经成为人们生活中不可或缺的一个工具。

微信的界面操作十分简单，用户能够轻松掌握语音推送、朋友圈共享、一键转发、评论点赞、位置共享、实时对讲机等诸多实用功能。虽然朋友圈对字数内容没有限制，但往往大家并不会长篇大论，而且朋友圈内都是熟人，是一个较为小众私密的圈子，便于大家分享生活中的各种事物和感受，俨然已成为人们晒心情、晒活动的社交圈。

微信公众号也非常受欢迎，商家通过微信公众平台，展示商家微官网、微会员、微推送、微支付、微活动等，已经形成了一种主流的线上线下微信互动营销方式。

微信正在形成一个全新的"智慧型"生活方式，已经渗透到很多传统行业，可以微信打车、微信交电费、微信购物、微信医疗等，为医疗、酒店、零售、百货、餐饮、票务、快递等数十个行业提供解决方案。

微信作为时下最热门的社交信息平台，正在演变成为一大商业交易平台，给营销行业带来了颠覆性的变化。

（3）特点

1）实时推送。微信营销相比其他营销方式而言，具有很强的实时性。企业在一些营销平台上发布宣传信息是被动的——用户不是实时在线的,用户很可能因为不能及时地浏览页面而失去了第一时间获取信息的机会,而那些过时的信息也将淹没在茫茫的信息海洋中。通过微信推送的消息到达手机后,用户能尽快得到手机的提醒,这就保证了信息的实时性。

2)开放平台。目前大多数网站和第三方应用平台中的分享都添加了微信这一功能,如果商家想通过朋友圈营销,则可以直接将商品或服务内容分享到朋友圈。

3)形式多样。微信营销可以图文并茂,也可以插入语音、视频、音乐,这样的形式在营销推广的过程中显然会起到吸引客户关注的作用。签名栏、官方账号、公共平台、小程序等丰富的社交功能为企业的微信营销提供了灵活多变的营销渠道,商家可以根据自己的特点和财力情况选择适合的营销渠道。

4)用户主导。微信上的营销通常是基于用户许可的。从某个角度来说,微信"粉丝"的质量远高于微博的,只要发送频次不要太高,发送的内容得当,较有可能获得忠诚的客户。

5)成本低廉。微信个人用户都知道,注册和认证个人微信账号是免费的。对个人来说,使用微信营销的成本很低。而对于企业来说,微信营销的投入包括微信运营人员成本和平台维护成本,相较于传统营销方式,成本也较为低廉。

2. 微信营销工具

随着网络社交平台的爆发式增长,微信成为人们获取信息的重要平台,也成为企业营销宣传的必备工具。微信营销形成了一股势不可挡的风潮,众多商家无一不把目光瞄准这个快速发展的新应用。

(1)微信公众平台

微信公众平台简称公众号,是腾讯在微信上的基础功能模块,个人和企业都可以在这一平台申请公众号,用来实现和特定群体的文字、图片、语音的全方位沟通、互动。目前大多数企业都是通过运营微信公众号来推广自己产品和服务的,从而达到品牌推广的目标。

微信公众平台有3种账号:订阅号、服务号、企业号。

1)订阅号。订阅号的作用就是媒体社交,为媒体和个人提供一种信息传播方式。企业可以据此构建与用户之间更好的沟通与管理模式,也就是为用户提供优质的、他们感兴趣的、有价值的内容,从而与关注者建立关系或使用户认可品牌。

适用:个人、媒体、企业、政府或其他组织。

功能:群发消息、微信认证、普通接口、广告与服务等。

2)服务号。服务号是一个端口平台,给企业、政府或其他组织提供强大的业务服务与用户管理能力,帮助企业快速实现服务功能。服务号主要偏于服务交互,是企业或品牌与用户积极互动的渠道。

适用:媒体、企业、政府或其他组织。

功能:群发消息、微信认证、高级接口、广告与服务、多客服、自定义菜单、微信支付、微信小店等。

3)企业号。企业号是面向企业、政府、事业单位和非政府组织,实现生产管理、协作运营移动化的平台。它可以帮助企业建立员工、上下游供应链与企业系统间的连接。利用企业号，企业或第三方服务商可以快速、低成本地实现高质量的企业移动轻应用，实现生产、管理、协作、运营的移动化。

适用：企业、政府或其他组织。

功能：账号完成企业认证后可以将所有企业员工微信导入，微信打卡、微信报销、微信会议等企业功能都可以在微信上完成。一个企业号可配置多个类似服务号的应用，发送信息条数无限制。

订阅号、服务号和企业号三者区别见表4-1。

表4-1 订阅号、服务号和企业号的区别

区 别	订 阅 号	服 务 号	企 业 号
面向人群	面向媒体和个人提供一种信息传播方式	面向企业、政府或其他组织，用以服务用户	面向企业、政府、事业单位和非政府组织，实现生产管理、协作运营的移动化
消息显示方式	折叠在订阅号目录中	出现在好友会话列表首层	出现在好友会话列表首层
消息次数限制	每天群发1条	每月主动发送消息不超过4条	最高每分钟可群发200次
验证关注者身份	任何微信用户扫码即可关注	任何微信用户扫码即可关注	通讯录成员可关注
消息保密	消息可转发、分享	消息可转发、分享	消息可转发、分享，支持保密消息，防成员转发
高级接口权限	不支持	支持	支持
定制应用	不支持，新增服务号需要重新关注	不支持，新增服务号需要重新关注	可根据需要定制应用，多个应用聚合成一个企业号

（2）朋友圈

朋友圈是微信的一种社交功能，用户可以通过朋友圈发表文字和图片，同时也可通过其他软件将文章或者音乐分享到朋友圈。用户可以对好友新发的朋友圈信息进行"评论"或"赞"。

（3）小程序

2017年1月9日，微信小程序正式上线，英文名为WeChat Mini Program，是一种不需要下载安装即可使用的应用。它进一步扩展了二维码的功能，实现了应用"触手可及"的梦想。用户通过"扫一扫"或"搜一下"即可打开应用，使用方便，不用担心手机安装太多应用的问题。小程序的应用随时可用，丰富多样，但又无须安装卸载。

小程序全面开放申请后，主体类型为企业、政府、媒体、其他组织或个人的开发者，均可申请注册小程序。

（4）视频号

2020年1月腾讯公司宣布开启微信视频号平台。视频号内容以图片和视频为主，可以发布视频和图片，还能带上文字和公众号文章链接，视频号支持点赞、评论进行互动，也可以转发到朋友圈、聊天场景，与好友分享，不需要个人计算机端后台，可以直接在手机上发布。2022年1月31日，虎年"竖屏看春晚"成功引爆移动端屏幕。直播开场前，就有累计超过195万人在视频号预约了直播。2022年1月31日除夕当晚，超过1.2亿人在微信视频号"竖屏看春晚"，春晚视频号直播间点赞数超过3.5亿次，总评论数超过919万次，总转发数超过551万次，沉浸式观看体验赢得观众一致好评。

（5）微信直播

微信直播是腾讯公司于2020年2月发布启动的。通过创建直播频道后将直播地址发送到微信好友、公众号、朋友圈、小程序等方式，即可邀请他人进入微信直播。微信直播具有无须下载App或跳转小程序、无地域限制可全球直播、表现形式丰富等特点。2021年12月17日，某演唱组合全球首场线上直播演唱会在微信视频号直播，这场线上直播演唱会吸引了2700万人观看，1.6亿点赞，并迅速登上热搜。

（6）微信群

微信群是腾讯公司推出的多人聊天交流的一个平台，可以通过网络快速发送语音短信、视频、图片和文字。微信群属于网络社群，即互联网将不同空间的现实对象连接成网络群体，群体成员在社群中交流、分享、合作和协调、传播信息和共享资源。

法律法规

网络不是法外之地

董某利用微信群组织多人进行赌博活动。法院经审理后，判处主犯董某，犯开设赌场罪，判处有期徒刑二年零六个月，缓刑三年，并处罚金人民币5万元。根据《互联网群组信息服务管理规定》第五条，互联网群组信息服务提供者应当落实信息内容安全管理主体责任，配备与服务规模相适应的专业人员和技术能力，建立健全用户注册、信息审核、应急处置、安全防护等管理制度。互联网群组信息服务提供者应当制定并公开管理规则和平台公约，与使用者签订服务协议，明确双方权利义务。第十条规定互联网群组信息服务提供者和使用者不得利用互联网群组传播法律法规和国家有关规定禁止的信息内容。

（7）企业微信

企业微信是腾讯微信团队打造的企业通信与办公工具，具有与微信一致的沟通体验，丰富的办公自动化（OA）应用和连接微信生态的能力，可帮助企业连接内部、生态伙伴和消费者。2016年4月18日，企业微信1.0版本上线，连接企业内部员工。2017年6月29日，企业微信2.0版本上线，连接企业内部办公系统。2019年12月23日，企业微信3.0版本上线，正式连接微信生态，优化效率工具。截至2023年3月，企业微信的真实企业与组织数超1200万，企业每日通过企业微信服务微信上的客户总数达5亿。

3. 微信营销的模式

移动互联网的迅猛发展使得微信营销模式方兴未艾，以下介绍几个常用的模式。

1）推送模式。微信可以向用户推送各种形式的广告、文字、图片、视频、链接、图文结合内容等，无论是何种形式的推广，到达率都是100%。这充分实现了微信的广告价值。

2）订阅模式。用户对订阅号的关注不外乎 3 种情况：第 1 种，喜欢订阅号所发送的内容，看完后分享朋友圈；第 2 种，将喜欢的内容复制到其他平台，如 QQ 空间、贴吧、微博、小红书等；第 3 种，不喜欢，关闭。由此可见，微信上的"订阅"，目的就是使用户能够在这里获得更专业、全面的信息资讯和观点，高质、高效、有针对性地满足客户咨询需求。

3）二维码。二维码又称二维条码，是移动设备上的编码方式，它比传统的条码存储更多的信息，也能表示更多的数据类型。二维码营销通过引导消费者进入商家的手机网站，使其直接看到商家希望消费者看到的内容。从这点出发，商家必须在制作、展示、消费者扫描和查看的每一个环节，充分考虑其习惯和心理。

二维码应用具有整合营销、即时互动和立体传播的三大优势。一是整合营销。二维码结合传统媒体无限延伸广告内容及时效，消费者便捷入网，可以利用手机实时查看信息。二是即时互动。企业发布调查、投票、会员注册，个人可参与调查、信息评论、活动报名、手机投票。三是立体传播。二维码是移动互联网最便捷的入口，已成为社会化媒体传播的便捷工具，消费者时刻进行线上和线下的信息传播。

4）自动回复。企业微信账号的自动回复是企业专属的才艺展示区，其目的是能够吸引众多"粉丝"。依据微信公众平台关键字自动回复的规则，企业根据用户所给信息关键字自动回复。现在，企业可以直接下载相关软件并进行设置就可以智能答复问题了。

由于每个用户在添加关注时可以看到自动回复，因此企业一定要把握好这次的互动机会。下面来看几个微信公众号被关注后自动回复的案例（见图 4-1 和图 4-2）。

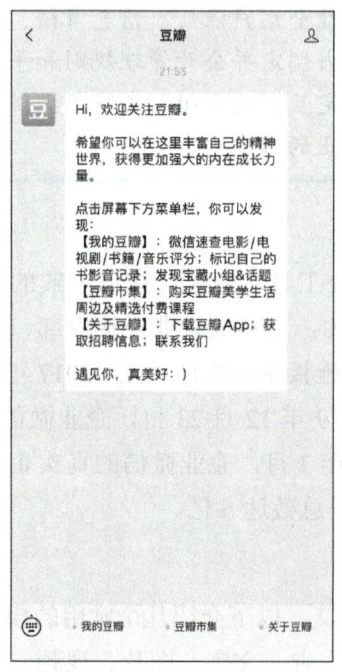

图 4-1　豆瓣公众号自动回复

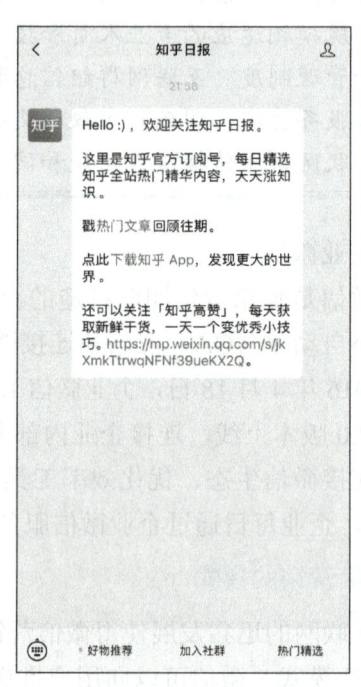

图 4-2　知乎日报公众号自动回复

由上述案例可以看出，豆瓣的微信公众号自动回复告诉用户通过各种功能可以获得哪些内容和做什么，以及如何下载 App。知乎日报的自动回复的特点：提示回复关键词；推荐 App 下载。

5）语音信息模式。语音信息是微信一个强大的信息功能，很适合用来互动，例如电台模式，亲切直接，一问多答。对于电台媒体来说，微信的语音信息模式是一个很好的手段。

当然，随着微信功能的强大，微信营销的模式也不断推陈出新。因此，没有最好的营销方法，只有适合的方法。

任务应用

注册微信公众号

个人公众号是打造自媒体的一个非常好的工具。

第 1 步，打开网站"http://weixin.qq.com/"，单击标题栏上"公众号"。

第 2 步，根据自己需求选择公众号类型，如图 4-3 所示。

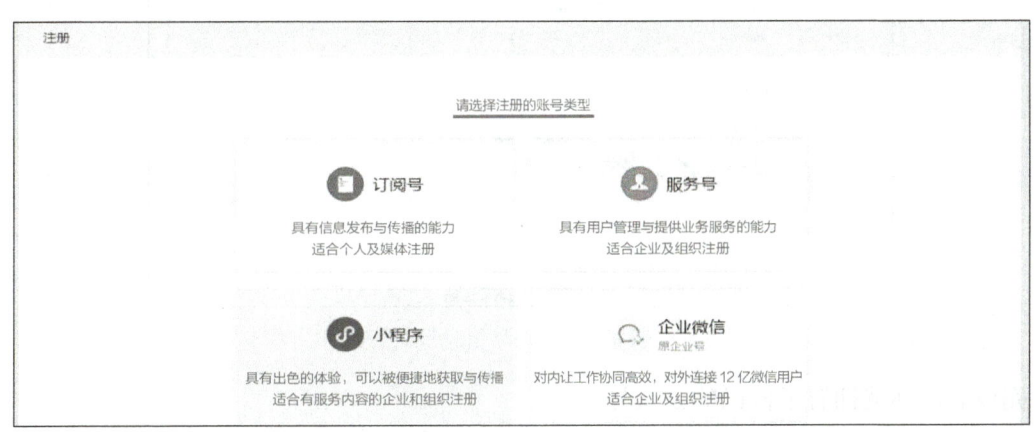

图 4-3　公众号类型

第 3 步，填写注册信息，如图 4-4 所示。

第 4 步，激活公众账号。去注册邮箱，并按指示单击链接即可激活公众号。

第 5 步，选择公众号的类型，目前个人的公众号只能选择"订阅号"。

第 6 步，填写个人的准确信息，用绑定银行卡的微信"扫一扫"二维码进行验证。

第 7 步，确定信息，如图 4-5 所示。

第 8 步，公众号信息登记，如图 4-6 所示。

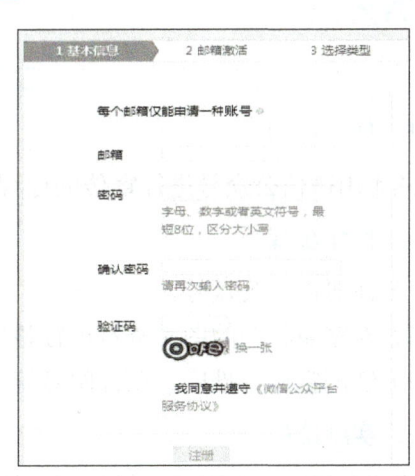

图 4-4　填写注册信息

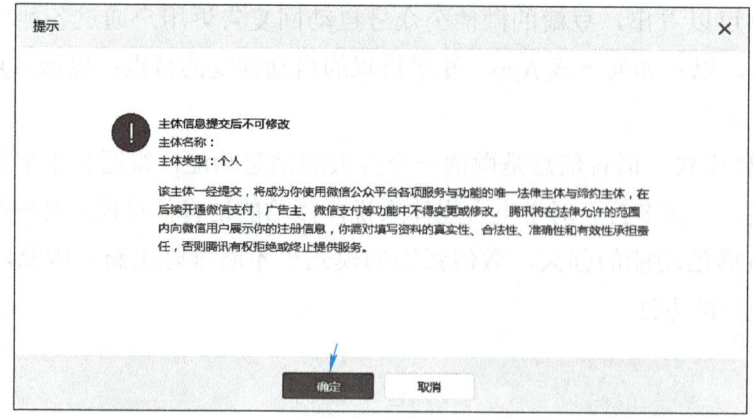

图 4-5 确定信息

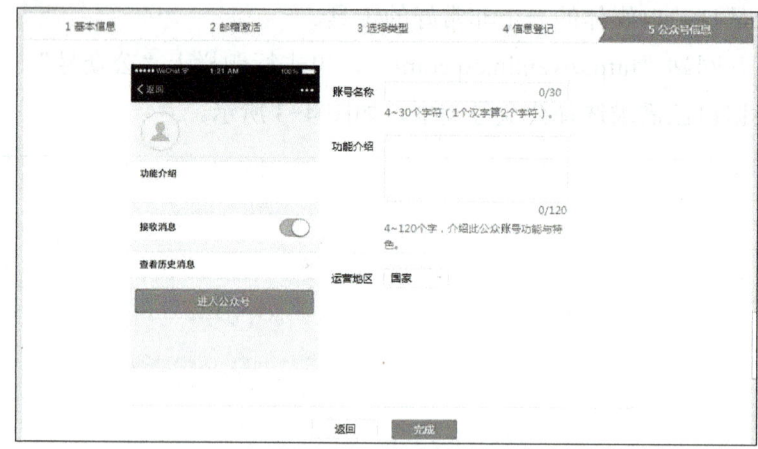

图 4-6 公众号信息登记

完成后,你就拥有了自己的公众号。

任务拓展

宣传、推广家乡特产

1. 任务目的

熟悉用微信公众号进行宣传的过程。

2. 操作步骤

1)注册微信公众号。

2)对家乡特产的图文资料进行整理,包括图片处理、软文撰写等。

3)特产宣传、推广。在订阅号管理员后台进行宣传设计,并发表(使用群发功能)。

3. 实施结果

完成利用公众号宣传、推广家乡特产的任务。

任务 2 微博营销

相关知识

微博（Weibo）即微型博客的简称，作为博客的一种，是一种通过关注机制分享简短实时信息的广播式社交网络平台。

04.2 微博营销

微博也是一个基于用户关系分享、传播以及获取信息的平台。用户可以通过 Web、WAP 等各种客户端组建个人社区，以 140 字（包括标点符号）的文字更新信息，并实现即时分享。2017 年 2 月，微博已经取消了发布器中 140 字的限制。尽管在发布器中取消了 140 字的限制，但是文字发布后在信息流中依然只显示 140 字，不过在句末加了一个"显示全文"的提示，单击后会出现超长微博全文。微博的关注机制分为可单向、可双向两种。

微博用户年轻化趋势明显，微博从消费、美食、运动等多个角度深度融入年轻人的生活。"90 后""00 后"成为微博主要受众，他们在微博中常看娱乐、社会资讯、情感类内容，喜欢关注 VLOG、游戏、美妆、数码领域的大 V 视频号。微博正成为年轻人生活方式和潮流文化的聚集地。

本任务讨论的微博主要是指新浪微博。

1. 对微博营销的认知

（1）概念

微博营销是指利用微博平台实现企业信息传播的一种营销方式，也是指商家或个人通过微博平台发现并满足用户的各类需求的商业行为方式。微博营销以微博作为营销平台，每一个受众（"粉丝"）都是潜在的营销对象，企业通过更新自己的微博向目标受众传播企业信息、产品信息，树立良好的企业形象和产品形象。

（2）发展现状

目前，我国大多数企业在微博平台上发布品牌和活动信息来吸引潜在消费者。通过微博营销，企业可以迅速接触到消费者心理、了解消费者对产品的感受，获取市场动态信息。因此，一些商业媒体、企业、机构第一时间注册了微博，并拥有了一大批"粉丝"，为其以后的微博营销奠定了基础。

相比传统媒体营销而言，微博营销已呈现出自身的营销优势，其简单的操作与快捷的传播、即时的沟通与强大的交互性、低廉的成本与广泛的受众、较强的针对性等特点，为企业带来的营销价值也日益显现。微博营销不仅使企业发布的信息更为广泛地传播，提高企业的被关注度，直接给企业带来潜在顾客；微博营销有助于企业深度了解消费者，从而制定或者优化产品策略、营销策略，完善企业形象监测机制。

微博是网络技术发展的进步力量，影响着人们的生活，从而成为企业营销的一个有力工具。然而事物都是有双面性的，微博营销也存在一些问题，如传播能力的有限性、引起共鸣的难度大、微博身份的欺骗性、盲目追求"粉丝"数量、互动性不灵活等。

虽然微博营销有着广阔的前景，但是企业如果想要在微博营销的道路上越走越远，就必须要正视路上的挑战，慎重对待并解决所面临的问题。

2. 微博营销的方法

要想做好微博营销的运营工作，首先要明确优质微博账号的标准是什么。有了明确的标准作为指导后，微博营销才会顺利开展。一般来说，衡量微博账号质量有四大标准，即账号的活跃度、内容的价值性、活动的参与度、粉丝的数量与质量。能同时在这四个方面具有很高的水平的微博账号就是优质微博账号。介绍了衡量优质微博账号的标准后，下面主要介绍微博营销的几种方法：

（1）借助热门事件

热门事件在网络中很常见，也就是人们身边发生的热门新闻事件。合理利用热门事件，可以有效降低微博运营者的工作难度，提高其工作效率。因此，借助热门事件吸引粉丝是一种非常高效的吸粉方式。

（2）互动

微博中的互动是一种拉近彼此距离的方式，也是一种吸引粉丝的方法。一般来说，互动分为两种情况，一种是微博运营者与微博用户之间的互动，目的就是让微博用户成为忠实粉丝；另一种是微博运营者与大V之间的互动，微博上大V的言论有一定的权威性，由他们转发的信息，会得到极高的关注度。例如，为小米代言的微博某大V，拥有众多忠实的粉丝。每次小米发布新产品之前，这位大V都会在官方微博中进行宣传，为新产品营造声势。由于大V具有广泛的社会关注度，这种宣传方式往往都取得非常好的宣传效果。因此，微博运营者要想借大V之势来吸引粉丝，需要先去关注大V，并且努力与其互动，只有这样才能借助大V的影响力和号召力达到营销效果。

（3）巧用@

新浪微博开发了@功能后，用户只需先在对方昵称前输入"@"符号，然后单击空格键，输入所要发送的消息内容，就能保证消息被对方收到。使用这一功能，能有效防止对方忽略自己的消息，尤其是非常重要的信息。对于微博运营者来说，使用@功能有两大好处：一是能提醒对方阅读消息；二是能让对方感到自己被重视了，进而拉近与其之前的距离。那么，如何利用@功能来吸粉呢？首先，经常访问别人，@别人；其次，@不要过多、被@的不熟悉的人不要超过两个；最后，还要多注意和关键意见领袖（KOL）的互动。

（4）涨粉

微博粉丝就是关注微博账号的其他微博用户，关注的人越多，说明微博账户的粉丝就越多，发布的微博内容就能够被越多的人看到，企业营销宣传的效果也就越好。首先要做的就是对账号进行官方认证，有了官方认证才能让其他微博用户确定账号的具体身份，增强账号的可信度。其次，巧用微博大V。有的微博大V的关注数量是上千万的，如企业的明星代言人，可以通过@企业代言人的账户来吸引粉丝关注。最后，使用热门话题标签。通过大量用户讨论传播，可以达到上千万甚至上亿的提到次数，被顶成热门话题，成为热搜，任何一个打开微博的用户都会轻易看到。在企业的微博内容中添加适合的热搜话题标签，就可以被更多用户看到，从而吸引关注。

（5）构建微博矩阵

微博矩阵是指在一个大的企业品牌之下，开设多个不同功能和定位的微博账号，与各个层次的网友沟通，达到全方位塑造企业品牌的目的。微博矩阵必须具备品牌微博和客户微博两个方面，还包括员工微博、产品微博、粉丝微博和活动微博四个可选项。要建立微博矩阵，首先需要有多个微博账号宣传，这些账号需要官方认证，保证真实性。其次需要建立链式传播反应系统。链式传播反应系统形成散点式传播，可以有效精准辐射用户群体，尽可能地扩大企业的影响力。最后需要企业官微账户的核心领导，企业官微账户可以引导和规范其他账号运营方向，引导企业微博矩阵运营。

（6）优质内容撰写

微博营销要注意提供优质内容，增强内容的趣味性和有利性。在有限字数的微博内容中，用户快速阅读时，有趣或有用的内容更能引起他们的注意。企业在发布的微博内容中可以适当使用一些流行的网络语言，应用一些大家喜欢的表情包图片，来提高用户的好感。微博运营者还可以为用户提供一些回复抽奖的活动，通过互动，有效地激发用户参加各种营销活动的热情。

法律法规

微博企业应遵守国家法律法规

国家互联网信息办公室负责人约谈某微博主要负责人，针对近期某微博及其账号屡次出现法律、法规禁止发布或者传输的信息，情节严重，依据《中华人民共和国网络安全法》《中华人民共和国未成年人保护法》等法律法规，责令其立即整改，严肃处理相关责任人。2021年1月至11月，国家互联网信息办公室指导北京市互联网信息办公室，对该微博企业实施44次处置处罚，多次予以顶格50万元罚款，累计罚款1430万元。

国家互联网信息办公室负责人强调，网站平台应当切实履行主体责任，健全信息发布审核、公共信息巡查、应急处置等信息安全管理制度，加强对其用户发布信息的管理，不得为违法违规信息提供传播平台。国家互联网信息办公室将坚持依法管网治网，进一步强化监督管理执法，压实网站平台依法办网的主体责任，保障人民群众合法权益，维护网络空间天朗气清。

任务应用

撰写活动微博

1. 登录微博账号,选择"写微博"。

2. 进入微博编辑页面,使用"#"关注热门话题,以便于增加企业活动曝光量;使用"@"引起大V关注,增加企业活动的关注量;在微博内附图或视频,增强活动信息的阅读效果;信息内容配合企业活动,应做到轻松有趣,引起受众参与的兴趣。

3. 完成并发送。完成活动微博撰写,微博发出。

任务拓展

微博涨粉的策划

1. 任务目的

使用各种方法或途径为自己的微博涨粉。

2. 操作步骤

1)注册并完善自己的新浪微博账号。

2)增加自己微博的粉丝数。通过所学的知识、自己所了解的方法和途径,策划为自己微博增加粉丝数。新用户必须要主动,与粉丝建立互动关系,可通过微信或QQ等社交平台宣传,巧用@和热门事件、铺垫内容、发布关注度高的文章或新闻等方法。

3. 实施结果

完成微博涨粉的策划。通过有效的方法,增加了自己微博的粉丝数。粉丝数高了,人气和关注度也就高了,会吸引更多人看你的微博,对于要成为高人气账号的个人或者旨在商业运营的微博运营者来讲会有很大帮助。

任务3 论坛营销

相关知识

1. 论坛营销的优势

论坛是互联网的基础功能之一,论坛最大的特点是互动、交流、影响力和传播力强。因此,很多企业利用论坛在专业领域的超高人气和影响力,为企业提供营销传播服务。论坛营销就是企业借助论坛这一工具,通过文字、图片、视频、声音等发布企业产品和服务信息,建立自己的知名度和权威度,从而让目标客户更加

04.3 论坛营销

深刻了解企业的产品和服务，最终达到宣传企业品牌、提升市场认知度的效果。

对企业而言，论坛具有以下 6 个方面的优势：

1）开放性。由于论坛话题的开放性，几乎企业所有的营销诉求都可以通过论坛传播得到有效的实现。

2）聚集性。论坛帖子包括各种置顶帖、普通帖、连环帖、论战帖、多图帖、视频帖等的策划、撰写、发放和监测、汇报流程，在论坛空间内高效传播。

3）互动性。论坛活动具有强大的聚众能力。企业利用论坛作为平台举办各类话题讨论、贴图、视频等活动，调动网友与品牌之间的互动。

4）传播广。事件营销通过举办网民感兴趣的活动，将品牌、产品、活动内容植入传播内容，并产生持续的传播效应，引发网友对事件关注，导致传播的连锁反应。

5）可检索。搜索引擎内容编辑技术的运用，不仅使营销内容能在论坛上有好的表现，而且使相关帖子在搜索引擎上也能够被快速寻找到。

6）易分析。商业企业的论坛营销分析，对长期网络投资项目组合应用，精确预估未来企业投资回报率以及资本价值有重要的作用。

论坛具有强大的聚众能力，论坛营销本质上是企业开展口碑营销，因此被很多企业和机构广泛使用。论坛具体分为以下 3 种类型。

1）校园论坛。校园论坛是基于学校的官网构建的论坛板块，也称为校园 BBS。校园 BBS 是学生群体交流的地方，包括校内学习和生活的交流，学校与学校之间的交流。

2）商业论坛。商业论坛在手机商业网站、计算机商业网站、房地产商业网站等领域运用得较多。这类论坛主要用来进行企业的商业宣传、公关活动、产品推荐、用户服务等。

3）专业论坛。专业论坛是专业机构或区域权威机构建立的论坛，它主要用于专业知识传播、地域性信息发布，如中国专业 IT 社区——CSDN。

2. 论坛营销策略

论坛话题的开放性使得几乎企业所有营销诉求都可以通过论坛传播得到有效的实现，但是利用论坛进行营销也要讲究策略和技巧。如果企业直接在论坛上发布自己的产品和服务的广告信息，或者只是简单地介绍产品和服务的内容并留下联系方式，那么很容易招来论坛用户的反感。为避免这样的情况产生，企业应采取合适的论坛营销策略。

（1）明确论坛营销目标群体

目前，各大网站的论坛板块基本都与不同种类的细分市场相对应。营销人员在选择论坛时，必须找到目标市场高度集中的论坛。一般论坛都是按行业或兴趣来建立的，在进行论坛营销时，主题越集中的论坛，营销效果越好。营销人员必须花一些时间，搞清楚本行业比较著名的论坛有哪些，根据自身的特定目标消费者特征，对论坛网民的社会特征、消费特征、偏好特征等进行在线调查，为营销策划奠定基础。

（2）确定论坛营销内容

论坛营销通过吸引人注意的标题，引导论坛网民单击进入内容，通过阅读、单击、回帖的方式提升帖子在该板块的热度，以达到营销的目的。但是，直接发布产品和服务信息，容易造成用户的反感。如何使帖子的内容既不被用户反感，又能达到营销的目的呢？可以通过以下两个方面实现：

1）标题。论坛营销的文章标题要有创意、能吸引论坛网民的注意力。一个好的标题能刺激论坛网民单击，一个好的话题能引起激烈的讨论。在选择标题时，一是要注意突出亮点，二是要注意结合社区热点和事件，三是要注意结合大的环境和氛围。营销人员利用论坛热点，通过与话题结合的方式，运用自己独到的观察力来分析热点信息，并通过点点滴滴的渗透性语言将热点与企业相关联，以达到引导话题的目标。

2）主题。营销人员在编写帖子内容时，主题要围绕企业的产品或服务进行侧面宣传，切忌直白的广告。帖子主题要有一定的新意，可以较好地结合论坛社区的热点信息。主题最好有一定的争议性，容易引起论坛网民的关注、评论、互动等，通过互动创造话题热度，以达到论坛营销的目的。另外，营销人员还可根据自身产品特点或根据目标客户群体的特点，寻找相应的主题论坛，采取跟帖互动讨论的方式，主动引导受众关注本企业信息。

（3）重视论坛营销的维护

论坛营销切忌发帖完事，要配备专人对好帖子持续维护并引导评论内容。做好回帖，降低用户的反感，并通过统计分析和监测效果，不断改进，为以后的论坛营销措施提供参考。

任务应用

实施论坛营销

1. 需求调查

根据企业产品或服务营销目标，调查专业论坛的用户特点，以达到明确目标受众群体、实施有效论坛营销的目的。

2. 注册论坛用户

选择符合企业产品或服务营销的论坛，注册用户账号，用于企业论坛营销。需根据不同论坛、不同板块、不同需求分别注册账号，数量不定。为达到营销效果，每个版块注册账号数量不宜过少，以达到提升话题热度的目的。

3. 内容发布

在论坛营销中，企业营销内容发布时，需要借助板块内的热点事件，或自创符合论坛用户需求的事件，通过不同账号的回复、顶帖、点赞等方式，提升话题热度。同时，积极参与论坛内的热点事件回帖，并结合企业产品或服务信息，通过链接的方式，获得目标受众群体的关注。

4. 论坛管理

企业要配备专门的人员进行论坛数据管理，包括注册账号、发布帖子、回帖等。根据企业在不同营销阶段所开展的工作，阶段性地更新帖子内容，安排不同的人员进行发帖、回帖等工作。

任务拓展

论坛营销应用

1. 任务目的

掌握论坛营销的应用技巧。

2. 操作步骤

1）选择旅游电商网站社区，注册用户并登录。

2）回帖论坛内热门话题，并尝试对本校的电子商务专业进行营销推广。

3）尝试创建本校电子商务专业营销的帖子，注意应巧妙结合该论坛电商板块内的热门话题，避免直接推广信息的出现。

4）将帖子信息推广到其他平台，引起更多网民的关注，同时做好帖子内的及时回复与用户维护。

3. 实施结果

完成该实训任务，并撰写实训报告。

任务 4　其他社会化媒体营销工具

相关知识

1. 今日头条

今日头条是一款新闻客户端，是字节跳动科技有限公司在 2012 年 8 月推出的一款基于数据挖掘的推荐引擎产品。今日头条与其他新闻类 App 的最大不同之处在于，它并不是新闻内容的原始生产者，而是搭建了一个新闻渠道，类似于一个搜索引擎，对用户的不同需求进行分析，得出相关数据，将符合用户兴趣的信息展现在用户面前。今日头条的内容来源主要有两类：一类是与现有的传统媒体和网络媒体签订协议，直接把其内容搬运过来；另一类是今日头条新闻客户端为媒体、机构及自媒体等提供的信息发布平台——"头条号"。

04.4　其他社会化营销工具

今日头条具备以下 3 个方面的特点：

1）用户内容生成。今日头条通过用户生成内容（UGC）的方式将信息发布在平台上。用户可在"头条号"这个平台上发布自己的用户生成内容，平台再根据其特有的个性化推荐功能，将用户生产内容精准地分发给其他感兴趣的用户。

2）个性化精准推荐。今日头条通过爬虫技术获得大量数据，再通过对关键字、标签的学习细分文章，并观察和记忆用户的行为，最后再通过算法的架构将文章推送到用户客户端。大数据和算法相结合实现了今日头条的个性化精准推荐。

3）大数据营销。新闻端主要通过网络广告盈利。今日头条通过 App 客户端吸引广告商进入，同时从用户的阅读行为记录中获取了大量的用户数据，采取数据挖掘技术，以个性化方式推送平台广告。

2．小红书

小红书创立于 2013 年，是一个生活方式的分享平台。截至 2021 年 11 月，小红书平台的月活跃用户量已经超过了 2 亿，注册用户数超过 4 亿，其中"90 后""95 后"是最为活跃的用户群体。小红书包括两个板块：一是用户内容生产。小红书用户可以通过短视频、图文等形式记录生活的点滴，分享生活笔记到小红书社区中，与其他用户互动。小红书社区中的笔记内容覆盖时尚、护肤、彩妆、美食、旅行、影视、读书、健身等各个领域。二是电商平台。小红书用户可以根据自己的购物需求在小红书商城中购买商品，小红书自营"福利社"实行自营保税仓和物流的方式，货物直接通过保税仓或者海外直邮的方式送达消费者手中。

小红书具有以下 3 个方面的营销：

1）社区营销。社区营销借助于网络虚拟社区，在企业与用户、用户与用户之间开展互动交流营销活动。小红书基于社交关系靠信息交流起家，为用户提供购物笔记分享平台，结合用户口碑评论以及分享的产品、服务、相关活动及事件等信息，为用户提供购物攻略。

2）内容营销。小红书的社区中有大量的商品口碑评论和用户购买分享，粉丝用户们可以分享自己使用过的商品心得笔记、实物图和标签，吸引其他用户参与交流。小红书利用内容调动用户积极性和活跃度，充分体现了社区的优势。

3）自营电商。小红书采取自营电商平台"福利社"实现用户价值的转化，小红书与海外品牌合作，将低价采购的商品在自营店铺中售卖，通过保税仓或者海外直邮的方式发货给国内消费者。

3．抖音

2016 年 9 月，字节跳动推出了以"记录美好生活"为口号的音乐类社交产品——抖音，这是一个面向全年龄的短视频社区平台，旨在为用户提供拍摄视频，并通过剪辑和特效来完成作品的平台。此外，抖音还可以实现多场景之间的短内容无缝切换和链接，满足用户随时随地展现自我的需求。

抖音具有两个方面的特点：

1）开放平台。抖音自上线以来就是面向互联网大众，帮助用户表达自我、记录美好生活的短视频分享平台，鼓励用户在平台上自主生产内容。用户可以利用抖音自带的拍摄、剪辑、特效和背景音乐配置等功能完成一条视频的制作，这种开放性使得任何用户都可以自主生产内容。

2）社群互动。抖音观看界面简洁、直观，没有烦琐的功能键，界面可点赞、评论和转发，低成本的互动机制使得用户愿意参与。用户可以跨平台转发短视频，分享给微信、QQ以及抖音上的好友，通过点赞和评论，能够找到共同兴趣的社群，从而结交朋友。

法律法规

中央网信办关于"清朗·打击网络谣言和虚假信息"专项行动

中共中央网络安全和信息化委员会办公室（简称中央网信办）在推进"清朗·打击网络谣言和虚假信息"专项行动中，督促网站平台进一步全面排查整治涉突发事件、社会民生等重点领域网络谣言。抖音、微博、腾讯、快手、百度、哔哩哔哩、小红书、知乎、豆瓣等重点网站平台，共处置传播网络谣言账号5400余个，第一时间溯源并关闭首发账号，有力震慑造谣传谣行为。其中部分谣言典型案例如下：

一、突发事件类谣言

在突发公共事件中，一些账号故意搭蹭热点，臆测歪曲事实，恶意炒作引流，产生恶劣社会影响。例如，微博账号"转身看2012"发布"郴州高铁列车起火"的谣言；小红书账号"柒柒"发布"上海地铁2号线有人狂犬病发作"的谣言；抖音账号"小山"发布"长沙电信大厦起火室内视角"的视频，实为2021年某地火灾视频；快手账号"朝阳包哥"发布"大连一小区有人驾车追撞多人"的谣言，引发民众恐慌担忧情绪。

二、社会民生类谣言

一些账号捏造歪曲社会负面事件，误导网民认知，严重扰乱社会公共秩序。例如，微信账号"梦蝶"发布"全国航班大面积取消"的谣言；快手账号"小九说交通"发布"2022年将实行红绿灯新国标"的谣言，引发网民猜测质疑；抖音账号"小奇迹A"发布"幼儿园老师剪多位幼儿上颚"的谣言，挑拨激化社会矛盾；小红书账号"唐糖"发布"重庆嘉陵江被晒干了"的谣言，引发网民对气候变化的焦虑。

互联网不是法外之地，更不是谣言散布的温床。《中华人民共和国刑法》规定：编造虚假的险情、疫情、灾情、警情，在信息网络或者其他媒体上传播，或者明知是上述虚假信息，故意在信息网络或者其他媒体上传播，严重扰乱社会秩序的，处三年以下有期徒刑、拘役或者管制；造成严重后果的，处三年以上七年以下有期徒刑。"手指动一动，圈群造谣言"等行为违规违法甚至犯罪，必将受到法律惩处和社会谴责。

4. 海外社会化媒体

在"一带一路"倡议中，跨境网络营销是重要的组成部分。据 2021 年统计，全球有 45.5 亿活跃的社会化媒体用户，作为一个巨大的流量体系，社会化媒体的营销地位也愈发突出。主流的海外社会化媒体主要包括：

（1）Facebook

Facebook 作为全球最受欢迎的社会化媒体之一，2022 年 1 月数据显示其每月拥有超过 29 亿的用户，而且超过 53% 的用户处于 18～34 岁年龄段。Facebook 目前已经成为各种规模企业的强大营销工具，并提供不同的营销方式，包括 Facebook Business Page、群组以及 Facebook 广告，帮助企业通过有效且经济的方式，在目标受众中建立知名度，与客户建立联系并推动销售。

（2）Twitter

作为海外营销渠道，Twitter 正在占据越来越多的流量，成为不可忽视的一部分。杰出的内容更有可能被转发，扩大覆盖面和吸引受众。增加 Twitter 接触力的最佳方法是让更多的人获得更多的收益，而最好的方式是发布更好的内容。

（3）Instagram

美国社交图片分享网站 Instagram 对于企业外贸推广而言是不可错过的营销渠道。截至 2022 年年底，Instagram 月活跃用户达到 20 亿，与 Facebook 的用户差距日益缩小。

（4）Pinterest

Pinterest 是世界上最大的图片社交分享网站之一。该网站允许用户创建和管理主题（例如事件、兴趣和爱好）图片集合。

Pinterest 作为美国最受欢迎的十大社交网络之一，绝大多数为女性用户，以兴趣为基础，以瀑布流方式展示令人印象深刻的图片。

（5）YouTube

YouTube 是世界上最大的视频共享网站之一。用户可以在 YouTube 里上传、浏览和共享视频。作为拥有广泛影响力的在线视频社区，2022 年 YouTube 每月就有超过 17 亿的登录用户，而观看 YouTube 无须注册帐号，因此实际用户数会比统计的多很多。

（6）TikTok

作为增长较快的社会化媒体渠道，TikTok 短视频带货正处风口。2023 年 TikTok 活跃用户突破 15 亿，其中 60% 的用户年龄在 18～34 岁，覆盖 150 多个国家和地区。TikTok 的一个显著特点就是高互动性，在未来 10 年内，TikTok 可能是跨境电商短视频带货＋直播带货的蓝海渠道。

随着网络科技的进步，社会化媒体工具仍在不断更新。因此，营销人员在选择社会化媒体平台时，首先要深入了解不同平台的用户和传播特点，只有按照各平台的风格和特点选择最适合自己的，才能达到最理想的营销效果。

任务应用

小红书内容营销

1. 挖掘用户需求

小红书用户以"80后""90后"女性为主，她们收入中等偏上，对物质生活有较高的要求，同时也热衷于旅行、购物和分享。针对不同版块用户的需求，根据目标受众购物的心理和消费的痛点，对目标受众采取个性化定制内容，使后续的内容营销发挥效果。

2. 账户注册

小红书内容营销的第一步是账户注册，其中包括昵称、头像和简介等。昵称和头像应突出该版块的特点，能吸引目标受众，尽量贴合版块的主题。在简介中，要向目标受众简洁、清楚介绍本账户的领域和所从事的行业、工作等。

3. 内容制作

首先，内容定位。可以针对版块中用户喜欢看的某个领域的内容，有针对性地编写用户感兴趣的话题。也可以根据个人擅长、喜欢，在可持续输出的领域中寻找定位，比如在旅游版块中，做旅游攻略、旅游景点介绍等内容。

其次，内容编写。一般采取图文结合或者短视频的方式呈现内容，内容的可操作性和实用性才是账户被认可的关键。因此，"干货型"的内容较易被追捧，受用户关注。

最后，内容发布。小红书内容发布需要符合用户的阅读时间特点，用户的阅读时间直接决定了该内容的效果，对后续的营销推广具有决定性作用。比如美妆类内容尽量选择在晚上发布，该时段用户大多在休息，较为容易关注美妆类内容。

4. 内容维护

账户管理者要对发出的内容进行回复，通过对内容中用户都感兴趣的话题进行探讨的方式，促进账户与用户间的社交关系，促使用户完成收藏、分享等推广行为。

任务拓展

社会化营销工具应用

1. 任务目的

掌握社会化营销工具的应用技巧。

2. 操作步骤

1）选择今日头条、小红书、抖音等社会化营销工具之一，完成注册并登录。

2）发布一份有标题的内容，如产品体验、心得分享、购后点评等。

3）将该内容转发到其他社会化媒体平台，并通过转发、评论、点赞等方式，营销该内容。

3. 实施结果

完成该实训任务，并撰写实训报告。

拓展阅读

一条人人都可以设计的丝巾

敦煌莫高窟是诞生于丝绸之路的艺术瑰宝，其拥有的400多顶藻井，因处于洞窟穹顶而避开了风沙侵蚀和人为破坏，但也因为洞窟黑暗，它们的美往往被忽视。游客不能打灯也无法拍照，仰头观望又很累。400多顶藻井的美丽难道只能就此一闪而过？

如何延长游客观赏藻井的体验，甚至将这些美丽带走？如何将敦煌与莫高窟丰富的文化价值传达给现代人，打造历史文化网红IP，开发出雅俗共赏的文创产品？

为此敦煌研究院找到腾讯，试图用数字化的手段寻找解决方案。2019年腾讯与敦煌研究院合作上线"敦煌诗巾"微信小程序，用这款互动小程序，汇聚万千数字创意，把千年敦煌之美，呈现在方寸丝绸之上。用户在小程序中DIY自己的独一无二、专属敦煌丝巾后，还可一键下单实物丝巾。进入微信小程序后，用户可选择八大主题元素中的任意一个。8款主题图案，近200组装饰元素，原型都来自敦煌图案，经由设计师再创作，让它们既保留了原味，又符合当代审美。每款主题都有小介绍，例如：莫高窟第407窟的"三兔共耳"、莫高窟第71窟的"百鸟朝凤"，以及莫高窟第257窟鹿王本生中的"九色鹿"。每款主题背后都有着美好祥和的文化寓意。

阅读启示：

古老的敦煌莫高窟，承载着丰富的传统文化。它与微信小程序这一社会化营销工具"握手"制作文创产品，既可以让用户定制产品，满足其个性化需求，也可以让传统文化通过新形态换发新姿态，让更多的年轻人认识、了解、热爱中华传统文化。

"敦煌文创"将厚重的传统文化，经创意二次演绎，变得亲切、有趣，有利于人们认识与传承。传统文化通过创造性转化，也能变成符合互联网时代特点的"流行文化"。敦煌文化作为绵延千年的传统文化，具有历史价值、艺术价值、宗教价值和旅游价值等。其保护者，也不局限于文物保护者、历史爱好者，敦煌文化的保护和传承还需要每个人特别是年轻人的支持。

项目小结

本项目主要介绍了社会化媒体营销的4个任务,分别介绍了微信营销、微博营销、论坛营销、其他社会化媒体营销工具等相关知识和实际操作步骤,结合相关的案例和讲解,结合任务应用与任务拓展,让读者能够尝试实施社会化媒体营销。

思考与练习

1. 不定项选择题(至少有一个选项是对的)

1)微信公众平台的类型包括( )。
　　A.服务号　　　　B.订阅号　　　　C.企业号　　　　D.阅读号
2)下面关于微博营销正确的阐述有( )。
　　A.需要撰写优质内容　　　　　　B.借助热门事件
　　C.评论热门大V　　　　　　　　D.构建微博矩阵
3)开展论坛营销,可以( )。
　　A.明确论坛营销目标群体　　　　B.确定论坛营销内容
　　C.选择具有签名功能的论坛　　　D.重视论坛营销的维护
4)今日头条的特点包括( )。
　　A.个性化精准推荐　　　　　　　B.用户内容生成
　　C.大数据营销　　　　　　　　　D.LBS+O2O
5)社会化媒体营销包括( )等营销方式。
　　A.微信营销　　　B.微博营销　　　C.论坛营销　　　D.短视频营销

2. 简答题

1)微博营销的方法有哪些?
2)目前,微信营销的模式有哪些?
3)简述论坛营销的策略。
4)简述小红书的内容营销方法。

项目 5

搜索引擎营销

学习目标

知识目标

1）熟知搜索引擎营销。
2）熟知搜索引擎中排名的影响因素和商品标题优化。
3）掌握搜索引擎营销关键词与推广策略。
4）熟知信息流推广。

能力目标

1）能够为网站定位和选择关键词。
2）能根据商品特征选择合适的关键词进行标题优化。
3）会根据推广策略，完成关键词的添加、匹配方式设置、出价。
4）能够针对类目人群制定信息流推广策略。

素质目标

1）培养与团队成员沟通、协作解决问题的能力。
2）培养通过正规渠道获取信息的能力和法律意识。

案例导读

搜索引擎助推产品营销

Y 公司是世界知名度较高的轻奢品牌公司，该公司曾使用搜索引擎洞悉消费者群体及其特征，进行精准营销。该公司对新款男性淡香水的营销成为一大成功案例。

该香水是从摇滚音乐中汲取灵感设计而成的，在市场上将香水的音乐灵感与群众的澎湃能量相结合，在年轻人中间掀起一股活力之风，已经成为这款香水的首要目标。Y 公司发现公司的大批忠实粉丝、摇滚音乐爱好者和时尚爱好者是最符合该香水的受众人群，其兴趣点主要以音乐、时尚为主。

Y 公司精确锁定目标人群，选择与中国最大的搜索引擎公司之一——百度合作，采

用全平台的音乐资源曝光以及百度搜索推广的方法,联合推出系列线上活动。

首先,百度锁定香水品类搜索者,通过关键词检索,触发百度广告,将该香水更有针对性地推广给有品类需求的搜索者。

其次,定制百度品牌专区,嵌入该香水的视频和动态图,制造视觉体验。用户可以在搜索到的品牌专区填写个人信息,获取香水小样。通过直接高效的互动提升用户参与感。

最后,锁定时尚人群。Y公司选择了与该香水精确定位的受众人群契合度高的百度音乐平台和时尚类音乐APP进行定点投放,充分利用行业领先的综合平台全方位定位服务技术,进行精准投放。

此次Y公司新款男性淡香水营销推广的效果和市场反馈都很明显。在活动期间,该香水的投放展现量超过5.2亿,在百度搜索引擎上的点击量超过200万次,用户独立访问的次数也超过160万次,Y公司最初每日设定的3000份香水小样也供不应求,被抢注一空。

通过案例可以看出,在这个信息技术飞速发展、市场经济状况瞬息万变的时代,搜索引擎营销具有非凡的商业价值。企业通过这种营销方式不但能降低经营成本,还能在最短的时间里获得尽可能多的经济回报,在提升企业品牌的知名度进而巩固企业的品牌形象方面,成效显著。

案例思考:

1)什么是搜索引擎营销?它的优势在哪里?
2)影响搜索引擎的因素有哪些?

【本项目实训说明】

本项目所涉及使用的实训任务平台为"1+X"网店运营推广实训系统(中级),文中简称"实训系统"。

任务1　搜索引擎营销认知

相关知识

1. 搜索引擎

互联网已经成为人们学习、工作和生活中不可或缺的平台。搜索引擎是随着互联网的发展而产生和发展的。搜索引擎是根据一定的策略和特定的计算机程序从互联网上收集信息,在组织和处理信息后为用户提供检索服务,并将检索到的相关信息显示给用户的系统。目前主流搜索引擎有百度搜索、360搜索等基于"文本信息"的搜索引擎,人们所熟知的各大电商网站则是基于"商品"的电商搜索引擎,在电商网站购物时,我们会通过两种搜索方式锁定商品,一是利用搜索框直接进行文字搜索,二是根据商品的类目进行搜索。

2. 搜索引擎营销

搜索引擎营销(Search Engine Marketing,SEM),也是我们通常所说的搜索引擎竞价。它基于搜索引擎平台的付费推广:搜索引擎平台提供优质资源,商家为优质资源付费,搜索引擎平台在用户搜索信息时利用用户对搜索引擎的依赖和使用习惯将促销信息传递给目标用户。

3. 搜索引擎营销投放原理

1)广告检索。广告检索是指在搜索引擎中输入关键字并单击搜索后,显示与关键词相关的商品广告。这里的关键词是指在竞价系统中添加的用于定位潜在客户的词语。不同关键词针对的潜在客户数量不同,会带来不同的潜在商业价值。

在进行搜索引擎营销推广时,当消费者输入的关键词与商家在后台添加的推广关键词相同或相关时,推广的商品展现概率就大。因此,关键词匹配度会直接影响排名效果。

2)广告排序。广告排序是指要推广的商品根据一定的规则排序,并根据排序结果展现在有利的广告位置,在用户搜索时加以展现。

4. 影响搜索引擎排名的因素

通常情况下,影响搜索引擎排名的因素很多,有硬件因素,也有软件因素。下面列举几个主要因素:

1)竞价排名因素。企业是否购买竞价排名也是影响排名的关键因素之一。然而,需要合理地选择竞价排名,否则会事与愿违,事倍功半。

2)企业网站权重因素。企业网站权重是指搜索引擎根据企业网站表现给出的一个综合评分,它代表企业网站在搜索引擎中的可信度,是搜索引擎对企业网站进行排名的基础。权重越高,企业网站的可信度越高,搜索排名就越靠前。

3)企业网站标题。企业网站标题和关键词的相关性一定要高,这可以让搜索引擎和用户准确捕捉关键词。除了需要满足字数要求外,标题还应全面覆盖关键字和调整关键词在标题中的位置。

4)外链质量。一般来说,网站外链的质量也会对网站排名产生影响。如果企业的网站与权重较高的网站,通过链接的方式进行指向和收录,也会被搜索引擎认为是具有一定权重的网站。因此,不在于网站的外链数量的多少,而是需要不断提高外链质量来提高企业网站排名。

5. 搜索引擎的分类

搜索引擎有各种不同的表现形式和应用领域,根据搜索方式,可以将搜索引擎分为以下4种:

1)全文搜索引擎。全文搜索引擎是使用爬虫程序抓取互联网上所有相关文章并对其进行索引的搜索方式。一般网络用户适合全文搜索引擎,可以方便、简捷地获得所有相关信息。最具代表的搜索引擎有百度搜索。

2)目录索引。目录索引依赖人工收集处理数据并将数据置于分类目录链接下。它是网站内部常用的检索方式。按目录分类的网站链接列表,虽然有搜索功能,但不算真正的搜索引擎,例如搜狐、新浪等用户仅靠分类目录也能找到需要的信息。

3)元搜索引擎。元搜索引擎基于多个搜索引擎的结果并对之进行整合处理。在接受用户查询请求时,元搜索引擎在其他多个引擎上进行搜索,并将结果返回给用户。最具代表性的是对分布在网络中的各种检索工具进行全局控制的360综合搜索引擎。

4)垂直搜索引擎。垂直搜索引擎是对某一特定行业内数据进行快速检索的一种专业搜索方式,适用于有明确搜索意图的检索。例如用户购买火车票或预订酒店时,都可以直接使用行业内的垂直搜索引擎。

任务应用

使用搜索引擎购买火车票

如果想在互联网上购买火车票,如何使用搜索引擎进行搜索呢?

(1)选择搜索引擎

搜索引擎种类很多,工作方式也不同,我们只关注一个搜索引擎是不明智的,因为无论某个搜索引擎有多好,它也有局限性。合理的方法应该是根据具体要求选择不同的搜索引擎。

以百度为例,选择百度作为搜索工具,对火车票进行检索。

(2)使用搜索引擎

1)使用百度搜索框直接搜索关键词"火车票"。

2)在搜索结果中找到需要的信息,如行业内官网"中国铁路12306",如图5-1所示。

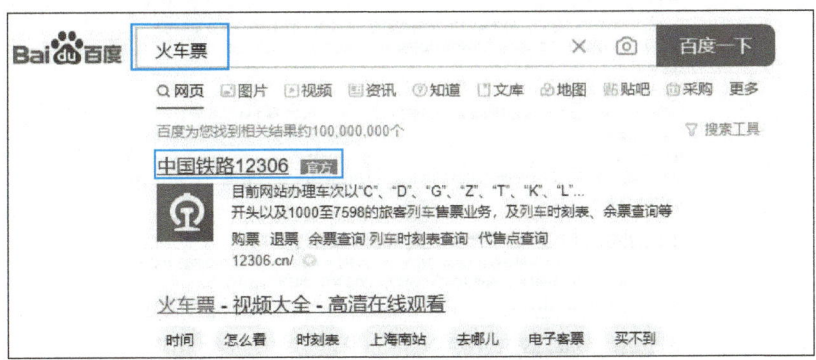

图5-1 百度搜索

3)在中国铁路12306网站中,搜索所需火车票信息,如图5-2所示。

图 5-2　中国铁路 12306 网站搜索信息

（3）检索结果

掌握搜索方法，完成精确查找，获取相关信息。

任务拓展

主流搜索引擎的对比

1. 任务目的

在百度搜索、360 搜索、搜狗搜索三个主流的搜索引擎平台进行相同关键词的搜索，对比其搜索结果。

2. 操作步骤

1）在百度搜索中输入关键词"电子商务基础"，查找《电子商务基础》这本图书，搜索结果排在第一条。关于此信息的相关结果约 7580 万条，如图 5-3 所示。

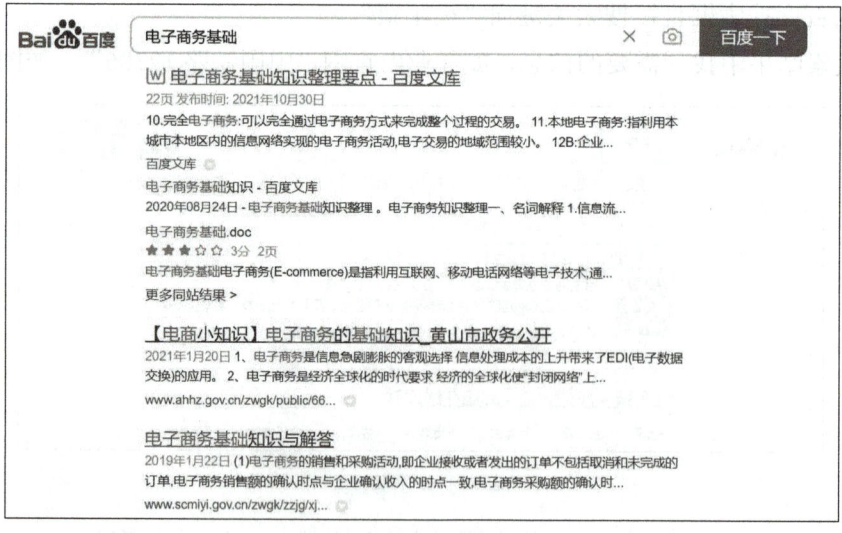

图 5-3　百度搜索相关信息

2）在360搜索中输入关键词"电子商务基础"，查找《电子商务基础》这本图书，在页面第一屏完全没有找到图书信息，大多为广告或商家信息，如图5-4所示。

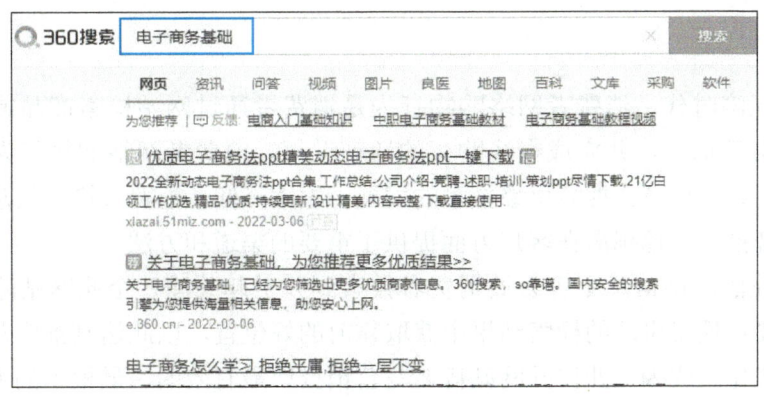

图5-4　360搜索相关信息

3）在搜狗搜索中输入关键词"电子商务基础"，查找《电子商务基础》这本图书，搜索结果排在第二屏，相关搜索结果有81.6万条，前几条大多是培训信息或其他信息，如图5-5所示。

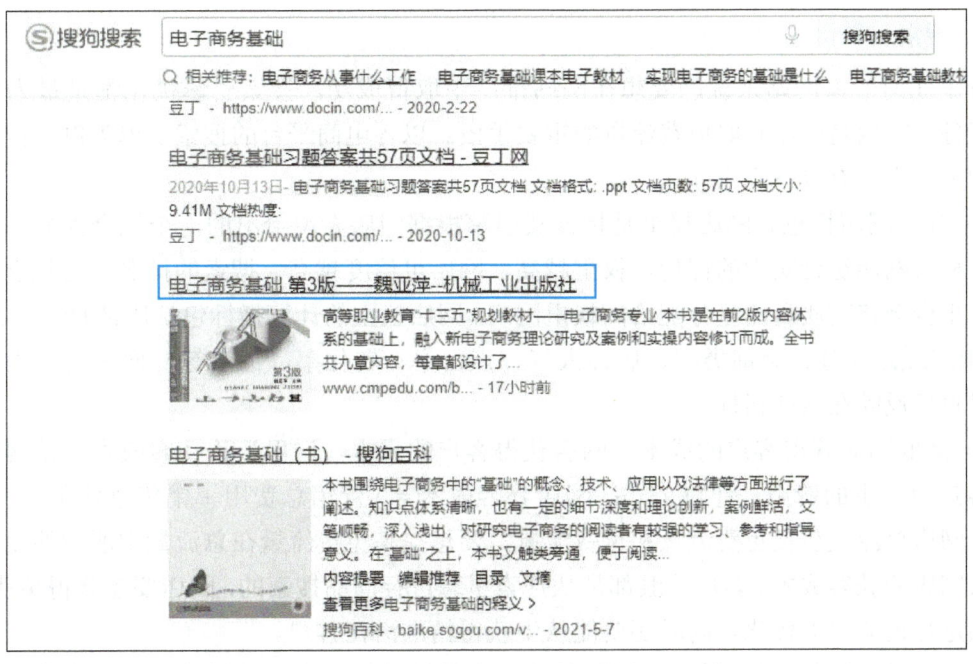

图5-5　搜狗搜索相关信息

3．实施结果

从搜索信息范围来看，百度搜索的信息范围较广，价值度高；在性价比方面，百度搜索用户量最大，收费和点击费用相对较高，360搜索相对性价比较高，搜狗搜索的性价比相对较低；在数据收录方面，百度搜索收录相对新、杂，而360搜索的针对性比较强，搜狗搜索的优势在软件、培训领域。

任务 2　搜索引擎优化

05.2　搜索引擎优化

相关知识

当今网络经济时代，消费者网络购物行为是消费者通过网站检索商品或服务，比选商品、价格和服务等信息，并完成在线购买的活动过程。消费者网络购物行为模式的变化，使信息搜索成为重要环节。搜索引擎技术的发展，大大降低了消费者检索信息的时间成本，也给企业在品牌推广、挖掘潜在客户方面提供了重要的渠道和方法。

如何让企业的网站信息更容易被消费者搜索到并引起关注？企业网站除了要被搜索引擎收录外，还要在搜索引擎的检索结果中获取靠前的好位置，以此达到推广营销的目的。因此，搜索引擎优化就成为企业提升网站排名与营销推广最有效的、最根本的方法之一。

1. 搜索引擎优化的概念

搜索引擎优化（Search Engine Optimization，SEO）是通过自然搜索结果获得网站流量的技术和过程。简单来讲，就是通过搜索引擎的排名规则合理优化网站，从而提高网站在搜索引擎中的排名。

2. 搜索引擎优化的作用

对于任何一家网站来说，要想在网站推广中取得成功，搜索引擎优化都是最为关键的一项任务，它也是网站获取免费流量的重要手段。以各电商平台的搜索引擎为例，搜索引擎优化的具体作用有以下几点：

1）提升网店权重。网店权重是指搜索引擎根据网店表现给出的一个综合评分，可以理解为一种对网店综合实力的评价。权重越高，网店可信度越高，搜索的排名就会越靠前。搜索引擎平台会将高质量流量分配给高权重网店。网店权重的计算指标包括店铺DSR（Detailed Seller Rating）评分、店铺类型、店铺人气、点击率、转化率、销量等，搜索引擎优化的结果可以直接反映在这些指标上。

2）降低网店获得客户的成本。网店获得客户的成本（这里简称获客成本）是网店为获得新客户而产生的费用。计算公式：网店获客成本 =（营销总费用 + 销售总费用）/ 获取新客数。网店总流量包括免费流量和付费流量，要想提高免费流量在总流量中所占的比重，就要降低网店的获客成本。客户一般都是从搜索引擎进行商品搜索的，网店要想获得免费流量，就必须进行搜索引擎优化，同时还要能从中获得精准潜在客户。

3）影响网店付费推广效果。网店付费推广效果是指网店通过付费来提升店内商品或服务的人气、点击率、转化率、曝光量等指标的效果。搜索引擎优化是做好付费推广的前提，一个网店如果忽略搜索引擎优化，则会影响到搜索引擎的推荐和搜索结果，导致付费推广效果的降低。

3. 关键词分类

关键词是指用户在使用搜索引擎时为表达个人需求而输入的词语。它通常是用户意图的最直接反映。在搜索引擎优化搜索排名的过程中,关键词对用户能否在自然搜索结果页面中搜索到查找的内容,起着非常重要的作用。网站的关键词必须与网站主页和内容高度相关。比如,房产网站的关键词要选择诸如"房产网""房屋租赁""房源"等,假如选了"房屋装修"作为关键词,那么当用户搜索"房屋装修"时,也许网站排名很靠前,但网站的业务量肯定上不去。可见,关键词跟网站内容不相关,就会影响搜索引擎的收录和排名。

以各电商网站的搜索引擎为例,常见的关键词类型有核心词、属性词、品牌词、营销词、长尾词等。

1)核心词。核心词是指与商品密切相关并能精准表达商品的关键词。顾名思义,核心词就是标题的核心部分,标题中的其他关键词都是可以围绕核心词拓展的。核心词是行业内的大词、热词、短词,如标题"海边度假女装",这里的"女装"就是核心词,但是因为核心词的搜索量大,只能确定消费者所需商品的类目,很难准确判断消费者的需求。

核心词一般分为商品词和类目词。商品词是商品的名称,如"连衣裙""充电宝""化妆包"等。类目词是商品所属类目的名称,可细化为一级类目、二级类目、三级类目等,如上面提到的"女装"是一级类目,"连衣裙"是二级类目(见图5-6),"毛衣裙""真丝裙"等属于三级类目。

图5-6 核心词

2)属性词。属性词是描述商品参数、特征的关键词,包括颜色、尺寸、样式、型号、材质等,如图5-7所示。

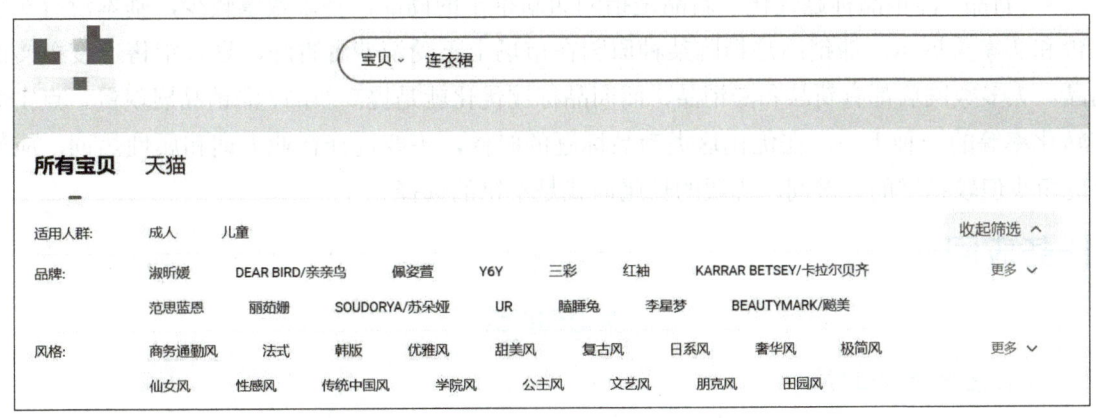

图5-7 某电商购物平台属性词查找界面

3）品牌词。品牌词是商品的品牌名称，如"华为""特步""百雀羚"等品牌名称。网店在使用品牌词时，需慎重，注意合法合规、不侵权。

4）营销词。营销词是具有营销性质的关键词，也是核心词和属性词的补充，包括商品卖点、优惠信息描述等词汇。在挖掘营销词时，除了常用的热门推广词外，还可以根据用户心理和搜索习惯选择关键词，通过吸引用户注意力来提高商品的展现量和点击率。常见营销词如"××××年新款""正品""明星同款"等。

5）长尾词。长尾词指的是商品的非中心关键词，却与中心关键词相关的组合关键词，会带来搜索流量。长尾词通常是对中心关键词的进一步解释与定义，由两个或两个以上的词组成，也可以是短语。由于消费者用长尾词搜索时目的性强，所以长尾词要更加精准，以达到高的转化率。长尾词一般由核心词＋属性词＋营销词等组合搭配，如"雪纺淑女连衣裙明星同款""2023新款商务休闲西服单排扣"等。

4. 商品标题优化

商品标题是对商品名称的描述。通过标题，消费者可以找到商品，并快速了解商品的类别、属性和特点等。一个优秀的商品标题可以为商品以及网店带来更多的自然搜索流量。由此可见，对商品标题进行优化是流量获取的主要手段之一。

商品标题优化是通过对关键词的组合优化，使其在同类目中排名靠前，提高曝光率、展现量、点击量以提升转化率的过程。根据商品所处的竞争阶段，可将商品标题优化分为爆款标题优化、日常款标题优化、新品/滞销品标题优化。

1）爆款标题优化。爆款商品是在商品销售中供不应求且销量很大的商品。因此，爆款标题应是在综合搜索中热度最高的关键词，如行业内的热词、短词，应尽量选择点击率高、热搜指数高的关键词组合成曝光度最高的标题。

2）日常款标题优化。日常款商品是网店内数量最多的商品，几乎每天都会有销量，所以日常款标题选择关键词的时候，应选择展现指数和点击指数较高的商品属性词，并进行属性词拓展，进而提高转化率。

3）新品/滞销品标题优化。新品是指网店新推出的商品，基础数量较少，基本没有买家评价和买家秀展示。滞销品是指因某种原因在市场上不受消费者青睐，导致销售速度极慢的商品。大多数网店都有新品和滞销品，而商品标题优化就是提高新品/滞销品展现量、点击率和转化率等的一种手段。在优化这类商品标题的时候，不要选择行业大词和属性热词，应选择竞争少但较精准的关键词，优质的长尾词就是不错的选择。

任务应用

关键词挖掘

1. 什么是关键词挖掘

关键词挖掘，就是关键词检索，是指对单个媒体在制作和使用索引时所使用词汇的挖掘。以淘宝搜索引擎为例，商品的类型、所处的竞争阶段和条件不同，进行关键词挖掘的方法也是不同的。

2. 关键词挖掘的方法

关键词挖掘对于优化网站标题而言是必不可少的，标题优化策略也是以"关键词挖掘"为基础的。关键词的挖掘过程是对用户需求的挖掘过程，即通过了解"潜在用户"在使用搜索引擎过程中的搜索习惯，为其提供"搜索关键词"对应的优质内容。下面介绍几种关键词挖掘方法：

1）搜索联想。搜索联想是指输入关键词后在搜索框下方联想与该关键词有关的所有关键词并以列表形式展示，这样就缩短了搜索路径，以便用户快速获取信息，如图5-8所示。

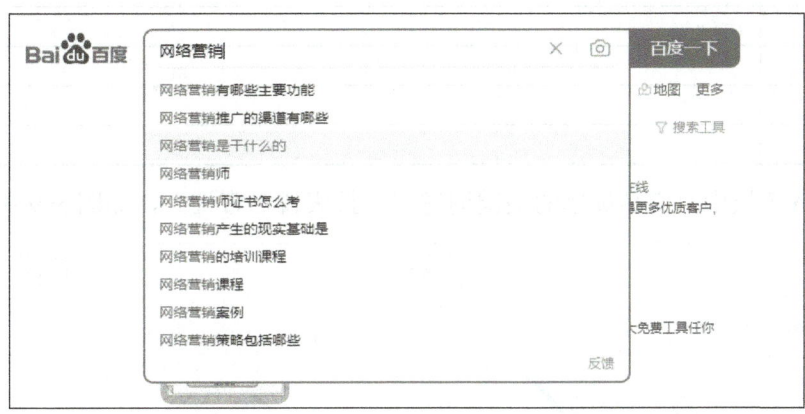

图 5-8 百度搜索联想

2）关键词挖掘工具。利用搜索引擎为网站提供的数据分析工具获取关键词。如站长工具的关键词挖掘工具、淘宝的生意参谋、京东的商智、百度推广的关键词规划师、百度指数、速卖通的数据纵横等。

3）模拟用户搜索习惯。在掌握了用户的搜索习惯后，为网站选择关键词变得更容易，往往也会获得很好的效果。但是想要掌握用户的搜索习惯是有一定困难的，可以先以自己的搜索习惯来揣测大众的搜索习惯，也可以做大范围的市场调查来收集大多数人的意见。

任务拓展

爆款商品标题优化

1. 任务目的

1）能够从买家搜索习惯的角度分析关键词。
2）能够根据爆款商品特征，选择合适的关键词进行标题优化。
3）掌握爆款商品标题优化的方法。

2. 任务分析

商品标题优化是对商品的标题进行符合规则的优化，使该商品能够在同类商品中排名靠前，进而提高曝光率、展现量、点击量和提高转化率的过程，也是获取自然搜索流量的重要方法。

本任务主要是从"实训系统"的关键词词库中选择关键词组合得到标题，并从标题长度控制、关键词分类、关键字排名、关键词人气及关键字组合技巧等维度优化商品标题。

3．操作步骤

1）"ROMOSS/罗马仕20000毫安大容量充电宝便携正品移动电源"是爆款商品标题，根据关键词的类型将此商品标题进行拆分和分类，将拆分后的关键词按类型填写到表5-1中。

表5-1　商品标题关键词分类

关键词类型	ROMOSS/罗马仕20000毫安大容量充电宝便携正品移动电源
核心词	
品牌词	
属性词	
营销词	

2）在任务模块中对商品标题的关键词进行"搜索排名查询"，如图5-9所示。

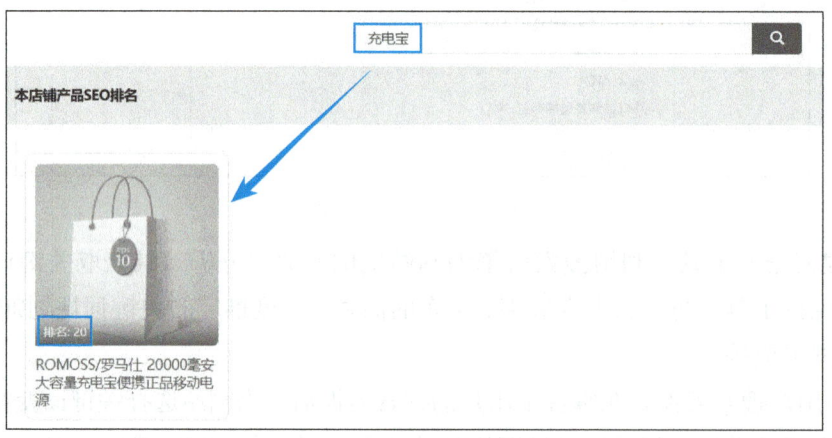

图5-9　搜索排名查询

逐一查询商品标题中的关键词，并将搜索排名结果记录在表5-2中。

表5-2　商品标题关键词搜索排名结果

ROMOSS/罗马仕20000毫安大容量充电宝便携正品移动电源	
关键词	搜索排名

3）根据搜索排名结果，将原来商品标题中搜索排名较差和相关性不高、覆盖率低的关键词删除，然后把筛选后的商品标题填写在表5-3中。

表 5-3　筛选后的商品标题

商品标题

4）拓展关键词。对于爆款商品，应挖掘商品的相关性高、搜索人气高、覆盖率高的属性词、营销词等关键词。注意，一定要根据"商品信息"的属性和描述挖掘关键词。将要选择的关键词分别在"关键词分析"模块查询其搜索人气、点击率、转化率和竞争指数。例如商品信息属性中找到的"聚合物"关键词，在关键词分析模块查询其搜索人气、点击率、转化率和竞争指数，如图 5-10 所示。

图 5-10　关键词分析

5）将步骤 4）选择的拓展关键词与步骤 3）中的商品标题进行组合，并优化。注意，标题不要超过 60 个字符（数字、英文、空格等是 1 个字符；1 个汉字是 2 个字符）。

6）对初步优化的商品标题中的每个关键词进行排名查询并再次优化。可将标题中的关键词进行位置调换或重新组合，不断进行排名查询并优化，以获得优质标题。

任务 3　搜索引擎竞价排名

相关知识

各大搜索引擎平台市场份额

05.3　搜索引擎竞价排名

竞价排名是一种按效果付费的推广方式，是对购买了同一关键词的网站，按照付费最高者排名靠前的原则进行排名的一种方式。百度等著名搜索引擎网站都采用竞价排名营销模式。

2021 年，百度在我国的搜索引擎市场份额平均占有率达到 78.26%（如图 5-11 所示），占据了中国搜索引擎市场的最大份额。紧跟其后的是搜狗搜索引擎，占所有平台的 13.00%。

2021年总搜索引擎中国市场占有率(%)							
月份	Baidu	Sogou	bing	Google	Haosou	Shenma	Other
1月	69.71	21.55	2.32	2.51	2.2	1.57	0.14
2月	78.41	13.81	1.99	1.89	2.21	1.49	0.2
3月	75.54	15.29	2.57	2.34	2.52	1.56	0.18
4月	72.07	20.26	2.39	2.04	1.89	1.19	0.16
5月	72.63	19.81	2.55	1.98	1.6	1.29	0.14
6月	79.89	11	3.47	2.43	1.43	1.23	0.55
7月	73.86	18.99	2.91	1.98	1.1	0.88	0.28
8月	76.91	14.02	3.65	2.41	1.34	1.27	0.4
9月	82.47	7.64	3.45	2.14	2.26	1.69	0.35
10月	85.37	5.32	3.35	1.71	2.52	1.53	0.2
11月	86.82	4.69	3.94	2.22	0.98	1.12	0.23
12月	85.48	3.66	4.44	2.93	1.47	1.37	0.65
平均	78.26	13.00	3.09	2.22	1.79	1.35	0.29

数据来源:StatCounter

图 5-11　2021 年 1～12 月搜索引擎市场占有率

1. 认知

1）搜索引擎竞价排名。搜索引擎竞价排名就是按付费多少来决定搜索结果中的排名情况，付费越多，在搜索结果页面中就越靠前。可以说，竞价排名服务是由企业为自己的网页购买关键字排名并按点击计费的一种服务。搜索引擎营销（SEM）也是我们通常所说的搜索引擎竞价。它是基于搜索引擎平台的付费推广：搜索引擎平台提供资源，企业为优质资源付费，搜索引擎平台在用户搜索信息时利用用户对搜索引擎的依赖和使用习惯将促销信息传递给目标用户。

2）关键词搜索广告。关键词搜索广告是非常典型的竞价广告，是根据商品或服务的内容和特点，确定相关关键词、撰写广告内容并进行独立定价的广告。广告展示机会由竞价排名结果决定，根据排名顺序安排搜索结果页面广告展示的多个位置，当用户搜索企业（广告主）投放的关键词时，会显示相应的广告，用户点击后企业（广告主）会依据对关键词的出价付费，用户不点击则企业（广告主）不付费。

法律法规

搜索引擎服务商竞价排名业务受《中华人民共和国电子商务法》的规制

《中华人民共和国电子商务法》第 40 条规定：电子商务平台经营者应当根据商品或者服务的价格、销量、信用等以多种方式向消费者显示商品或者服务的搜索结果；对于竞价排名的商品或者服务，应当显著标明"广告"。

2. 广告排序机制

广告排序是指当用户搜索关键词时，商家所要推广的商品在搜索结果页面上按照一定的排序规则显示在有利的广告位置。一般购物网站搜索引擎排序主要由关键词质量分和关键词出价决定。

（1）关键词质量分

关键词的质量分是搜索推广中衡量关键词、用户搜索意向、商品推广信息三者间相关性的综合性指标。关键词质量分越高，推广效果越好，商家就可以使用相对较少的推广成本，在更合适的展示位置展示更好的商品信息，买卖双方达到双赢。

质量分得分越高，相同排名的位置得分就越高，花费相对就越低，其作用表现为几点：

1）排名靠前。在相同的竞价情况下，提高关键词的质量分可以提高关键词的排名，增加点击次数，从而提高店铺的整体流量，提高转化率。

2）降低关键词点击花费。关键词的质量分与点击价格有关，当排名保持不变时，为节省推广成本，可提高关键词的质量分，从而降低出价，点击成本也随之降低。

3）限制展现量。当质量分偏低时，推广结果可能不会被展现，或者展现量低，每个广告平台都有相似的规则。

质量分是平台为每个关键词计算的质量分数。影响质量分的因素包括相关性、点击率、店铺质量、用户体验、账户历史表现等。

（2）关键词出价

关键词出价是商家为关键词被点击一次所支付的最高价格，由商家自己设置。这里需要说明的是，关键词出价是关键词的单次点击花费上限，也就是说关键词被点击一次的花费不会超过关键词的出价。

在做推广时，提高关键词出价或提高关键词质量分是商品获得更高排名的方法，而优化推广的目的就是降低推广费用，因此，提高质量分才是推广优化的重点。

3．扣费机制

关键词扣费是广告平台向网店收取关键词广告费用。常见的扣费方式有按点击扣费、按转化扣费、按展现扣费、按成交扣费、按时间扣费等。

1）按点击扣费。按点击扣费（Cost Per Click，CPC）是按照被点击的次数扣费。大部分广告平台都采用CPC方式，如百度搜索广告、阿里系的直通车等。当消费者点击平台上的CPC广告后，平台就会根据点击扣费公式计算并扣费，当然，平台会过滤出无效点击和恶意点击，这类点击是不扣费的。

2）按转化扣费。按转化扣费（Cost Per Action，CPA）是按照广告投放实际效果扣费，不限制广告的投放量，而是按有效订单来扣费。

3）按展现扣费。按展现扣费（Cost Per Mile，CPM）是每千人成本的展示付费，平台只要展示了广告主的广告内容，广告主就要付费。

4）按成交扣费。按成交扣费（Cost Per Sales，CPS）是按照实际销售量扣费的。

5）按时间扣费。按时间扣费（Pay Per Day，PPD），是指搜索引擎会根据自身服务条款,每天收取相应费用,作为用户使用搜索引擎服务应付的费用。

任务应用

搜索引擎营销推广策略实践

搜索引擎营销(SEM)推广是一种付费的推广。商家推广的目的就是获得流量,为达到预期效果,商家在提高点击量、转化率、曝光量上要明确推广的重点是什么。下面以"实训系统"中的实训任务为例,对 SEM 推广的几个策略做简要的分析。

1. 地域和时间策略

地域策略是根据产品的地域特点设置推广策略,如图 5-12 所示,也就是只有指定地域的人群才能看到投放的广告。时间策略是按照不同时间段进行竞价推广,如图 5-13 所示,这样可以利用好投放时间,用相对少的投入获得多的产出。

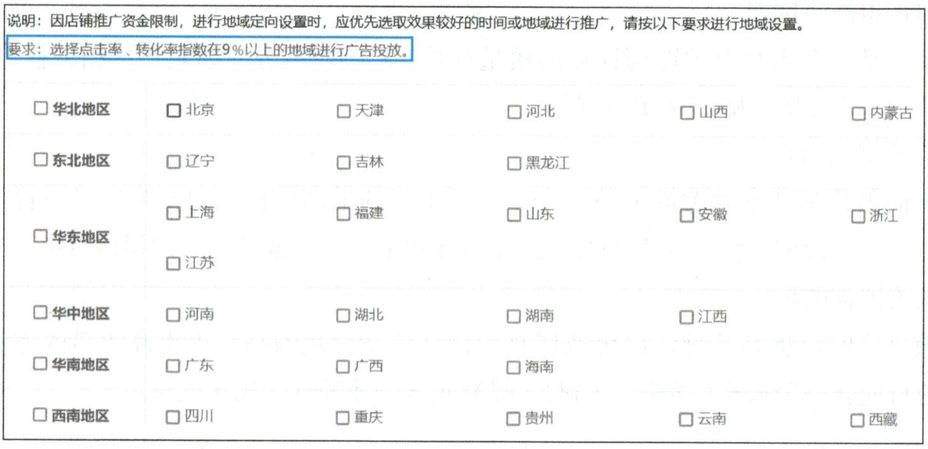

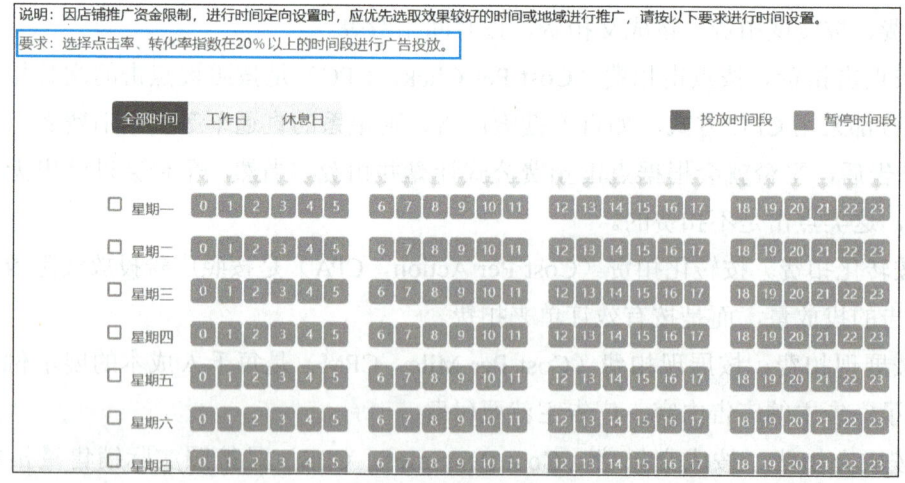

图 5-12　投放的地域设置

图 5-13　投放广告时间段

2．关键词添加

关键词对搜索排名起着非常重要的作用，同时也是 SEM 推广中重要的环节。

通过"关键词添加"，选取产品相关性强的关键词，并在"数据分析"模块进行关键词分析，完成高搜索人气、高点击率、高转化率、低竞争指数关键词的选择，如图 5-14 所示。

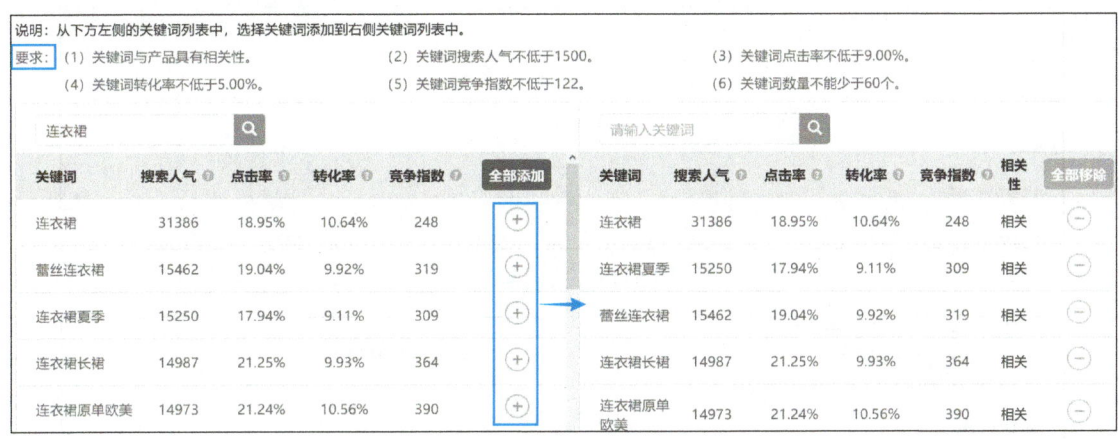

图 5-14　关键词添加

要求：

1）关键词与产品具有相关性。

2）关键词搜索人气不低于 1500。

3）关键词点击率不低于 9.00%。

4）关键词转化率不低于 5.00%。

5）关键词竞争指数不低于 122。

6）关键词数量不能少于 60 个。

3．创意编辑与创意优化

创意体现在在 SEM 推广过程中设置的广告图片与广告语，当用户搜索关键词并进入搜索结果页面时，他们第一眼看到的就是网店推广的创意图片和创意标题。创意的质量直接决定了用户能否点击进入店铺内部详情页面，促成转化。创意编辑是增强广告吸引力、引导用户点击、提高点击率的优化措施。

通过"关键词分析"查询各关键词的搜索人气、点击率、转化率、竞争指数情况，如图 5-15 所示。

根据筛选的关键词进行创意优化。优化创意后，查询关键词的新质量分。质量分提高，说明优化成功，如图 5-16 所示。

要求：

1）创意必须与产品具有相关性。

2）创意长度不低于 5 个关键词。

3）关键词质量分提升 1 分及以上。

搜索词	搜索人气	点击率	转化率	竞争指数
专柜正品女装	14886	20.99%	5.63%	339
女装	14582	17.79%	10.74%	251
2018女装新款连衣裙	13197	21.25%	9.89%	368
女装连衣裙	13046	15.83%	4.82%	340
品牌女装	12786	21.25%	10.49%	361
品牌女装专柜正品	12596	21.25%	10.51%	369
2018新款女装春装	12541	21.25%	9.53%	372

图 5-15 关键词分析

说明：根据商品信息和下面的关键词编写创意。
要求：(1) 创意必须与产品具有相关性。 (2) 创意长度不低于5个关键词。
(3) 关键词质量分提升1分及以上。

品牌夏季女装

关键词	原质量分	新质量分
夏季女装	5	8
品牌女装	6	9
裙子夏季学生	5	5
裙子夏季	5	5
韩版女装夏装新款	6	6

图 5-16 关键词新质量分

4．人群溢价

人群溢价是平台通过大数据技术，分析人群特征并提取人群标签，商家根据自己的需求与推广目标选择人群标签并设定溢价，定向人群越精准，购买率越高，溢价越高，产品排名越高，点击率越高。这也就是商家愿意为指定的流量加价，其出价超出原定价。人群溢价设置如图 5-17 所示。

说明：店铺为获取更多精准流量，通过数据分析选择合适的人群合理出价。
要求：(1) 选择合适的人群溢价。
(2) 为确保推广效果，溢价后关键词排名需提升5名之内。

关键词：假两件连衣裙　　出价：4元　　排名：87

人群	实际溢价		关键词排名	建议溢价	潜在买家权重
时尚女性	0.78	%	83	10%	8.15%
休闲男性	0	%	87	15%	4.22%
数码达人	0	%	87	20%	2.46%
电玩达人	0	%	87	10%	3.11%

图 5-17 人群溢价设置

要求：

1）选择合适的人群溢价。

2）为确保推广效果，溢价后关键词排名需提升 5 名之内。

任务拓展

商品 SEM 推广

1. 任务目的

根据网店商品和推广目标，合理分配推广资金、确定推广地域与时间，制定关键词策略、创意与人群定向策略。

2. 任务分析

根据商品特性，合理分配推广资金，有选择性地进行推广。针对不同的商品，设置推广地域和时间，并添加关键词、设置匹配方式和出价。为了提高推广效果，进行创意编辑与创意优化，做好人群溢价。

3. 操作步骤

1）制订推广计划。以移动电源为例，在推广之前，要“新建推广计划”。直通车推广计划分为标准推广计划和智能推广计划两类，应结合推广方式的特点，选择符合需求的推广方式。

要对推广的商品合理分配资金，以较少的花费获得较多的流量，达到推广效果。通过“数据分析”并结合商品的地域分布特点和用户的购物时间分布情况，设置投放地域和投放时间，如图 5-18 所示。

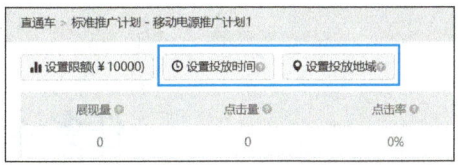

图 5-18　设置投放地域和投放时间

2）制定与实施关键词策略。新建推广单元，选择商品并进行关键词的添加、出价，设置匹配方式。在添加关键词的过程中，可通过“系统推荐”“全站搜索”和“热搜词分析”三个功能添加关键词。在选词时，要注意相关性、展现量、点击率和成交率等指标。在进行关键词出价时，要结合市场平均价设置出价。添加关键词和出价后，可到推广词界面修改匹配方式和出价（见图 5-19）或删除无效关键词。

标签	关键词	匹配方式	质量分	排名	出价	展现量	点击量	点击率	成交量	成交率	花费	平均点击花费	操作
	A字裙	精确匹配	3	40415	¥0.11	0	0	0%	0	0%	¥0.00	¥0.00	修改出价 修改匹配方式 删除
	CACHE	精确匹配	3	1720	¥0.01	0	0	0%	0	0%	¥0.00	¥0.00	修改出价 修改匹配方式 删除
	H型	精确匹配	2	269	¥0.01	0	0	0%	0	0%	¥0.00	¥0.00	修改出价 修改匹配方式 删除
	ZARA	精确匹配	5	4605	¥0.01	0	0	0%	0	0%	¥0.00	¥0.00	修改出价 修改匹配方式 删除
	Zara	精确匹配	5	4605	¥0.01	0	0	0%	0	0%	¥0.00	¥0.00	修改出价 修改匹配方式 删除

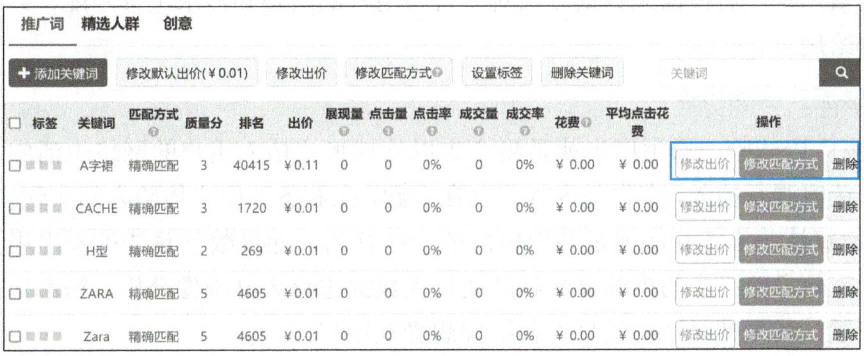

图 5-19　修改匹配方式和出价

3）人群溢价。根据商品特征精选人群或选择特定兴趣偏向的人群来溢价，如图 5-20 所示。

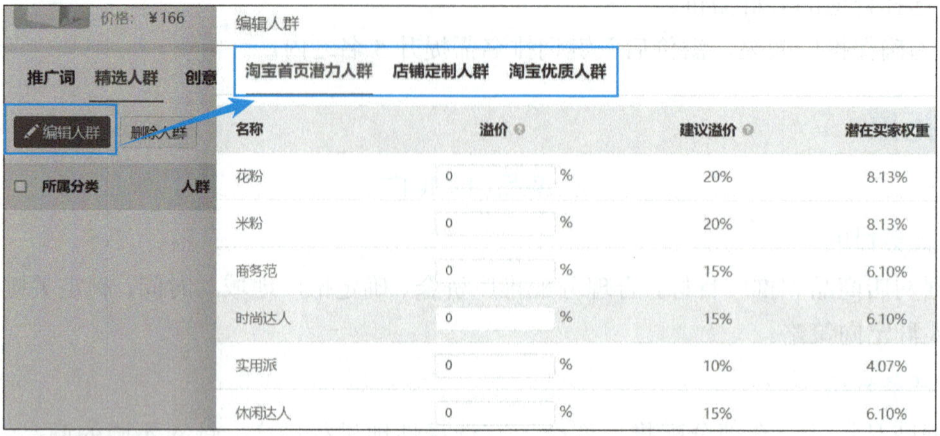

图 5-20　人群溢价

4）创意编辑与创意优化。根据商品信息与推广关键词，进行创意编辑与创意优化，以提高关键词质量分。一个商品最多可编辑 4 个创意。

5）结束直通车推广。完成推广计划、推广单元、推广关键词、创意编辑、人群溢价后，可结束直通车推广完成商品 SEM 推广。

任务 4　信息流推广

相关知识

1. 信息流推广的概念

信息流推广是一种新型推广形式，即在渠道和过程中插入广告，并通过网络媒体向用户传递内容。它可以通过图片或视频等多种互动形式呈现。运营商通过各种渠道获取用户的行为和兴趣数据，然后根据大数据算法对广告与用户的兴趣和需求进行匹配，并有针对性地将广告推送给用户。

2. 信息流广告的特点

1）原生广告体验。原生广告就是将广告以软性形式植入用户的网络生活中。没有在用户操作和阅读时强行植入，广告与内容整合在一起，在业务和用户体验之间实现良好的平衡。

2）推荐算法。推荐算法就是利用用户的一些行为，通过数学算法推断出用户可能会感兴趣的东西。信息流广告的推荐算法就是通过大数据进行人群画像分析，精准定向理想受众人群，在合适的场景把合适的信息推荐给理想受众用户。

3）强互动性。用户可根据自己的喜好在各平台上进行广告传播，如抖音转发、朋友圈点赞、微博转发等，可以带动潜在的受众群体。因此，信息流广告具有互动性强的特点。

3. 信息流推广人群定向

个性化推荐是信息流广告的核心，人群定向则是个性化推荐的前提。人群定向是根据用户的属性、行为、生活习惯、偏好等信息抽象出来的标签化用户模型，相当于给用户贴上标签。人群定向分为三种：

1）基础定向。基础定向是指根据人群的年龄、性别和地域等信息进行定向。主要针对潜在用户，适合刚需类产品、品牌曝光等基础设置。

2）兴趣定向。兴趣定向是指根据平台上不同的用户标签，整合不同的兴趣爱好。兴趣定向是信息流选择人群的重要手段。兴趣又可分为人群兴趣和核心兴趣。人群兴趣是根据不同的人群画像，按照不同的受众人群，选择适合用户的多种相关兴趣。核心兴趣就是商品行业的相同分类，且能在平台后台找到的分类。如房地产行业，可以在平台后台选择最符合人群的兴趣，如房产买卖、房产租赁等。

3）行为定向。行为定向是通过数据分析对用户行为进行分类和筛选的过程。行为定向又分为搜索定向、互动定向和回头定向三种方式。行为定向主要针对的是目标人群，适合内容传播、IP包装等。

法律法规

互联网企业应保护用户隐私权

《中华人民共和国民法典》对隐私权和个人信息保护的概念、范围等给出明确的指引。互联网时代，各相关平台、商家均应遵守法律法规，合理考量隐私、个人信息的收集和使用，进而平衡个人信息保护及信息合理利用的关系。因此，针对当下人们对诸多App软件获取个人信息的情形是否侵犯个人信息权的质疑，相关专家认为需分情况讨论：第一，在征得用户同意的情况下，App软件可以获取个人信息并且合理使用，但不得获取及披露个人隐私部分；第二，没有获得用户授权而收集个人信息，则是一种违法行为。

4. 资源位

资源位是平台为店铺提供的应用中心和应用内页的非竞价推广位置。用户行为对资源位的定向策略和职能定位有重要影响，资源位的转化数据可以显示用户的浏览偏好。

任务应用

信息流推广的时间定向、地域定向和人群定向

商家在做信息流营销之前，应全面了解各大信息流渠道的特性，做好信息流推广的时间定向、地域定向和人群定向。

1. 任务分析

时间定向是指商家能够根据用户行为、营业时间，甚至季节性活动或特殊事件进行信息流推广。

地域定向是基于用户的常规地理位置来进行定向，有助于商家触达那些正前往商家所在区域的用户，包括商业区定向、距离定向等。

人群定向是信息流推广过程中很重要的一个项目，直接影响目标受众是否精准，投入产出比是否符合商家要求。人群定向主要是根据对以往数据的分析选取符合要求的人群。

2. 任务实施

以"实训系统"信息流推广任务为例。

（1）时间定向和地域定向

1）在做信息流推广前，首先要通过"数据分析"分析关键词的"展现量"，应优先选取效果较好的时间或地域进行推广。

2）根据不同时间段设置投放时间，如任务中应选择展现量在 38 以上的时间段进行广告投放。

3）根据不同地域设置投放地域，选择展现量在 30 以上的地域进行广告投放。

（2）人群定向

1）充分了解所要推广的商品信息，通过"数据分析"对所列标签进行分析。

2）选择符合要求的标签人群，标签必须与产品具有相关性，目标人群相关度高，如图 5-21 所示。

说明：根据推广效果分析，店铺展示接近100万人次时，店铺运营（包括客服、售后、好评度）效果最好，请按要求选择适人人群进行推广。
要求：（1）标签必须与产品具有相关性。 （2）目标人群相关度高。
（3）使店铺达到最好运营效果。

店铺推荐标签	目标人群相关度	人群数量	全部添加	已选择的标签	目标人群相关度	人群数量	全部移除
迷样女子旗舰店	2.3363	8754	+	莺尾花香女装旗舰店	6.8169	70440	−
初莲妙语旗舰店	2.2519	287886	+	丫头家潮流女装	6.7303	591507	−
时尚女装	2.2008	20484	+	妞妞旺铺快时尚潮流女装	3.752	112302	−
琴溪女装企业折扣店	2.1386	8492	+	麦子熟了女装旗舰店	2.883	221490	−
名臣网络服饰	2.0515	11332	+	依然美导购	2.7261	29596	−

图 5-21　人群定向

任务拓展

信息流推广资源位选择与出价

1. 任务目的

掌握资源位选择与出价的技巧。

2. 任务分析

资源位选择是信息流推广过程中很重要的一个任务，直接影响目标受众是否精准，投入产出比是否符合商家店铺要求。主要是通过"数据分析"选取符合要求的资源位并对其合理出价。

3. 操作步骤

以"实训系统"资源位选择与出价任务为例。

1)通过"数据分析"对店铺展位和商品展位进行出价分析。店铺展位一般分为按点击付费(CPC)和按展现付费(CPM)两种出价方式,出价策略是不同的。

2)结合步骤1中的出价分析,对店铺资源位和商品资源位出价,如图5-22所示。

出价方式	资源位	潜在买家数量	出价	
CPC	PC_网上购物_淘宝首页焦点图	192048	9.71	元
CPC	PC_网上购物_阿里旺旺_焦点首页小图	15363	9.64	元
CPC	PC_网上购物_淘宝首页焦点图右侧banner	76819	9.81	元
CPC	PC_网上购物_淘宝收藏夹_底部通栏轮播	61455	9.79	元
CPC	PC_流量包_网上购物_爱淘宝焦点图	46091	9.75	元

图 5-22 资源位出价

要求:

1)根据店铺推广目标,当预算为40000.0元时,采用按点击付费出价方式,使预计点击人数不少于4100人。

2)根据店铺推广目标,当预算为40000.0元时,采用按展现付费出价方式,使预计展现人数不少于26000人。

3)根据商品推广目标,当预算为20000.0元时,采用按点击付费出价方式,使预计点击人数不少于2100人。

4. 实施结果

完成资源位分析并合理出价,以达到推广效果。

拓展阅读

关键词推广中的商标侵权

关键词推广也叫竞价排名,是搜索引擎服务商的一种商业模式,即利用搜索引擎技术,将购买关键词的商家指定的网页链接与某关键词相连接,并将该链接在搜索结果列表中的排序提前。通常情况下,搜索结果中关键词推广的链接会排在自然搜索链接之上,购买竞价排名的商家通过推广网页信息内容而获得更多的关注和商业机会。

在关键词推广的商业模式中,参与竞价排名的商家的商业机会高于未参与者,若参与竞价排名者选择他人商标作为关键词进行推广,则有可能侵犯了商标权利人的权益。

关键词推广行为若被认定构成侵权,需在构成商标性使用的前提下,以是否会导致相关公众的混淆为判断标准。如果不会产生混淆的后果,则意味着商标权利人的利益未受影响,该行为不构成商标侵权。

项目小结

本项目由搜索引擎营销认知、搜索引擎优化、搜索引擎竞价排名和信息流推广 4 个任务组成。本项目主要介绍了搜索引擎营销的概念、特点、工作原理及优势等相关知识,通过对搜索引擎营销优化、搜索引擎竞价排名、信息流推广的介绍,结合任务应用与任务拓展,使读者能够尝试实施搜索引擎营销。

思考与练习

1. **不定项选择题**(至少有一个选项是对的)

1)搜索引擎是互联网上查找信息的重要工具,其包括(   )。

    A.信息搜集　　　　B.信息整理　　　　C.用户查询　　　　D.资料收集

2)标题"春季新款荷叶边连衣裙"中的核心关键词是(   )。

    A.春季　　　　　　B.新款　　　　　　C.荷叶边　　　　　D.连衣裙

3)以下属于搜索引擎营销扣费的方式有(   )。

    A.按点击扣费　　　B.按转化扣费　　　C.按展现扣费　　　D.按时间扣费

4)信息流推广中的人群定向方式是(   )。

    A.基础定向　　　　B.兴趣定向　　　　C.行为定向　　　　D.内容定向

2. **简答题**

1)什么是搜索引擎营销?

2)主流搜索引擎中常见的关键词类型有哪些?

3)什么是信息流推广?

项目 6

短视频与直播营销

学习目标

◆ 知识目标

1）熟知短视频营销的优势和表现形式。
2）熟知网络直播营销的模式及技巧。
3）掌握制作短视频的流程。
4）掌握直播营销的步骤。

◆ 能力目标

1）能够策划短视频营销，会进行拍摄、剪辑、发布、推广。
2）能够策划直播营销，执行直播操作、控场、互动，会进行直播数据分析。

◆ 素质目标

1）培养团队协作精神。
2）增强遵守行业法律法规意识。
3）培养创新精神。

案例导读

百度"唐伯虎"——中国早期成功的网络视频营销之一

在中国，第一个利用网络视频做营销的案例似乎已不可考，但百度的"我知道你不知道我知道你不知道我知道你不知道"的"唐伯虎"视频宣传片，则应该属于早期相当成功的网络视频营销案例之一。

这个视频完成和开始传播的时间大致在2005年的第3季度，虽然此时国内还没有出现专门的视频网站，但是这段视频依然流传很广，主要的传播渠道是BBS（网络论坛）。

这则广告是一段非常普通的视频短片，主角看上去是无厘头的"唐伯虎"，利用中国经典断句难题"我知道你不知道我知道你不知道我知道你不知道"，来表达"百度，更懂中文！"的主题。

这则广告无法在电视渠道播放，而且画面清晰度与现在相比差得多，然而它所产生

的病毒式传播却是传统电视广告无法想象和做到的事情：据说，百度"唐伯虎"视频宣传片没有花费一分钱媒介费，没有发过一篇新闻稿，从一些百度员工发电子邮件给朋友和一些小网站挂出链接开始，只用了1个月，就在网络上获得至少超过10万个下载或观赏点。到2005年12月，已经有近2000万人观看并传播了此片。这种传播并不像传统电视广告投放那样是夹杂在众多的广告片中，所有的观看者都是在不受任何其他广告干扰的情况下观看的，观看次数不受限制，其深度传播程度也远非传统电视广告可比。

案例思考：

1) "唐伯虎"视频宣传片为什么会成功？它与传统视频有哪些区别？

2) 你平时在哪些平台观看短视频？每天大概看多长时间？

任务1　短视频营销认知

06.1　短视频认知

相关知识

基于互联网、云计算与智能终端设备的发展，网络短视频这种网络工具越来越受网民青睐，它兼具视频的感染力强、形式内容多样以及互联网的互动性强、传播性强等优势，可以更加清晰直观地传达企业信息。通过对专业制作的视频进行品牌植入，将企业营销活动与网络视频更好地结合在一起。

1．网络视频发展概况

历次《中国互联网络发展状况统计报告》显示，我国网络视频（含短视频）用户规模逐年上升，截至2023年6月，我国短视频用户规模达10.44亿，短视频用户成为网络视频的生力军。

根据视频时间的长短，网络视频可分为长视频、中视频和短视频。

长视频时长一般在30min以上，又称综合视频，以横屏为主，主要指网络剧、网络综艺和网络电影。中视频的时长在5～30min，以横屏为主，能够完整地介绍一件事情。短视频的时长一般在5min以内，以竖屏为主，是更加适应碎片化阅读需求的新媒体形态。

短视频因门槛低、传播速度快、入手简单、投入更少，成为众多商家青睐的营销工具。作为适合在移动状态下观看、碎片化时间中使用、信息量集中的内容载体，短视频更有能力攫取用户的碎片时间。历次《中国互联网络发展状况统计报告》显示，我国短视频人均单日使用时长持续增长。

新技术应用促进网络视频文化产业发展

3D化实景、虚拟偶像等技术不断应用。3D化实景正替代绿幕，成为视频网站自制剧集的拍摄场景,在视觉感受和特效呈现上,让观众有身临其境的沉浸体验。"寄生熊猫"等一批有影响力的虚拟 IP 形象被创作出来,不仅能融入网络综艺节目,还能运用全息技术做实景舞台表演,在更广泛的文创领域进行衍生,创造更大价值。

短视频平台通过加强流量扶持、提高变现能力、打造开放平台及开展城市合作等方式,培养挖掘年轻一代对非物质文化遗产(即"非遗")的了解和好奇心,帮助发掘"非遗"的文化价值和市场价值。在旅游业层面,短视频平台不断加强与西安、重庆、南京等众多城市的合作,吸引文旅项目、旅游景点入驻宣传,助力城市形象传播和推广,带动旅游业发展。

2. 短视频营销的概念

(1)短视频

短视频是指时长一般在 15s ~ 5min,多以移动智能终端播放,可以实时分享、适合碎片化时间收看的一种新型视频形式。其内容涉及面较广,融合了知识分享、搞笑幽默、时尚潮流、热门访谈、才艺展示、广告创意等主题。

(2)短视频营销

短视频营销作为内容营销的一种,主要借助短视频,通过选择目标受众人群,向他们传播有价值的内容,吸引他们了解企业及品牌产品和服务,最终形成交易。短视频营销的核心就是找到目标受众人群和创造有价值的内容。

短视频发展至今,已经拥有一条相对细致且完整的产业链,如图 6-1 所示,其中包括七大类参与方:内容生产端(UGC、PGC、PUGC、MCN)、内容分发端(移动短视频 APP、其他内容分发平台、传统视频平台)、监管部门以及衍生的第三方服务商(数据监测、电商服务)、用户、广告主和电商平台,整个生态多种多样,形成了一个完整的产业闭环,在不断地推动着短视频的稳步前进。

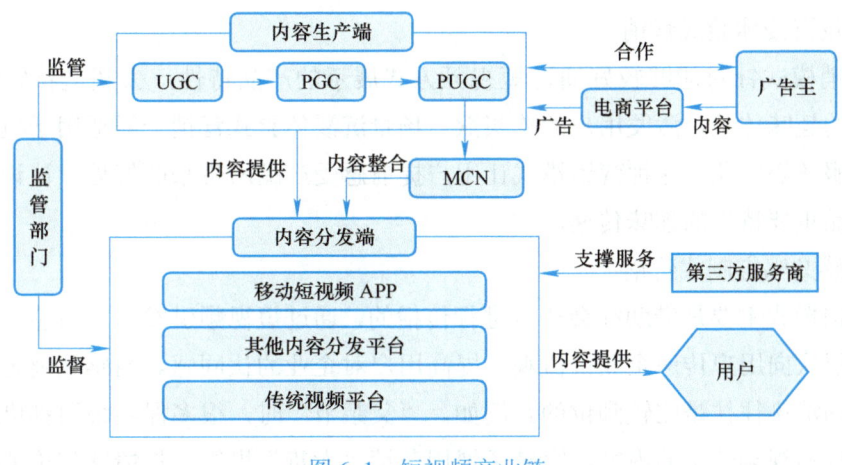

图 6-1 短视频产业链

3. 短视频营销的优势

备受企业青睐的短视频营销具有以下优势：

（1）时效性强

短视频时长通常在 5min 以内，内容简短直接，注重前 3s 抓住用户，更容易突出主题，节奏紧凑，适合用户碎片化时间的阅读习惯。对于热门事件或话题，可以通过短视频第一时间参与评论、传播，扩大社会舆论影响。

（2）传播效率高

短视频通常发布在移动端的各种新媒体平台上，分享门槛更低，用户可以对短视频点赞、评论、转发，轻松实现内容的裂变化传播。

（3）制作成本低

创作者能够直接通过移动设备完成短视频的拍摄和剪辑，制作门槛较低，只要创意新颖、脚本优秀就可以制作出个性化作品。相较于长视频的创作，团队更加容易操作，制作成本也更低。

（4）精准营销效果好

相较于其他营销方式，短视频营销具有更加明确的指向性。短视频平台针对用户进行清晰的用户画像，针对不同用户进行个性化的视频内容推荐投放，将用户与内容精准匹配。在优质短视频的不断触达下，用户逐渐被内容吸引变成必然，从而实现精准营销。

4. 短视频营销的类型

（1）网红广告植入式营销

这种营销模式主要是借助网红的"粉丝"来进行推广的。网红在互联网上具有较高的认知度，其内容贴近生活。庞大的"粉丝"群体和用户黏性背后潜藏着巨大的商业价值。由这些网红发布的带有产品信息的视频口播、贴片广告都可以引起"粉丝"们的广为传播，也能够吸引消费，从而达到企业的营销目的。

（2）场景沉浸体验式营销

这种营销模式针对能够较好通过短视频方式展示的产品特性，去塑造特定的场景，以此增加产品的趣味体验，激发用户的购买欲。场景沉浸体验式营销一般适用于机械、车辆、房产、生活服务等行业。这种营销模式让用户提前感受产品所带来的好处，认识到产品的优势，实现产品重要特性的趣味传递。

（3）情感共鸣定制式营销

这种营销模式主要是借助社会热点进行传播的，通过短视频引发用户情感共鸣与反思，多角度、深层次向用户传递企业价值观，提高用户对企业的认同感。情感共鸣定制式营销对于亲情话题的渲染往往是比较到位的。例如，"父亲节"时，很多保险公司都借助父亲节这个题材去策划短视频营销的内容，突破了惯用营销"卖货"思维，将情感和价值融入其中，这样既满足了用户的情感需要，也实现了企业的营销目的。

5．短视频的发展态势

（1）用户规模持续增长

近几年来短视频呈现持续爆发式增长，短视频网民使用率已成为互联网底层应用。人均每天花2小时看短视频，从"看"到"拍"，视频逐渐成为网民的表达工具，超4成用户曾上传过短视频，其中生活短视频最为常见。

短视频忠实用户主要为"90后""00后"和学生群体，大专以上学历的网民对短视频的使用率更高，短视频对于年轻一代的吸引力持续增强。同时短视频在中老年、低学历、中高收入人群中的使用率提升明显。

（2）短视频的社会作用凸显

越来越多的三农创作者涌现在短视频平台上。原生态短视频更是带火了一批"乡土网红"，使他们成为乡村振兴的新时代弄潮儿。短视频通过农产品推介、乡村旅游等方式，在带动农村地区经济发展上作用突出。

> **乡村振兴**　"马背县长"贺娇龙：鲜衣怒马只为家乡振兴
>
> 2021年，一袭红袍策马雪原的视频爆红于网络，获5.2亿次点击量，近900万转发，如图6-2所示。主角是时任新疆昭苏县副县长的贺娇龙，被人们称为"马背上的网红副县长"。她从直播小白到有百万粉丝的网红仅用了不到半年时间。截至2022年年底，贺娇龙累计开展助农直播200余场，各类农副产品销售额达1.96亿元，直接带动2800余人就业，间接带动1万余户农牧民增收致富。
>
> 她把直播打赏的收益170多万元全部用于当地扶贫济困公益慈善事业，带动了昭苏县经济发展，为乡村振兴助力。
>
>
>
> 图6-2　一袭红袍策马雪原的视频截图

各大视频平台不断开拓海外传播领域，如抖音境外版TikTok、快手境外版Kwai等应用迅速扩张境外市场。短视频平台在不断拓展海外领域的同时，也承担了文化输出的使命。生动直观、新颖易懂的视频作品突破了语言的障碍，为中华文化的输出打开了一扇新的大门。

> **传统文化**
>
> ### 老手艺圈粉数百万　"阿木爷爷"走红海内外互联网
>
> 　　阿木爷爷是山东聊城的老手艺人，他通过短视频作品，展现了不需要钉子、胶水就能进行结构连接的神奇榫卯技术，不用任何现代机械工具，就能徒手打造鲁班凳、鲁班锁、拱桥、将军案、会动的小猪佩奇等木制品。其西瓜视频的粉丝数超294万，海外视频网站的播放量已经突破2亿，被网友称为"当代鲁班"。
>
> 　　文化外溢，润物无声。阿木爷爷红遍海内外社交媒体。他以民俗、工艺为载体，把中华文化中的智慧、勤劳与深沉呈现出来。在视频里不用一个英文字母，却吸引了无数海外粉丝。传播中华文化，最好的故事不在洋洋洒洒的介绍里，而在纯粹平凡的生活中。

（3）主要平台

我国主要短视频平台见表6-1。

表6-1　我国主要短视频平台

平台	口号（Slogan）	所属系	呈现方式	平台特色
抖音	记录美好生活	头条系（字节跳动）	竖屏为主	多元化，智能推荐算法，平衡流量、内容、用户、产品之间的关系，提升商业变现、内容生产、放大"达人"的能力
快手	快手，记录世界，记录你	快手（百度、腾讯投资过）	竖屏为主	多元化，依托算法打通推荐和关注的协同关系，更新速度非常快，好物、生活、欢乐的平台
西瓜视频	点亮对生活的好奇心	头条系（字节跳动）	横屏为主	基于人工智能算法，为用户推荐适合的内容，内容频道丰富，影视、游戏、音乐、美食、综艺五大类频道占据半数视频量
抖音火山版	更多朋友，更大世界	头条系（字节跳动）	竖屏为主	对标快手，内容更接地气，更适合大众化品牌和人群，功能容易上手
微视	发现更有趣	腾讯系	竖屏为主	基于影像的社交平台，功能丰富，容易上手
好看视频	分享美好，看见世界	百度系	横屏为主	技术可以帮助视频分发无痕化，优化用户的体验感。在视频场景识别方面，百度信息流已经实现了机器自动分类的聚合类短视频平台
哔哩哔哩	哔哩哔哩，干杯	哔哩哔哩	横屏为主	聚合类视频平台，泛二次元文化社区，领先的年轻人文化社区

　　2021年中国短视频用户最常使用的短视频平台TOP5数据显示：45.2%的短视频用户使用抖音平台；使用快手平台的用户占比为17.9%；哔哩哔哩用户占比紧随其后，为13%；西

瓜视频和微视的用户占比接近，分别为4.3%和4%。

（4）网络视听领域进一步规范管理

自2016年以来，短视频与直播、电商相互加成，快手、抖音等平台成为重要的电商阵地。以快手平台为例，2021年快手的商品交易总额（GMV）达到6800亿元，同比增长78.4%。行业飞速发展进步的同时，内容创作同质化严重，短视频侵权问题引发社会关注，推进版权内容合规管理成为业界共识。

法律法规

国家出台相关规定，规范短视频内容

为进一步规范网络短视频的良性发展，2021年1月9日中国网络视听节目服务协会发布了《网络短视频平台管理规范》和《网络短视频内容审核标准细则》，针对网络视听领域存在的不足和薄弱环节，分别对开展短视频服务的网络平台以及网络短视频内容审核的标准进行规范。

例如，《网络短视频内容审核标准细则》规定，短视频节目等不得出现"展现'饭圈'乱象和不良粉丝文化、鼓吹炒作流量至上、畸形审美、狂热追星、粉丝非理性发声和应援、明星绯闻丑闻的""未经授权自行剪切、改编电影、电视剧、网络影视剧等各类视听节目及片段的""引诱教唆公众参与虚拟货币'挖矿'、交易、炒作的"等内容。

任务应用

分析短视频营销案例

1. 案例分析："999"感冒灵暖心广告——《总有人偷偷爱着你》

为了重塑品牌形象，打造全新"走心"形象，999感冒灵通过传播《总有人偷偷爱着你》短片，传递"999"全新品牌态度及社会形象。

该短片以5个真人故事改编，运用反转剧情，把生活中的"不如意"转化为"天使在身边的温暖"，引发共鸣，直击社会情绪的敏感点，告诉大家这世界没你想的那么糟，这世界总有人在偷偷爱着你，试图对社会进行一场心灵治愈，以便重塑"999"品牌"走心"形象。

首先通过官博首发《总有人偷偷爱着你》暖心视频，然后由情感类大V转发为视频造势，#总有人偷偷爱着你#话题上线。全网多平台发布，多平台联合发起活动，借助粉丝群体的力量为话题造势，同步在线下开展落地活动。

《总有人偷偷爱着你》短视频广告上线一周播放即超1.5亿，在宣发期间"999"感冒灵百度指数翻倍增长，评论量超700万。该短视频广告引发刷屏传播，全网收获近3亿的总播

放量，被评为年度最热门、最"走心"短片，也成为"999"感冒灵的首支现象级刷屏广告。"走心"的短视频广告通过情感传播，与受众产生共鸣，在情感中融合"999"感冒灵的品牌理念，在故事中强化企业文化，让受众在最短的时间内接受品牌、认可品牌。

案例分析： 通过传播《总有人偷偷爱着你》短片，成功地传递了"999"全新品牌态度及社会形象，引发了社会各界的广泛关注，通过多平台联动，大大降低了营销成本，显著提升了营销效果，增加了曝光度，扩大了影响力，引发了话题讨论，达到了营销目标。这是一次非常成功的短视频营销。

2. 在教师安排指导下，以小组为单位，结合自身实际，在短视频平台寻找同一领域成功的短视频营销案例，分析其类型及成功原因。

任务拓展

分析成功的短视频营销案例

1. 任务目的

加深对短视频营销的认知。

2. 操作步骤

1）登录抖音、快手、微信视频号等主流短视频平台。

2）点击观看同类型的热门短视频。

3）深入观看和学习热门短视频，并填写表6-2。

表6-2 短视频分析表

视频名称	短视频平台	视频时长	视频类型	视频特色

3. 实施结果

观看3个平台的热门短视频，总结受欢迎的短视频的共同点。总结优秀短视频的成功所在，并形成报告。

任务2 短视频营销的实施

06.2 短视频制作

相关知识

短视频营销的实施主要包括需求定位、内容策划、脚本设计、拍摄剪辑、发布推广。

1. 需求定位

进行短视频产品调查研究，明确目标受众人群，通过多平台数据分析进行用户画像，了解用户偏好、挖掘用户需求。通过明确需求定位，获取更精准的流量，更自然地获得用户对品牌的好感，从而提高用户转化率，实现营销目标。

2. 内容策划

在确定用户需求定位的基础上，从用户急需满足的需求出发，搜集分析用户痛点，寻找产品差异化的竞争优势，进行一系列有创意的短视频内容策划。

3. 脚本设计

短视频脚本为短视频的拍摄、剪辑提供了一个精细的流程指导，能够更好地实现策划创意意图。因此，只有以数据、策划、创意特性为核心，撰写趣味性强、内涵丰富、传播率高的脚本文案，才能使用户对短视频内容产生认同感。

4. 拍摄剪辑

拍摄短视频最常用的设备有三种：手机、相机和摄像机。除了拍摄设备之外，辅助设备有手持云台、自拍杆、手机自动旋转器、补光灯、镜头、支架等。

常用的短视频后期编辑工具有很多，即使在移动端也能轻松完成剪辑工作。Pr、爱剪辑、Final Cut Pro（苹果系统）、Edius、巧影、剪映等软件都能为后期剪辑提供支持。

5. 发布推广

为了提高短视频的推广效果，通常在发布前需要对短视频进行优化，主要包括优化封面、优化标题、添加话题标签、优化短视频发布时间等。

短视频推广主要包括：添加话题标签、添加@好友、添加地理位置、私信引流、多平台分发和付费推广。

任务应用

制作短视频

1. 脚本前期准备

在编写短视频脚本前，需要确定短视频的整体内容思路和流程，主要包括以下5个方面。

1）拍摄定位。在拍摄前期，确定内容的表达形式，例如短视频是做知识讲解，还是剧情短片。

2）拍摄主题。主题是赋予内容定义的，例如对于美食专家系列短视频，拍摄宫保鸡丁就是具体的拍摄主题。

3）拍摄地点。拍摄地点非常重要，确定拍摄地点是指确定选择室内场景还是室外场景，日场还是夜场等。例如拍摄家庭美食，室内场景要选择普通的家庭厨房，还是选择开放式的厨房,这些都需要提前确定好,方便预约拍摄场地。

4)拍摄对象。拍摄对象主要包括产品、人物。如果是剧情短片,则要提前准备好演员。

5)主要内容和剧情。内容和剧情是短视频内容策划部分,主要包括把前期的创意点子、内容物料,转化为具体的实施方案,让团队能清楚地知道这条视频从什么方面入手,怎样获得用户的认可。

2. 分镜头脚本设计

在拍摄分镜头脚本时,要对每一个镜头进行细致设计,主要基于场景、景别、角度、运镜、演员、服装、道具、内容、时长等9个要素进行分解,见表6-3。

表6-3 分镜头脚本示例

场景	景别	角度	运镜	演员	服装	道具	内容	时长	备注

3. 拍摄剪辑

以剪映(一款视频编辑工具)为例,对拍摄好的视频进行剪辑,通常有以下步骤:

1)导入素材。素材包括拍摄素材和素材库素材。软件素材库中的素材一般可以放心使用,不会有版权纠纷。

2)添加背景音乐。背景音乐是短视频拍摄必要的构成部分,配合场景选择合适的背景音乐非常关键。例如:拍摄运动风的视频,选择节奏鼓点清晰的背景音乐;拍摄育儿和家庭剧,选择轻柔舒缓的背景音乐等。

3)视频剪辑。调整视频比例,结合视频效果适当添加滤镜、特效,如图6-3所示。根据背景音乐节奏对视频时长进行剪辑,添加转场、音频、贴纸等,如图6-4所示。

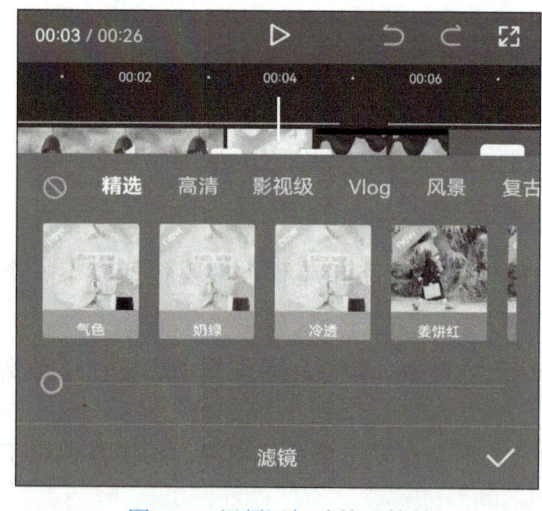

图6-3 视频添加滤镜、特效

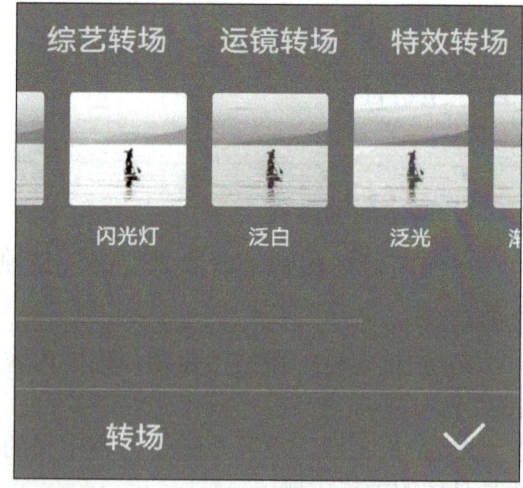

图6-4 视频添加转场、音频、贴纸

4)添加字幕。剪映中可以将视频中的声音自动识别为文字字幕,还可以根据需要对人声进行变调处理。

5）设置封面。封面会给观众留下第一印象，至关重要。可以直接选用剪映提供的封面模板，也可以根据需要自行设计模板，如图 6-5 所示。

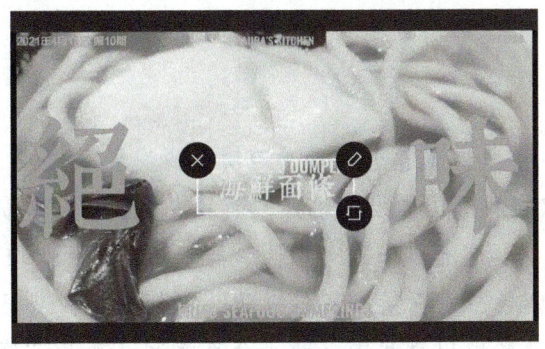

图 6-5　添加视频封面模板

6）导出成片。选择合适的分辨率，导出完整的视频。

任务拓展

家乡特产网络视频营销策划与实施

1. 任务目的

掌握短视频营销的实施过程。

2. 操作步骤

1）策划家乡特产的网络营销视频。以家乡特产为视频营销对象，分析营销目标受众，确定短视频营销主题，进行视频营销策划，撰写脚本方案。

2）视频拍摄剪辑。按照设计好的脚本对家乡特产进行拍摄，并利用视频剪辑工具进行后期处理。

3）视频推广。将处理好的视频上传到不同短视频平台，并通过社会化营销媒体进行传播推广。

3. 实施结果

完成家乡特产视频营销策划，拍摄家乡特产营销视频、上传并推广。

任务 3　直播营销认知

06.3　直播营销认知

相关知识

近几年直播电商从萌芽到爆发，展现出数字经济时代的活力。随着 5G 技术的进一步普及，直播视频凭借便捷、直观、真实、互动性强等优势迅速发展成为一种新兴的网络社交方式。作为内容生产的新方式，网络直播营销不仅影响人们的消费方式，也助推企业拓展境内外市场。在世界各地，直播作为各大企业或品牌商开展营销活动的重要手段，成为当下炙手可热的流量新风口。

科技强国

直播营销助力跨境电商发展

"直播带货"不仅在我国国内发展迅猛，而且成为我国跨境贸易发展的"出入口"。据统计，自 2020 年以来，包括俄罗斯、韩国、马来西亚、新加坡、秘鲁、智利、西班牙、卢旺达、毛里求斯、南非、卢森堡、塞尔维亚、保加利亚、斯里兰卡在内的数十个国家的驻华大使和领事、参赞曾出镜我国电商平台直播间，变身"好物推荐官"。此外，我国一些外贸企业把贸易和展会搬到线上，借助直播来获取订单和客户，这种方式受到越来越多外贸企业的青睐。无论是国外商品走进来，还是国内商品走出去，直播带货正成为外贸新方式，让跨境贸易"跑更远"。

1. 直播营销发展概况

2016 年被业内公认为直播带货元年，这一年我国接连出现了 300 多家网络直播平台，直播用户数量也快速增长。适逢电商平台遭遇流量瓶颈，各大电商平台积极寻求变革，尝试一种电商内容化、电商社区化的模式，直播平台的出现让这种尝试得以落实。在随后的 3 年间，先后又有多个电商平台试水直播带货模式，尤其是在 2019 年出现了爆发式增长，电商平台纷纷大力发展直播带货模式。

网络直播用户规模逐年增加。中国互联网信息中心发布的《中国互联网络发展状况统计报告》显示，截至 2023 年 6 月，我国网络直播用户规模已达 7.65 亿。庞大的直播用户规模为直播营销的良性发展提供了必要前提。

电商直播的市场规模潜力巨大。短短 5 年的时间，市场规模就从 2017 年的 196.4 亿元增加到 2021 年的 23615.1 亿元，增长了 120 多倍，并且每年保持较高的增长率。经历了爆发式野蛮生长时期，如今直播电商行业呈现去头部化、去中心化的趋势，内容和形式也正在不断地丰富、充实。

2. 直播营销的概念

（1）直播

直播在传统意义上是指广播电视节目的后期合成与播出同时进行的播出方式，如以电视或广播平台为载体的体育比赛直播、文艺活动直播、新闻事件直播等。

基于互联网的直播，即在线即时视频，指用户以某个直播平台为载体，利用摄像头记录某个事件的发生、发展进程，并通过网络上传至服务器实时呈现，观众在相应的直播平台上能直接观看并实时互动。观众不仅可以在网上像看电视一样收看到实时的视频直播节目，还可以随时点播已经播出的精彩视频片段，真正享受个性化、周到的网络视频服务。

（2）直播营销

直播营销作为内容营销的一种，是指企业或品牌商以直播平台为载体进行营销活动，达到企业获得品牌提升或销量增长的目的。

（3）直播营销的要素

直播营销包括场景、人物、产品和创意4个要素。

1）场景。场景是指营造直播的气氛，让观众身临其境。

2）人物。人物是指直播的主角，可以是主播或直播嘉宾，由其展示直播内容，与观众互动。

3）产品。产品要与直播中的道具或互动有关，以软植入的方式达到营销的目的。

4）创意。创意可提高直播效果，吸引观众观看，如明星访谈、互动提问等形式就比简单的表演直播更加吸引观众。

3. 直播营销的优势

直播营销是一种营销形式上的重要创新，相较于其他营销模式，直播营销有以下优势：

（1）更及时的双向互动

直播是即场发挥，会因参与者想法的不同出现不同的结果。直播能让消费者与主播即时双向互动。这种双向互动的真实性和立体性，只有直播营销才能够完全展现。通过双向互动，消费者以最快、最直接的方式了解清楚商家的产品和服务，主播也能即时为消费者解惑，打消其对产品和服务的顾虑，让即时成交成为可能。

（2）更低廉的营销成本

传统广告营销方式的成本越来越高，楼宇广告、车体广告、电视广告的费用从几万元到上百万元不等。直播营销对场地、物料等需求较少，观众都是通过网络观看的，商家不用租场地、招待媒体。布置会场也可以简单化，甚至工厂的车间都能作为直播会场。这样既节省了许多时间，又节省了许多成本。

（3）更快捷的营销覆盖

互联网的出现使营销活动不再受地域的限制。网络将地球变成了真正的"地球村"。通过直播，人们不再需要为了看一场感兴趣的产品发布会而长途跋涉，只要打开手机或计算机，进入直播频道，就能直观收看主播试吃、试玩、试用等全过程，更快捷地进入营销所需场景。

（4）更直接的营销效果

消费者在购买商品时往往会受环境影响。直播，这种带有仪式感的内容播出形式，能让一批具有相同兴趣的人聚集在一起，聚焦在共同的爱好上，情绪相互感染，营造强烈的情感气氛。消费者往往由于"看到很多人都下单了""感觉主播使用这款产品效果不错"等原因而直接下单，从而使直播更好地达到理想的营销效果。

（5）更有效的营销反馈

为了持续优化产品及营销过程，商家应注重营销反馈，了解消费者意见。由于直播互动是双向的，主播将直播内容呈现给观众的同时，观众也可以通过弹幕分享体验。因此企业可以借助直播：一方面得到消费者的使用反馈，便于产品升级换代；另一方面收获现场的观看反馈，便于下次直播营销时改进。

（6）更精准的粉丝客户

由于直播播出有固定的时间，观众需要在特定的时间进入播放页面；这其实与互联网视频所倡导的"随时随地性"背道而驰。然而这种播出时间上的限制，能够真正识别出并抓取最具忠诚度的精准目标人群。只有对产品有兴趣或对品牌信任度颇高的人，才能在直播开始时进入直播间。商家可以通过直播营销进一步锁定目标客户，获得更好的营销效益。

4. 直播平台的类型

直播平台是直播产业链中不可或缺的一部分，它为直播提供了内容输入和输出的渠道。根据直播平台的主营业务来划分，目前市场上的直播平台可以分为以下四种类型：

（1）综合类直播平台

综合类直播平台指包含户外、生活、娱乐、教育等多种直播类目的平台，用户在这类平台上可以观看的内容较多。目前，具有代表性的综合类直播平台有花椒直播、一直播、映客等。

（2）电商类直播平台

电商类直播平台主要是指淘宝直播、京东直播、拼多多直播等，是以为用户提供商品营销渠道为主的平台。

（3）游戏类直播平台

游戏类直播平台主要是针对游戏的实时直播平台。与体育爱好者痴迷于某项体育比赛甚至某位体育明星相似，游戏爱好者通常会较为规律地登录游戏类直播平台，甚至追随某位游戏主播。目前比较典型的游戏类直播平台有斗鱼、虎牙、龙珠、熊猫直播等。

（4）教育类直播平台

教育类直播平台主要以输出教育资源为主，如网易云课堂、千聊、荔枝微课、小鹅通等。教育类直播平台支持知识分享者以视频直播或语音直播的形式与用户分享知识，在直播过程中，知识分享者可以与用户实时互动，针对用户提出的一些问题在线实时解答。

5．直播营销的模式

（1）品牌 + 直播 + 明星

"品牌 + 直播 + 明星"在企业直播营销的所有模式中，属于相对成熟、方便执行、容易成功的一种模式。明星往往拥有庞大的"粉丝"群，明星参与直播可以迅速抓住观众的注意力，进而产生巨大的流量。所以在大多数情况下，企业想要通过直播塑造品牌形象时，一般都会优先考虑拥有固定形象的明星。

这种模式虽然见效快，但也存在一些缺陷。大部分明星很难留下影响较为深远的话题，而且明星直播已经被很多企业所用，观众对明星的好奇心被大量消磨之后，其产生的效益也会大大减少。

（2）品牌 + 直播 + 企业日常

在直播时代，个人吃饭、购物等日常活动都可以作为宣传个人 IP 的直播内容，企业日常同样也可以作为直播内容用于品牌宣传。

所谓的"企业日常"可以是企业设计、研发、生产产品的过程等，也可以是企业的会议和员工的工作餐。相比于企业包装出来的各种宣传大片，消费者有时对企业日常更感兴趣。直播可以让企业从多角度向消费者展示企业、品牌，吸引消费者注意力，调动消费者兴趣。

（3）品牌 + 平台 + 直播

相比其他组合模式，直播 + 电商的组合来得更为直接和实际。直播的出现为传统电商提供了有效的工具，促使其从产品导购向内容导购转型。若电商平台别出心裁，融入一些营销创意，则必将通过直播找到新的流量入口。

（4）品牌 + 直播 + 发布

直播品牌发布向来不新鲜，不论是乔布斯的"苹果"发布，还是罗永浩的"锤子"发布，都有众多"粉丝"守候在屏幕前。直播平台上的发布方式大不相同，地点不再局限于会场，成本更低，互动方式也更多样有趣，甚至可以做到零距离互动。

6．直播营销的运营规范

电商直播领域，在行业繁荣发展的同时市场秩序急需更加规范。

除传统电商平台外，抖音、快手等平台都加大对电商直播业务的投入力度。电商直播虽然发展势头迅猛，但也出现了直播营销人员言行失范、数据造假、假冒伪劣商品等问题。在这种情况下，《网络交易监督管理办法》《网络直播营销管理办法（试行）》于 2021 年上半年陆续实施。

与此同时，各短视频平台也出台相应规则具体规范直播行为。例如，为了避免长时间憋单等恶意营销行为，抖音接连发布"诱骗秒杀""诱导互动"的违规营销细则，禁止引导用户发布"拍了""666"等与商品无关的弹幕等违规行为，如图 6-6 和图 6-7 所示。

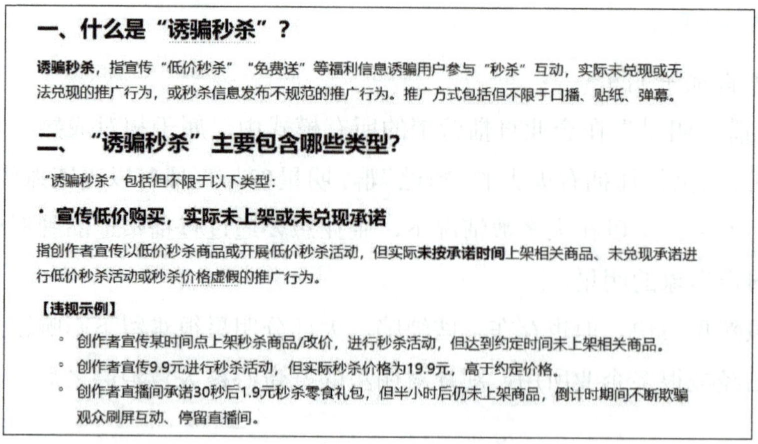

> **一、什么是"诱骗秒杀"？**
>
> **诱骗秒杀**，指宣传"低价秒杀""免费送"等福利信息诱骗用户参与"秒杀"互动，实际未兑现或无法兑现的推广行为，或秒杀信息发布不规范的推广行为。推广方式包括但不限于口播、贴纸、弹幕。
>
> **二、"诱骗秒杀"主要包含哪些类型？**
>
> "诱骗秒杀"包括但不限于以下类型：
>
> - **宣传低价购买，实际未上架或未兑现承诺**
>
> 指创作者宣传以低价秒杀商品或开展低价秒杀活动，但实际**未按承诺时间**上架相关商品、未兑现承诺进行低价秒杀活动或秒杀价格虚假的推广行为。
>
> 【违规示例】
> - 创作者宣传某时间点上架秒杀商品/改价，进行秒杀活动，但达到约定时间未上架相关商品。
> - 创作者宣传9.9元进行秒杀活动，但实际秒杀价格为19.9元，高于约定价格。
> - 创作者直播间承诺30秒后1.9元秒杀零食礼包，但半小时后仍未上架商品，倒计时期间不断欺骗观众刷屏互动、停留直播间。

图 6-6　抖音规则——诱骗秒杀行为（1）

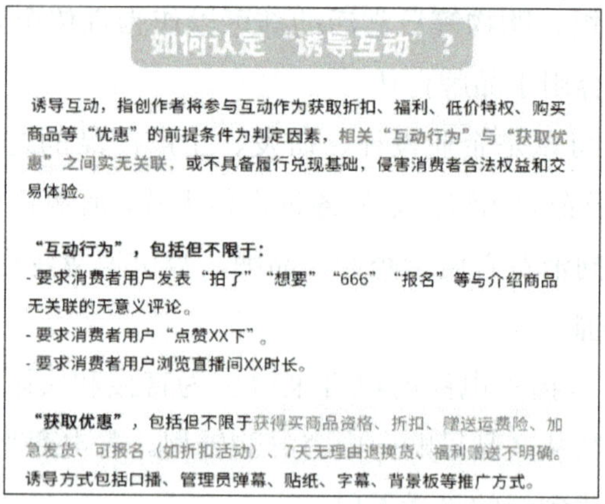

> **如何认定"诱导互动"？**
>
> 诱导互动，指创作者将参与互动作为获取折扣、福利、低价特权、购买商品等"优惠"的前提条件为判定因素，相关"互动行为"与"获取优惠"之间实无关联，或不具备履行兑现基础，侵害消费者合法权益和交易体验。
>
> "**互动行为**"，包括但不限于：
> - 要求消费者用户发表"拍了""想要""666""报名"等与介绍商品无关联的无意义评论。
> - 要求消费者用户"点赞XX下"。
> - 要求消费者用户浏览直播间XX时长。
>
> "**获取优惠**"，包括但不限于 获得买商品资格、折扣、赠送运费险、加急发货、可报名（如折扣活动）、7天无理由退换货、福利赠送不明确。
> 诱导方式包括口播、管理员弹幕、贴纸、字幕、背景板等推广方式。

图 6-7　抖音规则——诱骗秒杀行为（2）

社会责任

《网络直播营销管理办法（试行）》提出关于直播的8条红线

　　直播带货领域发展迅猛，国家互联网信息办公室、公安部、商务部等7部门于2021年4月联合发布了《网络直播营销管理办法（试行）》（以下简称《办法》），以进一步规范网络直播行为。《办法》明确规定，直播间运营者、直播营销人员从事网络直播营销活动应当遵守法律法规和国家有关规定，遵循社会公序良俗，真实、准确、全面地发布商品或服务信息，不得有下列行为：①违反《网络信息内容生态治理规定》第六条、第七条规定的；②发布虚假或者引人误解的信息，欺骗、误导用户；③营销假冒伪劣、侵犯知识产权或不符合保障人身、财产安全要求的商品；④虚构或者篡改交易、关注度、浏览量、点赞量等数据流量造假；⑤知道或应当知道他人存在违法违规或高风险行为，仍为其推广、引流；⑥骚扰、诋毁、谩骂及恐吓他人，侵害他人合法权益；⑦传销、诈骗、赌博、贩卖违禁品及管制物品等；⑧其他违反国家法律法规和有关规定的行为。

项目 6　短视频与直播营销

> 任务应用

分析直播营销案例

1．快手主播创造床品带货销售"奇迹"

快手平台主要以二三线城市用户居多，用户信任度高，带货能力强，粉丝忠诚度高。很多主播通过快手平台取得了骄人的销售业绩。"××家纺床品"就是其中之一，在短短一个月，该主播直播间上架了 4982 种商品，卖出近 70 万件，成为当月快手家纺品类的销售冠军，如图 6-8 所示。这位主播是如何凭借 130 多万粉丝创造带货"销售奇迹"的呢？

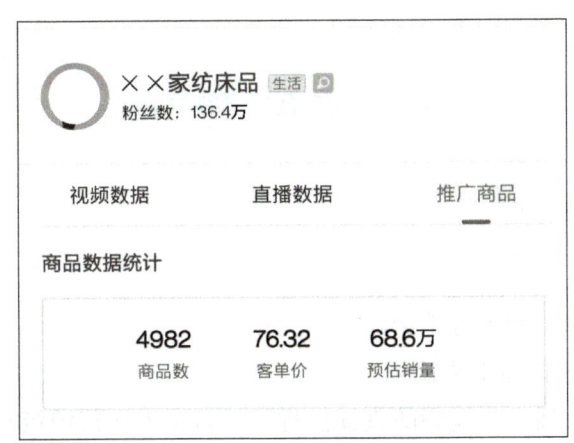

图 6-8　主播带货数据

首先，专业人设增强信任感。

该主播的短视频主要介绍自家家纺产品。通过产品工艺和材质细节的展示，让用户直观感受到主播带货产品的优势。该主播在直播中还会普及家纺产品的常识，为大家避坑黑心商品。该主播在家纺行业的长期耕耘和视频中亲切耐心的形象，使得用户对其的信任感与日俱增。

其次，用户黏性打破粉丝束缚。

直播间发弹幕留言的观众中超过 99% 都是老用户。这侧面反映了主播直播间的回头客和复购率情况十分不错，用户黏性极高。在直播前夕，直播间会发布多个短视频，其中 4 条视频播放量破百万，起到了很好的预热和为直播引流的作用。

最后，独特带货方式引爆直播间。

主播在直播间准备各种不同价位的 4 件套，该主播会让用户先盲拍库存不多的商品，然后才讲解商品。这种大胆的带货方式体现了主播与用户之间的绝对信任。结果显示，这种大胆的带货方式获得了成功，各价位 4 件套销售成绩都很不错。

这种另类带货方式的基础是用户对主播的信任感。该家纺主播的成功，再一次印证了快手电商"极致信任"的基因。主播自身的高用户黏性和带货潜力，加上专业化的运营扶持，使得该主播在不到一年时间就实现了场均销售额近 10 倍的增长。

案例分析：案例中某家纺主播实现带货销量暴涨的原因主要有专业人设产生信任感，根据用户画像选品，做好直播预热和引流。重要的是在带货直播前，提前发布短视频进行预热和引流。还有独特的带货方式——"先拍后看"，这种基于用户高信任感的带货方式也是刺激直播营销效果提升的有效方法。

2. 在教师安排指导下，以小组为单位，在网上找出一个成功的直播营销案例，介绍直播具体过程，分析其成功原因。

任务拓展

分析成功的直播营销案例

1. 任务目的

提高对直播营销的认知。

2. 操作步骤

1）登录抖音、快手、淘宝等平台。

2）观看热门大 V 的直播带货视频。

3）学习分析热门直播带货视频的直播流程、经典话术和营销策略。

3. 实施结果

观看热门直播营销视频，总结成功的直播带货视频的特点，形成报告。

任务 4　直播营销的实施

06.4　直播营销的实施

相关知识

对于企业或品牌而言，直播作为营销手段，需要综合产品特色、目标用户、营销目标，进行直播营销方案策划，直播结束后还需及时复盘总结，具体实施步骤如下：

1. 直播选品

直播选品是不可忽视的重要环节，选品的好坏直接关系到直播销量和转化率。直播选品的原则有：耐消品、市场渗透率高的商品、有价格优势、好演示、使用体验好的商品。

2. 分析人群画像

利用直播数据分析平台进行用户画像，对潜在用户的地域、性别、年龄、兴趣爱好等方面进行分析，为以后直播活动提供依据，如图 6-9 所示。

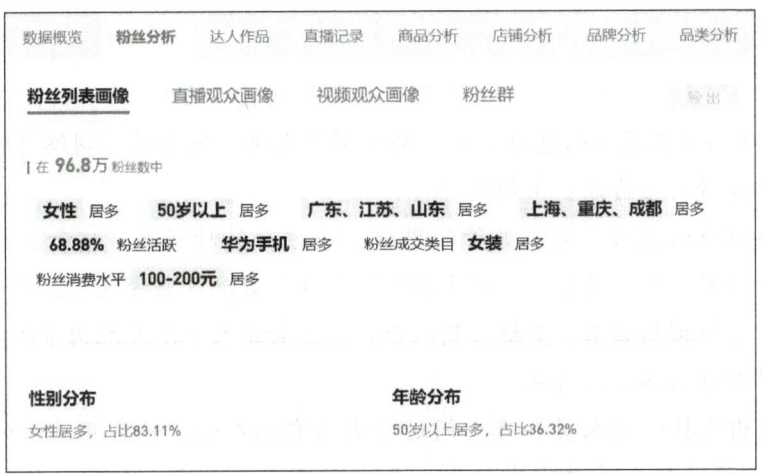

图 6-9 利用直播数据分析平台进行用户画像

3．规划直播商品结构

良好的商品结构规划不仅可以提升销售业绩，还可以提高直播间抵御风险的能力。一般直播间内的商品有以下四种类型：

1）引流款。引流款指的是给直播间带来流量的商品，有热度的商品、低价商品、品牌商品都可以作为流量款。

2）跑量款。跑量款以提升销量为主要目的，为了增加竞争力，通常会设一个较低的价格，实现薄利多销。

3）利润款。利润款即利润较高的商品，利润款用来实现盈利，而且利润款在所有商品中要占较高的比例。

4）形象款。形象款一般是高品质、高格调的商品，承担着提升直播间形象的作用，往往能够吸引用户驻足观看，但又让用户觉得价格和价值略高于预期，所以形象款承担着提升直播间形象的关键作用。

4．撰写直播方案

直播营销成功的关键在于直播方案。如果说每次直播都是一场精心准备的表演，直播方案则类似于导演的剧本。直播方案中要设置利益点、梳理直播的段子、表演顺序、产品的介入时机、优惠政策，以及互动问题的回答等。

常见的利益点包括满减优惠、优惠券、直播间专享价、秒杀福利、抽奖福利等。

5．直播预热、执行

为确保直播当天的人气，还需要对直播活动进行预热宣传，鼓励粉丝准时进入直播间。

前期的策划筹备是为了确保直播现场执行流畅。为了达到预期的直播营销目的和效果，主持人及现场工作人员需要尽可能地按照直播营销方案执行，顺畅推进直播开场、直播互动、直播收尾等环节，确保直播顺利完成。

法律法规

国家出台直播管理规定规范直播运营

根据2021年国家互联网信息办公室、公安部等七部门发布的《网络直播营销管理办法（试行）》（以下简称《办法》）规定。

《办法》按照全面覆盖、分类监管的思路，一方面针对网络直播营销中的"人、货、场"，将"台前幕后"各类主体、"线上线下"各项要素纳入监管范围，另一方面明确细化直播营销平台、直播间运营者、直播营销人员、直播营销人员服务机构等参与主体各自的权责边界，进一步压实各方主体责任。

《办法》提出直播营销人员和直播间运营者为自然人的，应当年满十六周岁，要求直播间运营者、直播营销人员遵守法律法规和公序良俗，真实、准确、全面地发布商品或服务信息。

针对社会广泛关切的消费者权益保护问题，《办法》进行了多处强化。直播营销平台应当及时处理公众对于违法违规信息内容、营销行为投诉举报。消费者通过直播间内链接、二维码等方式跳转到其他平台购买商品或者接受服务，发生争议时，相关直播营销平台应当积极协助消费者维护合法权益，提供必要的证据等支持。直播间运营者、直播营销人员应当依法依规履行消费者权益保护责任和义务，不得故意拖延或无正当理由拒绝消费者提出的合法合理要求。

6. 复盘总结

直播后期传播完成后，必须进行直播营销复盘。例如：直播数据统计（见图6-10），与之前的营销目的进行比较，判断此次直播营销效果；组织团队讨论，总结此次直播的经验与教训，做好团队经验备份。

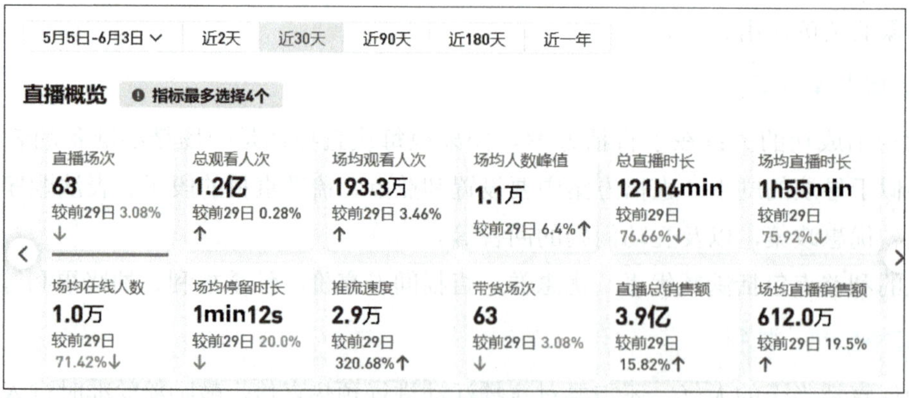

图6-10 直播数据统计

要高效地直播带货，要把直播带货做得越来越好，当然离不开数据的分析，而直播数据分析主要从4个维度开展——粉丝画像、流量数据、互动数据和转化数据，见表6-4。

表 6-4 直播数据分析维度和数据指标

分析维度	数据指标	说明
粉丝画像	基本属性	包括性别分布、年龄分布、地域分布、活跃时间分布等
	来源分布	分析引流渠道效果
流量数据	基础数据	观看人数、平均在线人数、人气峰值、观看停留时长、新增粉丝、点赞数和评论数等
互动数据	点赞率	点赞数 / 观看人数
	评论率	评论数 / 观看人数
	转粉率	新增粉丝 / 观看人数
	热词	弹幕或评论热词
转化数据	浏览点击数据	商品展示次数和商品点击次数
	引导转化数据	商品访问数据、订单数据
	直播带货数据	销售额、销量、客单价、上架商品数量和用户人均购买价值

快手平台上的直播可以借助飞瓜数据进行直播数据分析,如图 6-11 所示。每一次直播营销结束后的总结与复盘,都可以为下一次直播营销提供优化依据和策划参考。

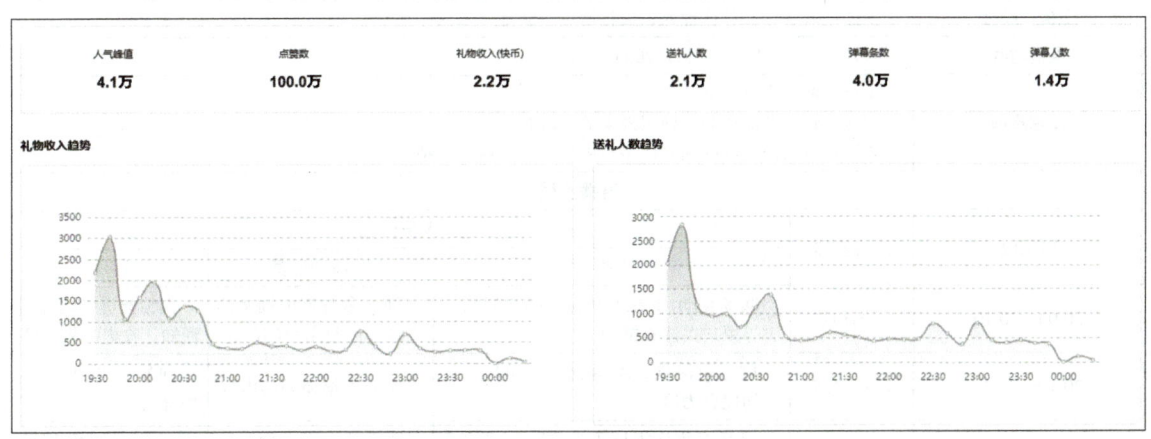

图 6-11 复盘直播具体数据

任务应用

设计直播营销方案

以某品牌的彩妆为例设计直播营销方案,主要确定以下内容:

1. 确定直播目标

通过本场直播希望达到的目标,一般是数据方面的具体要求,比如观看量、点赞量、进店率、转化率等。这样更直观且目标性更强。

2. 确定直播人员

明确各人员的分工以及职能上的相互配合。例如主播负责引导关注,介绍产品,解释活动规则；直播助理和运营负责互动、回复问题，发放优惠信息等；客服负责修改宝贝价格，与粉丝沟通转化订单等。

3. 确定直播时间

确定固定的直播时间，准时开播能够帮助粉丝养成观看习惯。下播时及时预告下一场直播，促进粉丝观看习惯养成的同时，也能让粉丝对主播保持新鲜感。

4. 设计直播脚本

通过设计直播脚本细化整个直播流程，提升粉丝关注度，提升粉丝观感。同时有利于建立舆论导向，减少突发状况，包括控场意外、节奏中断、尬场等。彩妆促销直播营销脚本示例见表6-5。

表6-5 彩妆促销直播营销脚本示例

直播活动概述				
直播主题	彩妆促销			
直播目标	"吸粉"目标：吸引10万以上用户观看 销售目标：主推3个利润款商品，总销量突破10万件			
主播、助播	主播：××、品牌代理人、美妆博主。助播：××			
直播时间	××年××月××日，20:00—22:30			
注意事项	①合理把控商品讲解节奏 ②适当延长商品成分、使用效果的讲解时间 ③注意对用户提问的回复，多与用户互动，避免直播冷场			
直播流程				
时间段	流程安排	人员分工		
		主播	助播和运营	客服
20:00—20:10	开场预热	暖场互动，介绍开场截屏抽奖规则，引导用户关注直播间	演示参与截屏抽奖的方法。回复用户的问题	向粉丝群推送开播通知。收集中奖信息
20:10—20:20	活动剧透	剧透引流款、跑量款、利润款，直播间优惠力度	补充主播遗漏的内容	向粉丝群推送本场直播活动
20:20—20:40	讲解商品	分享彩妆化妆技巧，并展示并解读第一款利润款和引流款产品包装、规格、成分、使用效果	配合主播演示商品使用方法和使用效果，引导用户下单	在直播间添加商品链接。回复用户关于订单的问题
20:40—20:50	互动	为用户答疑解惑，与用户互动	引导用户参与互动	收集互动信息
20:50—21:10	讲解商品	展示第二款利润款产品使用效果，并解读产品适用人群和成分，粗略介绍引流款、利润款和跑量款	配合主播演示商品使用方法和使用效果，引导用户下单	在直播间添加商品链接。回复用户关于订单的问题
21:10—21:15	福利赠送	向用户介绍抽奖规则，引导用户参与抽奖、下单	演示参与抽奖的方法	收集抽奖信息
21:15—21:40	讲解商品	讲解、演示第三款利润款，粗略引出介绍跑量款	配合主播演示商品使用方法和使用效果，引导用户下单	在直播间添加商品链接。回复用户关于订单的问题
21:40—22:20	商品返场	对三款利润款进行返场集中讲解，再次介绍跑量款、引流款	配合主播讲解商品，回复用户的问题	回复用户关于订单的问题
22:20—22:30	直播预告	预告下一场直播的时间、福利、直播商品等	引导用户关注直播间	回复用户关于订单的问题

项目6　短视频与直播营销

任务拓展

为家乡特产进行直播营销策划与实施

1. 任务目的

掌握直播营销的实施过程。

2. 操作步骤

1）策划家乡特产的直播方案。以家乡特产为直播营销对象，分析潜在消费用户，选择直播平台，进行直播营销策划。

2）撰写直播脚本。

3）以团队为单位，分工合作，对家乡特产进行直播营销。

4）进行直播复盘，总结直播的收获和遗憾。

3. 实施结果

完成家乡特产直播营销，并复盘直播过程的得失。

拓展阅读

直播与短视频助力中国文化创新传播

2022年的北京冬奥会是一场国际瞩目的盛会。冬奥会与中国传统佳节——春节的相遇，是对外讲好中国故事、展示中华文化的绝佳时机。2022年春节期间，中国国际电视台携手文化和旅游部中外文化交流中心、腾讯微信联合推出《冰雪中国》系列直播及短视频，以国际视角传递中国的冰雪精神，向全球生动展现中国有趣的传统冰雪运动与年俗文化，为北京冬奥会添彩。《冰雪中国》直播预告如图6-12所示。

值得一提的是，在形式上，《冰雪中国》系列节目采用了直播+短视频+话题互动的多元传播手段，在微信视频号及多个海外传播平台上线。这无疑展现了全球社交媒体视频化趋势下，新技术与新媒介为对外传播带来的全新机遇。

图6-12　《冰雪中国》直播预告

转变形式：直播+短视频，提升对外传播效果

2022年春节期间，《冰雪中国》在微信视频号分别发起了3场长时段直播，通过主持人、外籍嘉宾、当地嘉宾的介绍与体验，展现各个城市不同的冬日民俗与冰雪竞技项目。直播结束后，《冰雪中国》选取各期直播中的亮点内容，剪辑为3min左右的短视频版本，并配上中英字幕，于微信视频号及海外平台上线，如图6-13

所示。短视频将长直播中的核心内容进行碎片化再现，更为契合当下用户的视频消费习惯，便于用户消化视频内容。

图 6-13 《冰雪中国》中长白山的雪地摩托项目

无论是观看直播还是欣赏短视频，受众都能通过直播中的实时评论，或是平台中的评论功能互动、反馈，快速地与视频创作者建立情感上的联结。这种方式极大地调动了受众的参与感和积极性。

丰富主体：集聚民间传播力量，推动全民外宣

在《冰雪中国》直播中，除了中国国际电视台记者外，外籍嘉宾也参与了录制。他们以外国人的视角，体验中国多地、多类型、多民族的冬日民俗和冰雪运动，并分享自己的真实感受。在华外籍人士用海外受众理解的语言和思维模式对中华文化进行解码，削弱了文化背景差异与价值观差异带来的文化隔阂，其传递的信息更易被海外受众所信任和接受，使得海外受众在接收信息时不易产生抵触心理。

拓展渠道：立足新媒体平台，增强传播影响力

微信视频号作为《冰雪中国》系列节目的传播平台，有着超 12 亿的稳固用户群。微信视频号平台的内容分发机制更是使得优质内容有机会触达每一位微信用户的"推荐"模块，实现受众群体的拓展。

此外，微信视频号的一大特点在于其内嵌于微信中，围绕微信关系链展开，具有天然的社交属性。一方面，用户可通过将内容分享至朋友圈、分享给朋友来实现"熟人传播"。另一方面，用户可在微信视频号中的"朋友"模块看到好友点赞的内容，这使得优质的视频内容可以在更长的时间跨度里被反复曝光，维持长尾热度，形成"裂变式传播"。

阅读启示：

《冰雪中国》在打通公域流量和私域流量链路上的尝试，拓展了传播渠道，推动传播内容与形式的创新，为媒体对外传播提供了全新思路。如今，短视频和直播正逐渐成为对外传播的重要载体，更是展现传播中国传统文化、助力提升中华文化影响力的重要阵地。

项 目 小 结

本项目由短视频营销认知、短视频营销的实施、直播营销认知与直播营销的实施4个任务组成。本项目主要介绍了短视频营销和直播营销的概念、优势及模式等相关知识,通过对短视频策划、拍摄与剪辑以及直播营销步骤实施的介绍,结合任务应用与任务拓展,使读者能够进行短视频营销和直播营销。

思考与练习

1. **不定项选择题**(至少有一个选项是对的)

1)短视频营销的优势包括( )。

　　A.时效性高　　　　B.传播效率高　　　C.制作成本高

2)我国短视频平台主要有( )。

　　A.抖音短视频　　　B.快手　　　　　　C.西瓜视频　　　　D.微视
　　E.优酷　　　　　　F.哔哩哔哩　　　　G.爱奇艺

3)以下( )短视频平台以竖屏为主。

　　A.抖音短视频　　　　　　　　　　　　B.快手
　　C.西瓜视频　　　　　　　　　　　　　D.抖音火山版

4)《网络短视频内容审核标准细则》规定短视频节目等不得出现哪些内容?( )

　　A.展现"饭圈"乱象和不良粉丝文化
　　B.鼓吹炒作流量至上、畸形审美、狂热追星、粉丝非理性发声
　　C.应援、明星绯闻丑闻
　　D.未经授权自行剪切、改编电影、电视剧、网络影视剧等各类视听节目及片段
　　E.引诱教唆公众参与虚拟货币"挖矿"、交易、炒作的内容

5)可以用于短视频剪辑的软件有( )。

　　A.剪映　　　　　　B.Pr　　　　　　　C.Edius　　　　　　D.爱剪辑

6)在直播营销中,商品结构规划有( )。

　　A.跑量款　　　　　B.引流款　　　　　C.利润款　　　　　D.形象款

7)直播营销区别于其他营销方式的优势有( )。

　　A.低成本　　　　　　　　　　　　　　B.及时的双向互动
　　C.权威性　　　　　　　　　　　　　　D.便捷性

8)为了达到更理想的传播效果,对短视频进行优化,主要措施包括( )。

　　A.优化封面　　　　　　　　　　　　　B.优化标题

C．添加话题标签 　　　　　　　　D．优化短视频发布时间

9）电商类直播平台主要有（　　）。

　　A．淘宝直播 　　　　　　　　B．虎牙直播

　　C．京东直播 　　　　　　　　D．YY 直播

　　E．拼多多直播

10）能够带给用户更直接、更亲近的使用体验，甚至可以做到零距离互动的直播类型是（　　）。

　　A．品牌＋直播＋深互动 　　　B．品牌＋直播＋企业日常

　　C．品牌＋直播＋明星

2. 简答题

1）什么是短视频营销？

2）什么是直播营销？

3）直播营销有哪些优势？

4）短视频营销的主要平台有哪些？各自的特点是什么？

项目 7

软文营销

 学习目标

知识目标
1）熟知软文营销。
2）熟知软文营销的类型。
3）掌握软文营销的过程。

能力目标
1）能够独立进行软文写作。
2）能运用软文进行营销推广。

素质目标
1）培养较好的文字表达能力。
2）培养敏锐的洞察力和创新思维。

 案例导读

《千万不要用猫设置手机解锁密码》——华为手机的经典软文案例

贴吧、论坛、博客、空间等都曾经是软文营销盛行的地方，之后涌现出的微博、微信等新平台也成为软文营销的新圣地。不管是论坛还是微博，软文都能够进入网民的视野，甚至使用多种渠道，有利于企业营销传播。

微博上曾经发布过一篇标题为《千万不要用猫设置手机解锁密码》的博文，文中的主人公以轻松通俗的口吻记述了自己某一天突发奇想，把自己手机敏感度非常高的指纹解锁功能用在了猫的身上，想测试能否用猫的指纹成功解锁手机，如图7-1所示，结果居然成功了。但因为隔天醒来手机没电，设置的又是猫的指纹，为此他只能带着猫去公司，从而发生了与一只猫从搭乘交通工具到在公司上班的一系列趣事。

这篇博文故事情节非常出乎意料，且行文非常接地气，幽默风趣，文章中还附上了手机和猫的照片，自然且真实。此文一经发出就获得了上万的点赞和评论，接着各大媒

体疯狂转发，一下子让文章登上了微博热搜，且在很多网络社交平台上也有很高的阅读量和转载量。

图 7-1　用猫设置手机解锁密码

这篇文章看似是一个搞笑的小故事，但实际上是一篇经典的故事型软文案例，文中的手机是当时刚上市十来天的华为 mate7。通过这样一篇生动幽默、通俗真实，非常具有感染力和说服力，"有图有真相"的文章，让读者在不知不觉中对文章里的手机产生了兴趣，注意到了华为手机及其指纹解锁功能，一时间引得很多人去搜索华为 mate7 手机。

华为的这篇软文的成功之处在于以故事的形式来讲述事件，增强了软文的趣味性和情节性，自然又不生硬地突出产品，增强了读者的印象。软文内容丰富而真实，最大化地使用口语讲述，穿插没有滤镜和后期的图片，生活气息浓厚；标题也非常具有悬念性，读者会想知道猫设置密码是怎么回事，或者想知道为什么不能这样做。加入受消费者喜爱的宠物元素可以为文章获得更多的好感，将宠物猫和手机结合在一起，创造出有意思的效果，让消费者注意到华为的这款产品，产生消费的欲望和模仿的冲动。

案例思考：
1）案例中主要介绍了哪种产品的什么特性？
2）软文营销与其他营销方法有什么区别？

任务 1　软文营销认知

07.1　软文营销认知

相关知识

从纸媒到网络，软文营销一直都没有过时，随着渠道的更新和增多，软文这种形式甚至迎来了更多"高光时刻"。

项目 7　软 文 营 销

1. 软文的定义

软文，是指基于特定的概念诉求与问题分析，对消费者进行有针对性的心理引导，从而达到宣传效果的一种文字模式。通俗地讲软文就是一种文字广告，将宣传内容植入文章中，既让消费者阅读了感兴趣的内容，又实现了企业的宣传目的。从本质上来说，它是隐形广告，借助文字表述与舆论传播使消费者认同某种概念、观点和分析思路，实现企业软性渗透的商业策略，达到企业品牌宣传、产品销售的目的。

早期的软文就是所谓的付费文字广告，发展到如今已经不拘泥于纸媒的文字，在多领域多平台都能看到风格各异的软文。软文有 3 种基本类型：新闻型软文、行业型软文、用户型软文。其中新闻型软文包括新闻通稿、新闻报道、媒体访谈；行业型软文主要以权威论证、观点交流、人物访谈、实录为主；用户型软文最为多样，包括综合型、促销型、争议型、经验型、知识型、故事型、恐吓型、悬念型、娱乐型、总结归纳型、爆料型、情感型等。

2. 软文营销的定义

软文营销，就是指以文字的形式，通过特定的概念诉求，以强有力的有针对性的心理引导得到消费者的认可，使消费者走进企业设定的"思维圈"，从而实现产品销售的文字模式和口头传播。它常以新闻、第三方评论、访谈、经验介绍等形式，从心理上引导和影响消费者。互联网的发展，尤其是移动端用户的不断增加，使软文营销的传播空间更加宽广、传播渠道更加丰富。

在瞬息万变的网络市场中，软文营销的优势愈加明显，软文营销成为企业品牌形象的重要传播方式。如果说硬广告是"形"，软文则是"神"，形神兼备、内外兼修，才能达到最理想的营销效果。

> **传统文化**
>
> **古诗中的"软文"高手**
>
> 清明时节雨纷纷，路上行人欲断魂，借问酒家何处有，牧童遥指杏花村。
> 这首唐代诗人杜牧的《清明》，使得悠久历史的山西汾酒"杏花村"家喻户晓。

软文的精妙之处就在于一个"软"字，它可以潜移默化地将产品或品牌理念植入消费者心中，使消费者对产品或服务产生购买冲动和深刻印象。它追求的是春风化雨、润物无声的传播效果。例如，德芙巧克力的软文《青春不终场，我们的故事未完待续》，通过真挚优美的文字，讲述了作者大学时与男友从相知相恋到相伴相惜的爱情故事，巧妙地将德芙巧克力融入故事情节当中，极具感染力，引起很多人的共鸣。文章中德芙巧克力的植入与作者的情感成长融合得非常自然，"不变的是德芙巧克力"，水到渠成地传达了品牌价值，让人在为故事动容的同时，也对德芙巧克力这一核心象征元素产生了正面印象。

软文营销是一个系列化的营销方式。成功的软文营销需要有明确的目的，采用系统传播策略、精心策划、层层深入地影响目标消费者，使产品宣传起到事半功倍的作用。例如，脑白金产品系列软文连续发表了《人类可以"长生不老"？》《不睡觉，人只能活五天》等十多篇文章，产生了很好的连环促销效果。一篇优秀的软文是软文营销的前提，要想发挥其最大作用，还要将软文发表到更好、更适合发挥效应的平台上。

3. 软文营销的优势

随着互联网的发展，网络推广的方式越来越多样化。软文营销，相对于其他推广方式，具有以下几个方面的优势：

（1）成本低，性价比高

从20世纪90年代中后期至今，软文在营销中都占据一席之地，曾经以较低的成本为多个产品创造了市场奇迹，广受企业热捧。

众所周知，很多实力雄厚的企业为了达到宣传效果，会选择在电视和各大网站上插播广告。数据显示，黄金时段的广告费每秒会超过10万元，平面媒体和户外媒体的广告费用也是一笔可观的开销。然而，很多软文在网络发布推广时，除了一些主流媒体和网络媒体上需要付费之外，其他很多平台都是免费的，而且可以随意撰写、发布，不会产生任何费用，传播也十分迅速。相比传统的硬广告付费模式，这种软文营销的成本大大降低。

（2）渠道多，传播广

一篇优秀的软文要想吸引众多消费者，其软文的构思和文笔一定要独特，要让消费者产生信任感。另外，故事性、新闻性软文更容易令读者难忘，哪怕是一句话、一个观点对读者有启发、有帮助，读者都会截屏转发或者分享给朋友，有些小视频、小短文还会通过各种网络渠道进行病毒式快速传播，带来超乎想象的流量或忠实粉丝。

（3）持续性强

软文营销持续性强主要包括3方面的含义：①营销软文以文章的形式出现，被网络平台刊发后，除特殊情况外，一般都会被长期保留。对需要该信息作为消费参考的目标人群而言，比较容易搜索到。②优秀的营销软文能潜移默化地将产品或品牌理念植入消费者心中，影响比较深远，产生的推广效果持续时间长。③软文营销采用系列化形式，对消费者的影响持续性强。往往一篇软文之后，会跟进另一篇相关软文，产生一波接一波的递进式推广效果。

（4）受众更精准

传统媒体上的硬广告，由于无法选择受众，只能广泛撒网，只有关注的人多了，传播才会有效果。但是软文不一样，在写作之初就明确了软文目的，针对不同的平台、特定的受众，确定软文的噱头和矛盾以及定位软文的诱惑点，让目标人群在最短的时间内关注到。

（5）更新，更灵活

随着互联网的普及，软文营销在软文更新方面的优势越来越明显。首先，可以利用网络优势，根据营销活动的需要，随时更改软文内容并同步更新，消费者可以随时接收最新信息。其次，软文营销与传统的电视广告、平面媒体广告等硬广告相比，没有固定时间和版面的限制。还可以在软文中插入链接，直接把流量引入到网站上，促进交易。

项目 7　软文营销

📜 法律法规

软文营销须遵守的法律法规

软文营销属于企业营销策划内容当中的一部分，属于广告行业范畴。因此，软文推广同样受到广告法及相关法律制约，企业需严格遵守《中华人民共和国广告法》《互联网广告管理办法》（2023 年 5 月 1 日起施行）、《中华人民共和国网络安全法》等。这些法律法规中有相关的规定，比如《中华人民共和国广告法》第九条明确规定，广告中不得使用"国家级""最高级""最佳"等用语。又比如《化妆品监督管理条例》中明确规定，化妆品广告不得明示或者暗示产品具有医疗作用，不得含有虚假或者引人误解的内容，不得欺骗、误导消费者。软文营销不得使用《中华人民共和国广告法》中限制使用的词语来误导消费者，或者夸大效果，欺骗消费者等。

4. 软文营销的要素

（1）具有吸引力的标题

具有吸引力的标题是撰写软文首先要考虑的因素，如果标题不吸引人，即使内容丰富也难以吸引消费者。所以在撰写软文前一定要进行人群画像，分析目标用户的喜好。文章的标题犹如企业的 LOGO，代表着文章的核心内容，其好坏甚至直接影响软文营销的成败。所以，创作软文的第一步，就要赋予文章一个富有诱惑力、震撼、神秘感的标题，标题虽然要有诱惑力，但需要注意的是，带着热点事件和人物来制作标题并不意味着成为标题党。只有将软文与热点事件和人物协调地联系起来，才能形成跟随潮流、独特新颖的标题，使大众产生阅读兴趣，从而更有效地传播品牌信息。

（2）抓住热点制造话题

时事热点，顾名思义就是那些具有时效性、最新鲜、最热门的新闻。这些时事新闻自带流量，围绕这些热点编撰的软文，也更容易引起大众的兴趣。热门话题、新闻事件具有非常强大的传播力量，而互联网的传播速度更快、范围更大。为了及时发现热点，可以查询相关信息平台上反映人们关注趋势的热门榜单，例如微博话题热搜榜、百度热搜、百度指数、头条热榜等，如图 7-2 所示。各大网站、媒体一捕捉到时事热点就开始刊登相关新闻报道，搜索引擎的搜索量也会激增，所以谁先抓住时事热点，谁就占得先机。软文营销只有借助热点，顺势而为，才能获得更高的推广效率。

图 7-2　百度热搜截图

(3) 文章排版清晰，巧妙分布小标题以突出重点

一篇文章给读者的第一印象就是排版是否整齐、简洁。好的软文能给读者带来良好的阅读体验。清晰排版的软文，更能得到读者的好感。因此，为了达到软文营销的目的，文章的排版不可马虎，需要做到上下连贯，最好在每一段话题上标注小标题，从而突出文章的重点，让人一目了然。要注意文字简洁，多使用短语，尤其是移动互联网时代使用手机阅读的用户越来越多，根据手机屏幕字号选择 14～16 像素为宜。行间距以 1.5～1.75 行距为佳，两端对齐，字体颜色不要超过 3 种，也可以适当插入视频资料，如图 7-3 所示。

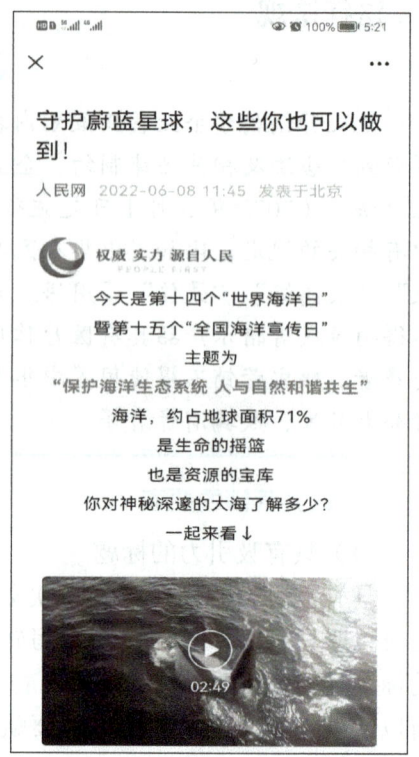

图 7-3　公众号文章排版截图

需要注意的是，借助热点事件，标题一定要有事件主角，事件内容一定要真实，内容一定要以图片为主、文字为辅，适当做搜索引擎优化。搜索引擎优化的做法需将热点事件和企业网站及产品信息进行整合，通过巧妙的逻辑推理，使热点事件能够有效地与营销关键词紧密相关，无论在文章的开始还是结尾，都要写进合理的关键词，再加上合适的关键词锚文本（Anchor Text），推广效果一定会有很大提升。

(4) 广告内容自然融入，切勿令用户反感

软文营销有 3 种境界。第一种是单刀直入。直接介绍产品的功能、效果，有很明显的广告痕迹，往往会影响软文效果，甚至被拒绝发布。第二种是绵里藏针。如论坛的软文，一般开始只会通过事件、故事吸引受众，在不经意间再插进产品的信息而达到宣传目的，明眼人能看出有广告痕迹，但受众会接受甚至会进行信息转载等传播。第三种是水过无痕。这种广告信息较难被发现，虽然广告产品在很明显的地方出现，但是受众不仅会全盘接受软文的信息，而且会做出病毒式传播，这是最高境界。要想达到最高境界，就需要深入研究目标用户的心理诉求和痛点，挖掘产品特性，撰写真正对用户有帮助、有价值的文章，实现润物无声的营销效果。

任务应用

软文营销案例分析

1. 爆款软文营销赏析——脑白金软文营销

"今年过节不收礼，收礼只收脑白金"的洗脑广告一度成为很多人的童年回忆之一。

起初，脑白金主要投放新闻式软文，就是将文章刊登在新闻刊物上，由于当时纸媒非

项目 7　软 文 营 销

常普遍，借助医疗健康科普类的新闻形式植入脑白金保健功能的内容，并在专业度上拥有权威机构或者专家的认同，提高可信度的同时，有效地提高受众的接受度和传播度。标题设置不仅具有浓厚的严肃学术科普的风格，还总是很巧妙地设置悬念、疑问或者渲染情绪，引起受众的关注和重视。取材主要是人们普遍关注的健康、养生、长寿等话题。

脑白金的软文营销主要分为两个阶段：在第一阶段，推出如《人类可以长生不老吗》《两颗生物原子弹》这样的新闻性软文，其中并没有插入脑白金的产品信息。人们出于对自身健康的重视以及猎奇心理，对这类标题和文章很容易产生兴趣，就会不由自主对其产生好奇和探究，软文的渲染和描述引发了很多人的兴趣。

在引起人们的关注后，脑白金的软文方向开始出现了变化，推出了像《宇航员如何睡觉》《一天不大便等于抽三包烟》等文章。这些文章内容以非常专业的健康知识科普为主，阐述人们生活中常常遇到的睡眠和饮食问题，提供解决之道的过程中插入脑白金的产品功效，不断地突出脑白金产品的益处。

案例分析：脑白金的软文切中了人们对于生命和健康的重视以及好奇的天性，站在人们的健康角度上提供非常多常见的、有用的问题和方法，其权威性和科普性产生非常强的说服力，成为脑白金获得成功的重要因素。

2．在教师安排指导下，以小组为单位，结合自身实际，在网络上寻找同一领域成功的软文营销案例，分析其类型及成功原因。

任务拓展

分析成功的软文营销案例

1．任务目的

充分熟知软文营销的优势，认识软文营销的不同类型在实际营销中的应用。

2．操作步骤

1）登录公众号、微博、头条号等新媒体平台。
2）阅读爆文软文。
3）深入学习优秀软文的写作技巧，并填写表 7-1。

表 7-1　优秀软文的写作技巧

文章名称	发布平台	推广产品	文章标题	文章类型	文章特色

3．实施结果

完成上述任务，总结成功的软文有哪些共同点。总结爆文的成功所在，形成报告。

任务2 软文标题的设计

相关知识

1. 软文标题的重要性

07.2 软文标题设计方法上

07.2 软文标题设计方法下

广告学之父大卫·奥格威曾经说过:"平均而论,标题比文章多五倍的阅读力!"根据广告学方面的资料统计,一个好标题比一个差标题的利润高20多倍。关于网络软文标题的相关统计数据更为精确,国外研究结果表明,搜索者将30%的时间花在了检索标题上,将43%的时间花在了查阅结果上,21%的时间花在了URL(Uinform Resource Locator)上,做出一次点击决定的平均时间为5.7s。消费者往往是首先看到感兴趣的标题,才会决定是否点击并进入阅读。随着信息科技的发展,大众在最常用的移动端更是如此,人们随时随地浏览标题,阅读自己感兴趣的文章,甚至转发分享。

在软文营销中一个好的标题能起到画龙点睛的作用。软文标题能抓住文章的要点、浓缩文章的新颖点吸引读者眼球,也能获得搜索引擎的青睐。

2. 设计软文标题的方法

软文标题是否吸引人,直接关乎软文的点击量和浏览量、是否可以被人们记住、是否引导网站流量。设计软文标题必须围绕营销主题或者营销任务而展开。一般地,精心设计的软文标题的主要方法有以下几种:

(1)新闻报道式标题

新闻报道式标题是指为了发布企业的最新动态,以新闻报道的形式设计软文标题。企业向社会发布新的经营理念、举办产品发布会或年会、参与社会重大活动等,甚至将软文信息与社会热点事件相结合的时候,都可以采用新闻报道式标题。因为新闻具有真实、可信、时效性强的特点,更能吸引人们的注意。

企业发布产品信息要利用人们对新闻的关注度,体现一个"新"字,在第一时间发布信息,以新鲜度引起大家关注。

例如,某公司召开年会,软文的新闻报道式标题最初拟定为"热烈祝贺××公司年会在××地方隆重召开",平铺、直白、没有新意,不吸引人。试想,如果年会很有趣、够震撼,你会跟朋友怎么说?标题可以修改为"××年会太震撼了!",这会吸引更多点击率。

(2)建议式标题

建议式标题的设计主要是以专家和资深人士的口吻,建议和提醒消费者在选择商品和消费过程中应该注意的问题。这种标题一般将季节时令、流行的综艺节目、电影、电视剧、新闻、名人等元素融入其中，包装自己想要传递的信息，使消费者感觉更加时尚、更加合乎情理、更加可信，从而给自身品牌带来良好声誉。例如："良心推荐：看完这 5 部 BBC 神级纪录片，英语水平提升几个 Level！""视频号 6 大「变现」方法""度娘实在太难用，试试这 10 个搜索工具吧"。

（3）提问式标题

提问式标题是通过提出问题，激发消费者的兴趣，利于消费者急于揭晓答案的心理，来提高文章的关注度和点击率。提问式标题一般是干货教程类文章用得比较多。提出的问题要直击读者灵魂，猛戳痛点。提问式标题有两种常见格式：

1）纯痛点式疑问。通过问题来吸引读者的注意，让其有点进文章看答案的冲动。常见的表达形式有"为什么""如何"等。例如："应届生如何调整心态，找到心仪工作？""一个人在大城市，如何过得精彩？""新手小白如何写出 10W+ 的文案？"。这类标题的关键在于，问题能否戳中读者的痛点，是他们想解决、想知道的。

2）自问自答。自问自答式疑问跟纯痛点式疑问相似，不同的是在标题中直接给出了解决方案。这种标题要做到简单易行，降低感知成本，让读者觉得他们花最少的力气就能有所收获。例如："设计 LOGO 很难吗？0 基础 3 分钟设计 LOGO 的办法""JPG/PNG 怎么拼成 GIF 动图？掌握这招 10 秒就会！""低成本裂变获客怎么玩？分享 7 种技巧，必须收藏！"。

（4）悬念式标题

悬念式标题是为了吸引读者注意，将标题信息做悬而未决和结局难料的安排，使读者对内容的发展变化产生急切期待的好奇心理，如图 7-4 所示。好奇是人与生俱来的本性，标题一下子抓住读者的注意力，使其一定要打破砂锅问到底，进而点击阅读正文内容。

悬念式标题通常将软文中最吸引人的内容预先在标题中提示或暗示，用"竟然是……""而是……""不过……"等。

（5）对比式标题

对比式标题就是通过将当前事物的某个特性与相反的或性质截然不同的事物进行对比，给读者提供当前事物与对立事物的认知，通过强烈的对比和感染引起读者的注意。对比式标题的设计

图 7-4　悬念式标题

要选择典型的、性质截然不同的对比，鲜明地表达事实，具有更强的感染力。例如："月薪6000元和月薪20000元的运营，有什么区别？"，该标题通过前后数字的简单对比形成强烈反差，让读者好奇同样是运营为什么月薪相差如此之大；"裸辞后的第37天，我发现比'996'还累"，该标题的内容和人们的认知是矛盾的——裸辞不是很爽吗？怎么会比"996"还累？基于这样的好奇，读者会有想一探究竟的心理。但是值得注意的是，不能为了冲突反差，去做"标题党"，伤害读者的预期，或去捏造收集一些明显不符合常识的内容。要对读者负责，对自己负责。

（6）诉求式标题

诉求式标题是向消费者诉以愿望或需要，博得关心或共鸣，达到促进销售的目的。诉求式标题要具有感染力，主动暗示或说服消费者认真思考，并接受诉求。诉求主要分为理性诉求、感性诉求两种类型。

理性诉求是指将诉求定位于受众的理智动机，通过公正、准确、真实地传递信息，使受众经过概念、判断、推理等思维过程，理智地做出判断。理性诉求往往向受众传达具有明显逻辑关系的信息，利用判断推理来加强说服力。理性诉求一般用于消费者需要经过深思熟虑才能决定购买的商品或服务，如高档耐用品、工业品、各种无形服务等。诉求式标题例如，"每天吃两瓣蒜既降压又暖胃""0基础快速学建站，299元，7天学不会退全款"等。

感性诉求是将诉求定位于受众的情感动机，通过情绪和情感体验，使受众对产品形成喜悦、恐惧、爱、悲哀等情绪，增强其感性认识。感性诉求可以潜移默化地改变消费者的态度，在不知不觉中把所推销的产品注入受众的意识中。例如，"写给那些战'痘'的青春""19年的等待，一份让她泪流满面的礼物""老公，烟戒不了，洗洗肺吧"等标题都属于感性诉求式标题。

诉求式标题一定要站在消费者的角度，以消费者的视角来客观评价商品或服务。这种软文容易引起读者共鸣，刺激购买欲望。

（7）数字式标题

数字式标题直接在标题中写出具体的阿拉伯数字。因为数字识别度高，能将模糊的信息具体化，利用数字制造冲击感、反差感，给人信息含量更丰富、专业度更高的感觉，所以使用数字式标题可以增强事物的可信度，激起消费者强烈的阅读欲望。例如"科目三没有练好这6点，千万别约考"，该标题就是数字式标题，通过数字"6"让考驾照的小伙伴一眼明了科目三需要练好的几点，引发思考，提升文章的点击率。再如"一个'90后'CEO，花了2年多就把用户做到9000万，是怎么做到的？"，"90后""2年""9000万"，这些简单的数字制造出了强烈的对比。事实上，不难看出爆款标题都有简单、直接、有趣的共同点。数字式标题可以降低读者的大脑识别成本，让读者快速通过阅读更具体地查看内容并理解内容，这就是数字式标题的目的。

（8）夸大型标题

夸大型标题是将对某件事的看法或某个观点故意夸张表达，吸引读者的注意力，促使其点击标题，产生进一步了解详细内容的欲望。例如："春阳不晒被，千万螨虫跟你睡"，即使再不晒被，也不会有千万只螨虫；"买了这款眼霜，闺蜜气得要和我撕"，因为一款护肤品就导致好友翻脸，听起来很不可信。总之，标题所展示的内容要能引起消费者的好奇心。为此，要熟知目标消费人群的消费特征、消费习惯和消费心理需求。标题还要突出两个重点：一是用最少的文字，突出关键信息；二是用词准确生动，让人易懂易记。

但是切记，标题不宜使用"震惊""惊爆""传疯""吓掉半条命"等言过其实地表达情绪，或者使用"全世界网友""所有男人都""某国人""99%"等无依据的夸大范围词语。

例如，原标题是"兰州竟然引起了全国的羡慕！西安疯了，天水哭了，嘉峪关伤了……"，此标题的问题是故意引用其他城市做夸张对比，不恰当，应修改为"兰州夜景魅力独特，或艳丽或庄严，或古老或时尚"。原标题为"气垫一打开就直接涂？几乎所有女人都错了，怪不得总脱妆又卡粉！"，标题的问题是"几乎所有女人都"对女性群体做全部包含的范围夸张，诱导读者点击，应改为"女孩们常犯的错，气垫不要一打开就直接涂，可能导致脱妆又卡粉"。

当然，软文有好的标题并非就有很高的阅读量，也并非标题不好的文章阅读量就低，因为除了软文标题和内容外，还有一些其他影响因素，如作者的知名度、粉丝量、宣传推广力度、粉丝忠诚度等。因此，在软文营销过程中，除了有好的标题外，还要提高软文作者的知名度、发布软文平台的影响力、增长自媒体粉丝量等。

法律法规

"标题党"网文引流变现可能涉嫌违法！

你有没有看到网络上的夸张标题并点击阅读的经历？这些网文往往都是网络"标题党"用夸张的标题吸引人点击查看，内容却是非官方来源的"小道消息"，甚至是严重失实信息，这类推文背后的发布者以此赚取网络点击量和高额广告费。

2021年8月，广州警方就打掉一个专门制作"标题党"推文引流变现的网络黑产团伙。广州市某区公安分局网警大队在工作中排查发现，辖区内某信息技术公司涉嫌利用互联网推送发布大量不实信息，有的涉及国家政策，严重扰乱网络环境和社会秩序。警方经过大量的前期侦查取证工作，周密部署，对该公司进行查处，现场抓获涉案人员7名，缴获涉案计算机7台及手机70多部。

经调查，该网络黑产团伙的7名成员均为20岁左右高中文化程度的年轻人，并没有专业写作和编辑能力。他们通常先围绕社会关注度高的热门话题寻找非官方渠道发布的"网文"，复制后加上夸张的字眼，配以标题和图片，再用专业的编辑平台制作生成。

制作好的推文里，不仅自动植入广告，还暗藏"机关"，当读者想退出网页时，就会自动跳转到广告链接，发布者就能得到广告费。为了增加点击率，团伙成员每人都拥有多部手机，"养"着多个社交媒体账号和聊天群，用于大量转发推文。该团伙在短短4个月时间内累计发布含不实信息的"标题党"推文1000余篇，浏览量超500万，获利约30万元。

警方提醒，网络绝非法外之地，公安机关将坚决依法严厉惩治编造虚假信息、非法引流推广等网络违法犯罪活动，广大网民和互联网企业应严守法律和道德底线，切勿随意发布未经证实的信息或故意编造虚假信息，共同维护和谐清朗的网络空间。

任务应用

设计软文标题

1. 选定目标产品

选定一款产品，为其设计软文标题。在设计软文标题之前，需对用户属性有基本了解，这就需要确定用户画像。

2. 确定用户画像

下面以美白产品为例，结合百度指数，介绍如何确定用户画像。

1）确定大致的用户画像。通过搜索引擎下拉框和各种指数（以百度指数为例），介绍如何确定美白产品的用户画像。

在百度指数框中输入"美白"，单击"指数搜索"按钮，在"趋势研究"页面可以查询任意时间段国内搜索"美白"这个关键词的数量分布，如图7-5所示。

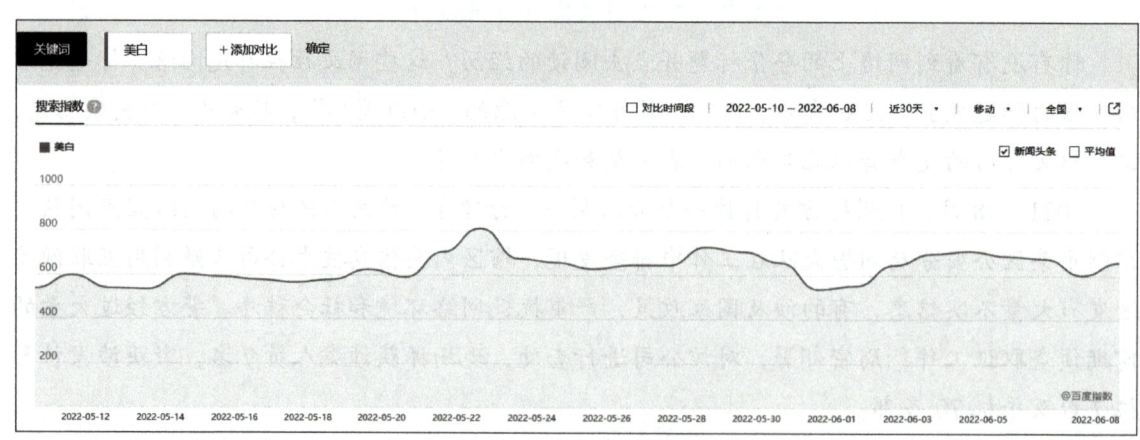

图7-5 百度指数"趋势研究"

单击"人群画像"按钮，选择相应时间段搜索人群的地域分布，如图7-6所示。

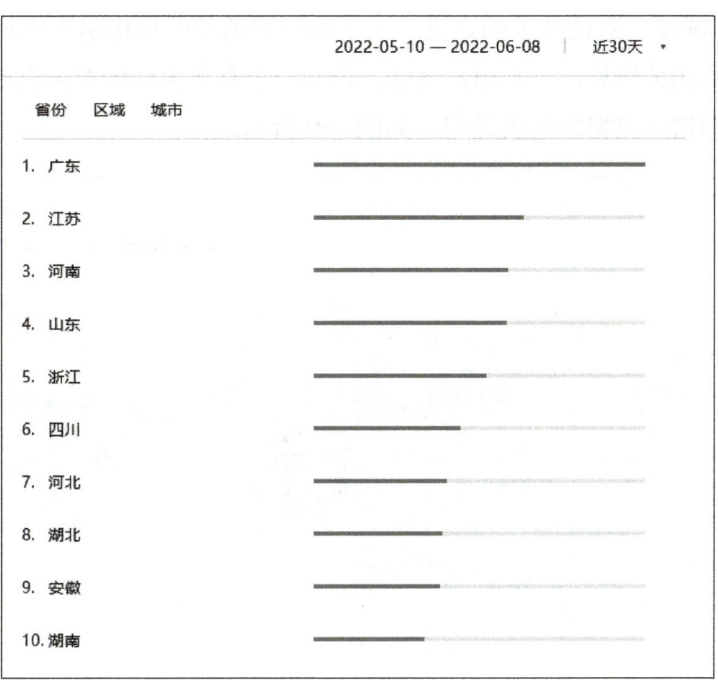

图 7-6 人群地域分布

查看人群属性,包括用户的性别、年龄分布,如图 7-7 所示。

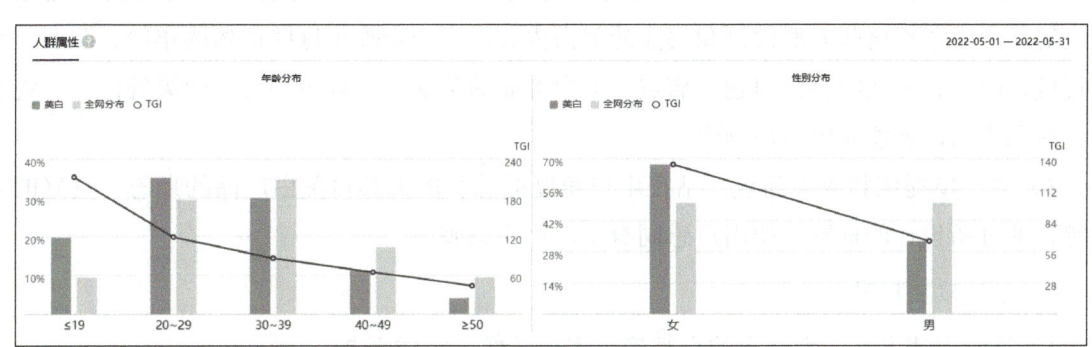

图 7-7 人群属性

查询兴趣,为软文撰写内容和选择推广平台提供思路,如图 7-8 所示。

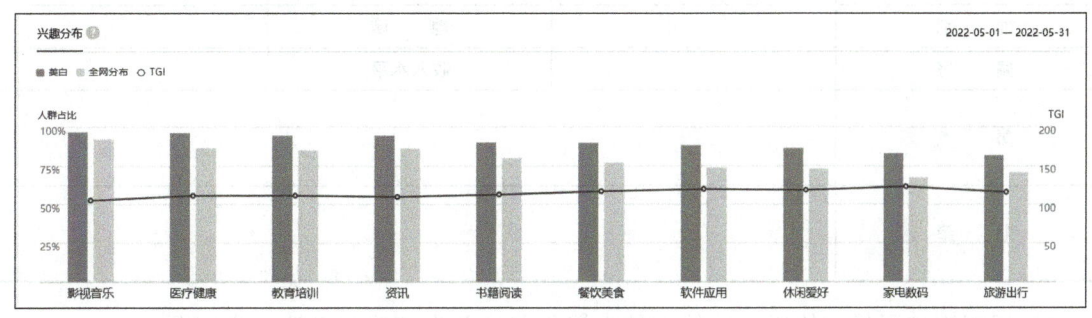

图 7-8 兴趣分布

2）完善用户画像。通过需求图谱进一步了解用户期望的价格水平和还有哪些需求没有得到满足等，补充相关信息，完善用户画像，得到一个有代表性的对美白产品有需求的用户画像。通过需求图谱，挖掘相关关键词，如图 7-9 所示。

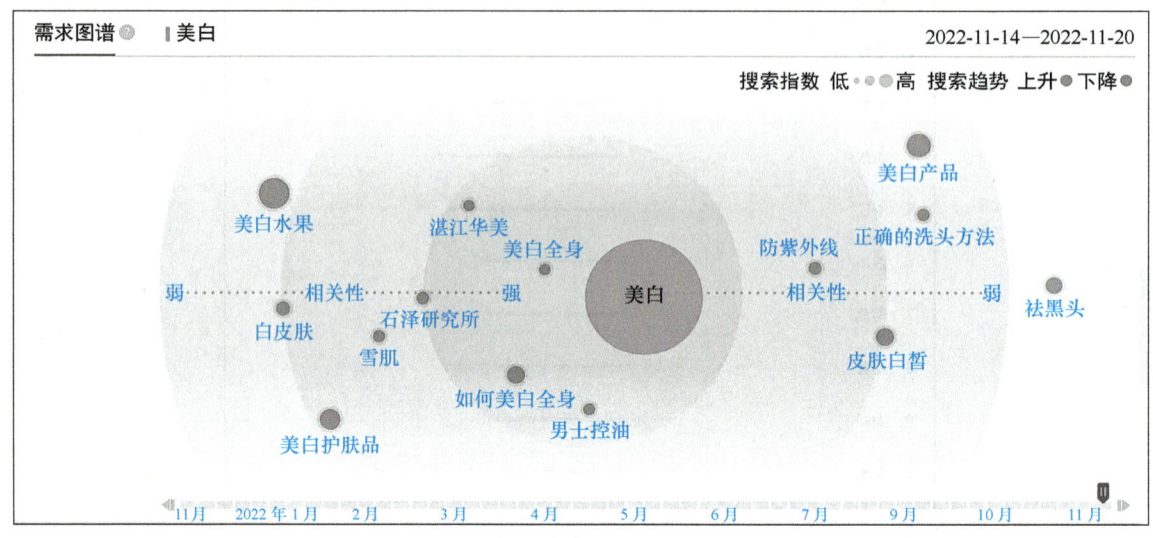

图 7-9　需求图谱

找到含有需求图谱中较红、较大的关键词的垂直网站、搜索引擎的网页、论坛、贴吧等，从中了解这些人群讨论和关注的美白内容。进一步收集这些群体的年龄、职业、文化程度、收入、关注的美白问题、痛点（美白方面的苦恼）、渴望的美白效果等信息。将上述信息归类后，就能完善用户画像。

3）进一步提炼和放大痛点。站在用户角度提炼和放大其对美白产品的期盼、良好的效果等，通过所设计的标题，使用户感同身受，产生共鸣。

3. 设计软文标题

1）按照上述方法，为选定的产品确定用户画像，完成表 7-2。

表 7-2　用户画像任务单

人群标签		年　　龄	
性　　别		地　　域	
偏　　好		收入水平	
痛　　点			
期　　望			

2）根据用户画像，构思一篇软文的大概思路，并为该软文设计一个标题。

任务拓展

设计不同类型的软文标题

1. 任务目的

会根据不同的用户画像设计多种营销软文的标题。

2. 操作步骤

1）3～4人一组，每组商议、选定一种产品。

2）熟练掌握特色产品的基本信息与产品优势。通过上网、实地调研等多种方式，尽可能多地了解该产品的特色、消费历史、消费过程、消费体验等多方面的信息，为拟定不同类型的标题做充分准备。

3）针对不同消费群体，分别设计不同的软文标题（标题类型不少于5个）。

4）进行小组讨论，先分析各自所撰写标题的优缺点，再进行修改。

3. 实施结果

最后得到较为理想的5个以上软文标题，为进一步软文撰写做好准备。

任务3　软文的撰写与发表

相关知识

1. 撰写软文的步骤

07.3　软文营销的实施步骤

一般来讲，企业做软文营销，把握好以下6步，便可以顺利地实施软文营销。

第一步：市场背景分析

软文营销是营销行为，做市场分析十分必要，只有了解企业面对的用户特点，才能准确地策划软文话题，选择正确的媒体策略。不同电商企业有各自擅长的领域，如母婴类电商面对的是育龄女性，体育用品类电商面对的是爱好健身的人群，由此可见行业各异的企业在营销的需求方面差异很大。

第二步：软文主题策划

如上所述，软文主题的策划要准确把握用户的特点，再根据营销的导向性来策划主题。如果是电商企业运营伊始，应该注重用户信任的建立；如果是成熟的电子商务企业，应该侧重活动和特色产品的推广，用以直接带动销售；如果是品牌推广，软文主题则应侧重企业的公关传播，突出企业的社会责任感。总之，软文主题包罗万象，可撰写内容角度众多。

第三步：软文媒体策划

软文媒体策划，就是软文传播的媒体策略，即软文传播的网络平台选择。软文发布平台分为三大类。第一类是社交媒体平台，如知乎、微博、微信朋友圈、小红书等。第二类是自媒体平台，如百家号、大鱼号、一点号等。第三类是门户大众网站，如新浪网、搜狐网、腾讯网、网易网、凤凰网、新华网等。推广策划时需要结合产品特性，根据受众的喜好合理选择发布平台。

第四步：软文写作

根据市场分析结果，围绕策划好的主题，结合产品特性进行软文创作。文章要有创意、实用、易懂。不必追求辞藻的华丽，关键是角度、体裁新颖，对消费者有帮助、有价值、有用处。将产品信息自然地植入文章内容，让读者在不经意间接受、情不自禁地被感染。

第五步：软文发布

软文发布是将上一步编撰好的文稿发布到策划好的目标媒体上，切记发布的平台并非越多越好，由于不同平台受众的特点不同，软文的标题和内容还需要根据平台调整，这样才能使软文营销的效果最大化。

第六步：软文效果评估

软文营销的效果是企业最关心的问题，那么如何评价软文营销的效果呢？软文效果评估主要有以下几种指标：

1）点击率。点击率即软文在发布载体上被用户点击的数量，这能反映一篇软文的受关注度。

2）评论数。评论数即软文被用户评论的数量。软文在发布载体上被用户评论的数量，能反映一篇软文所引起的用户互动和影响力。

3）转载量。转载量即软文在一个网络载体发表后，被其他网络载体转载的数量。这能反映一篇软文的新闻价值，即可读性。

4）收录量。收录量即软文发表出去后，分别被百度等搜索引擎收录的数量。这能反映一篇软文的质量和受众喜好度。

5）直接 IP 数量。直接 IP 数量通过软文发布地址直接访问网站的数量，用户浏览软文过程中，点击相关关键词进入企业网站的 IP 数量。

6）有效 IP 数量。有效 IP 数量即这些通过软文访问网站的 IP 数量中的有效 IP 数量。有效的判断依据如有多少达成了目标，有多少下载了相关软件，有多少留下联系方式，有多少进行了在线购买，等等。

2. 软文撰写的技巧

（1）解决痛点创造价值

产品因为消费痛点的存在而产生，软文的内容则是为了介绍产品能解决这个痛点，让更多的消费者了解并选择产品，从而更好地解决消费过程中存在的痛点。挖掘痛点，是软文创作的起点，其推广的产品不能有效解决消费者关心的痛点问题，就无法创造出有效的价值。撰写软文内容，要从消费者的痛点出发，如果只是为了炫耀产品的各种优点而创作，只会让消费者反感，最终结果就是失去了消费者的青睐。

痛点对产品以及内容的重要性非常大，想要有效分析，就可以通过细化的方式进行定位。首先对用户与产品相关的痛点，进行细化后逐一列出，再根据影响程度排序，这样便可以得到一个有效的痛点列表。一篇内容能描述的问题非常有限，就要求定位精确，只能选择一个痛点，以便发挥出作为软文的价值。切忌选择多个痛点使定位分散，单一的痛点会更聚焦，更深入，反而可以创造出更大的价值。

（2）多用数据增强信任

数据是客观的，数据的说服力相对来说更强，争议也更少。多用数据，无论是从提升吸引力、增强阅读体验，还是从提升信任度上来说，都是非常有效的。数据的多少和质量可以作为评价软文质量的依据。

数据的来源渠道有很多，例如主流新闻媒体的报道、政府工作报告、权威数据机构研究报告，以及专家学者实验调研分析论文等，都可以提供非常准确的数据。通过对客观数据的进一步分析整理，判断出来的论点，会得到受众极强的信任。

（3）情感碰撞引发共鸣

创作就要赋予软文情感，只有这样才能与受众互联互通，才能将价值有效地传递过去。

软文中的情感共鸣需要给受众一种感受，可以是"我们具有相同处境下的好/坏""通过示弱/感悟期待受众的认同"或者"以自身的经历来帮助受众"等。让受众的情感参与进来，以温暖来感化，而不是只顾着冷冰冰地自我表达。

（4）用金句点燃高意境

软文写作虽然是服务于营销目标的，但真正的好软文，也要寻求高意境。这其中的技巧，当属用金句来"点燃"，提升内容的层次价值感。金句可以直接摘自某个名人的话、某本著作，也可以对其改编，或者直接将自己的想象创作出来。无论哪种方法，都有赖于日常的积累。当看到喜欢的金句时，一定要随手记录下来，长期坚持后，金句产出能力就会突飞猛进。

法律法规

软文广告要受法律硬约束

如今，越来越多的企业、商家在自媒体平台上投放广告，其中软文广告成为不少自媒体创作者的重要变现手段之一。自媒体软文广告除了具有很多互联网广告的"通病"之外，又有了自己的"特色"——有的人读到最后才发现这原来是一则广告，有的人从始至终以为这只是一篇报道或散文。

不管自媒体平台发布的软文广告内容多么"软"，其从本质上说都还是广告。2016年发布的《互联网广告管理暂行办法》中规定："互联网广告，是指通过网站、网页、互联网应用程序等互联网媒介，以文字、图片、音频、视频或者其他形式，直接或者间接地推销商品或者服务的商业广告。"在2023年2月25日发布的《互联网广告管理办法》中规定："在中华人民共和国境内，利用网站、网页、互联网应用程序等互联网媒介，以文字、图片、音频、视频或者其他形式，直接或间接地推销商品或者服务的商业广告活动，适用广告法和本办法的规定。"软文广告属于互联网广告，并不是法外之地，必须严格遵守国家的法律法规，受《中华人民共和国广告法》和《互联网广告管理办法》的约束。这是发布软文广告的红线。

软文广告内容必须真实，不能含有虚假内容，欺骗消费者。《中华人民共和国广告法》第四条规定："广告不得含有虚假或者引人误解的内容，不得欺骗、误导消费者。广告主应当对广告内容的真实性负责。"第二十八条规定："广告以虚假或者引人误解的内容欺骗、误导消费者的，构成虚假广告。"软文广告如果通过虚构内容进行宣传，那么在本质上就属于虚假广告。相关部门会依法依规对发布广告的自媒体创作者进行处罚，构成犯罪的，要依法追究其刑事责任。

与此同时，软文广告必须明确显著标明为"广告"，让读者能够清醒地辨明其为广告。《中华人民共和国广告法》第十四条规定："广告应当具有可识别性，能够使消费者辨明其为广告。大众传播媒介不得以新闻报道形式变相发布广告。通过大众传播媒介发布的广告应当显著标明'广告'，与其他非广告信息相区别，不得使消费者产生误解。"《互联网广告管理办法》第九条规定："互联网广告应当具有可识别性，能够使消费者辨明其为广告。"眼下很多软文广告没有标明是"广告"，不具有可识别性，让读者误以为只是一篇普通文章，甚至上当受骗。这些软文广告会受到法律法规的处罚。

任务应用

撰写一篇营销软文初稿

1. 确定一个好的标题

从"任务2"任务拓展所完成的设计标题任务中选择一个类型的标题，作为本次任务所撰写软文的标题。

2. 撰写软文

按照标题风格，围绕产品特点，按照撰写步骤，结合软文技巧，植入与产品有关的值得阅读的信息。

要求：标题抓人眼球，开头吸引人注意，正文信息有阅读价值，结尾自然合理。

任务拓展

为家乡某特色产品撰写一篇优秀的营销软文

1. 任务目的

熟练掌握营销软文的写作技巧。

2. 操作步骤

1）根据自己家乡的实际情况，选择一种特色产品。
2）明确该产品的消费者群体，确定人群画像。
3）确定该产品营销软文的类型。
4）设计该产品营销软文的标题。
5）撰写营销软文。
6）选择合适的平台进行软文发布。

3. 实施结果

结合阅读量与评论，研究如何进一步提高营销软文的撰写水平。

拓展阅读

自媒体当自重，超级网红作家被封杀背后的反思

昔日坐拥千万粉丝的自媒体超级网红"某蒙"如今已难觅踪影。该网红是著名的编辑及作家，也是公众号"某蒙"的创始人，文章几乎篇篇阅读量超10万。她的文章标题与正儿八经的文章标题恰好相反，很"刺激"。她独特的文字风格与写作套路，收获了大批流量，曾被称为自媒体写作"一姐"。

然而，这样一位文学硕士、知名编辑，为了收割流量，却在自媒体圈子中逐渐迷失了自我。

爆文频出的背后充斥着越来越多质疑之声，直到其旗下公众号发布的《一个出身寒门的状元之死》刷爆朋友圈。该文讲述了一位寒门子弟逆袭成为高考状元，但是最终还是被厄运击倒。这篇文章虽然博得了眼球、赢得了流量，但是却因编造故事、煽动泪点而引发负面的舆论风波。《人民日报》也在官博进行批评，如图7-10所示。

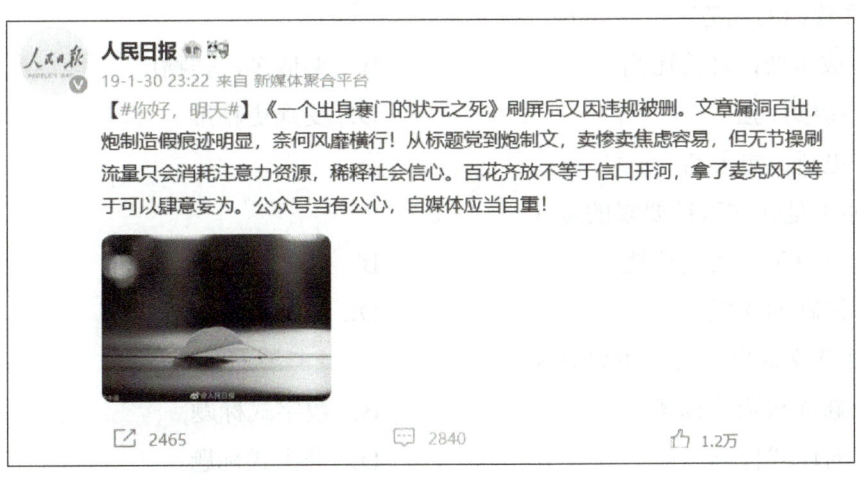

图7-10 《人民日报》发文批评

该网红本人对此事件虽然发表了道歉信,但仍备受争议。随后,网友发现"某蒙"微信公众号已自行注销,随后今日头条、凤凰网、微博、知乎等平台相继发布声明宣布对"某蒙""某某青年"等账号进行封禁处理,封禁原因大都指向了"贩卖焦虑"、通过消极低俗内容获取流量。

阅读启示:

做自媒体要有原则,有底线。一些自媒体发表文章时为吸引眼球,无底线地夸大事实,煽动大众情绪,宣扬虚假内容、扩大社会焦虑,宣扬"毒鸡汤"和"丧"文化,给读者带来非常大的负面影响,必被社会舆论所不容。

自媒体要为公众树立正确的价值观。不要玩文字游戏,要向读者输出有意义、有价值、有正能量的思想。自媒体的一言一行都可能影响他人,自媒体应立言先立德,做人不违良心,做事不违原则,营造积极向上的网络环境,担负起相应的社会责任。

项 目 小 结

本项目由软文营销认知、软文标题的设计、软文的撰写与发表 3 个任务组成。本项目主要介绍了软文及软文营销的概念、软文营销的要素与优势等相关知识,通过对软文标题设计方法、软文撰写步骤和技巧的介绍,结合任务应用与任务拓展,使读者能较好地撰写软文并进行软文营销。

思考与练习

1. **不定项选择题**(至少有一个选项是对的)

1)软文营销的优势有(　　)。

　　A. 成本低,性价比高　　　　B. 渠道多,传播广
　　C. 持续性强　　　　　　　　D. 受众更精准
　　E. 更新,更灵活

2)下面不是软文营销要素的是(　　)。

　　A. 具有吸引力的标题　　　　B. 抓住热点制造话题
　　C. 清晰的排版　　　　　　　D. 低廉的价格

3)设计软文标题的方法主要有(　　)。

　　A. 新闻报道式标题　　　　　B. 数字式标题
　　C. 对比式标题　　　　　　　D. 夸大式标题
　　E. 提问式标题　　　　　　　F. 建议式标题

4）下列是夸大式标题的有（　　）。

　　A．"裸辞后的第 37 天，我发现比'996'还累"

　　B．"一逛淘宝就停不下来？秘密在于……"

　　C．"低成本裂变获客怎么玩？分享 7 种技巧，必须收藏！"

　　D．"春阳不晒被，千万螨虫跟你睡"

5）下列是对比式标题的有（　　）。

　　A．"裸辞后的第 37 天，我发现比'996'还累"

　　B．"一逛淘宝就停不下来？秘密在于……"

　　C．"低成本裂变获客怎么玩？分享 7 种技巧，必须收藏！"

　　D．"应届生如何调整心态，找到心仪工作？"

　　E．"2022 年十大热点事件都有哪些？"

　　F．"月薪 6000 元和月薪 20000 元的运营，有什么区别？"

2．简答题

1）软文的优势与策略有哪些？

2）软文标题的常见类型有哪些？

3）简述软文撰写的步骤。

4）简述掌握软文营销的写作方法后，在自己的社交范围内可以怎样进行推广。

项目 8

网络广告营销

学习目标

知识目标

1）熟知网络广告的形式。
2）熟知网络广告策划的内容。
3）熟知网络广告制作的过程。

能力目标

1）能够区分各类网络广告。
2）会策划网络广告方案。
3）能够简单制作并发布网络广告。

素质目标

1）培养创新精神。
2）培养与团队成员协作的能力。

案例导读

百雀羚的创意视频广告

作为国货品牌，百雀羚通过创意视频广告将国人精神、中华文化与企业文化相结合，使消费者产生共鸣，并被认可。

1.《你应该骄傲》

该视频通过诉说几个发生在现实中的故事，阐述了低调谦逊文化影响国人的"真相"，传递人们内心真实的情感不仅受外界束缚，还一直被禁锢在自身的枷锁当中的理念。整支广告节奏连贯、情节紧凑，直击痛点，点燃了人们为努力的自己、为强大的祖国而骄傲的情感。广告最后点出百雀羚销售三连冠，是值得国人骄傲的国货品牌，从而使得品牌定位深入人心。

2.《为了相信的事，一直认真下去》

百雀羚与京剧名伶携手拍摄了一支关于中华文化传承的影片，隐喻了1931年创立的老牌产品如京剧一样，源远流长。十年磨一剑的京剧名角身上特有的标签和百雀羚品牌传递的意义不谋而合，在传达了中华传统文化理念的同时，也展现了百雀羚不断勇于创新，同京剧名角一样一步步地改变"京剧"既定印象，攻占年轻人的心，为了所相信的事情一辈子认真下去的态度，不可谓不走心。视频中的场景和百雀羚品牌形象融合得恰到好处。

3.《韩梅梅快跑》

这个视频鼓励女性突破常规，做一个自信从容、坚持初心的自由女战士。其宣导的价值观得到官媒的肯定与竞相转发，并获得了"中国广告也可以很走心"的评价。

百雀羚作为国内知名的护肤品牌，已成为家喻户晓、走向国际的国货品牌，而这当然都归功于其质量过硬的产品。而今，中国制造在世界的舞台上焕发光彩，在通往中国"质"造的道路上不断前行，越来越多的国人已经把眼光更多地聚焦到中国"质"造！百雀羚文化的"三个一"可谓是中国崛起、中国品牌崛起的一个缩影，体现了国人的自信。

案例思考：
1）百雀羚创意广告为什么能成功？
2）网络广告的作用是什么？

任务1　网络广告认知

08.1　网络广告形式

相关知识

互联网于20世纪80年代开始进入大众的生活领域，随着网络技术的迅猛发展，互联网成为继广播、报纸、杂志、电视之后的第五大传播媒体。一些企业观察到互联网发展迅速，开始尝试使用互联网进行信息交流，这也使得新的广告形式应运而生。1994年10月，美国 *Hotwired* 杂志使用互联网刊登杂志内容，并首次在网站中推出包括AT&T（美国电报电话公司）等14家广告客户的网络广告，这标志着网络广告诞生。

在过去的10年中，网络广告的发展速度十分惊人，在整个广告市场的发展过程中，网络广告也比传统媒体广告表现得更有活力，网络广告的发展势不可挡。

1. 网络广告的概念

广告顾名思义就是"广而告之"，意指通知受众某件事，以引起他们的注意。现代广告起源于英国，是为大规模商业活动广泛流行而采取的营销活动。网络广告，简单来说就是在网络上开展的广告活动。广告主以多媒体技术为载体，在互联网刊登或发布信息，向目标群体进行产品或服务的推销，并进行交互式操作的有偿传播方式。它是企业利用互联网向受众传递营销信息的手段之一。

网络广告强调的互动与双向沟通是它与传统广告的区别。网络广告以网络这种形式构建了企业与消费者之间的沟通桥梁，它帮助企业挖掘消费者的需求，提升消费者对企业的好感度，并在此过程中使消费者产生强烈的认同感。

2. 网络广告的构成

网络广告与传统广告类似，其参与者主要包括广告主、广告媒体、广告受众、广告信息和广告费用。

1）广告主。广告主是指通过自行或委托他人发布各类免费或者有偿信息的法人、其他经济组织或个人。与传统广告相比，网络广告的广告主范围更加广泛，它可以是政府、企业或个人。它既可以发布广告，也可以运营广告。

2）广告媒体。广告媒体是指信息传播的载体。网络广告依赖的媒体是网络，既可以是互联网，也可以是移动网络。随着信息技术与网络的发展，互联网与移动网络已成为报纸、杂志、广播和电视之后的新兴媒体。

3）广告受众。广告受众是指广告信息的接受者。从广义上来说，网民就是网络广告的受众。从狭义上来讲，网络广告的受众被细分为两类：一个是一般的媒体受众，即通过网络广告接触的人群；另一个则是目标受众，即广告的目标诉求群体。

4）广告信息。广告信息是指广告传播的具体信息内容，它借助图文、音频、视频等多媒体技术，声情并茂地表现信息内容。广告信息是网络广告内容的表现形式，也是集信息采集、加工和传递的综合过程。

5）广告费用。广告费用是指广告投放所付的资金。一般来说，广告信息投放到网站中都是有偿的，相较于传统广告，网络广告以效果付费，费用更低，并且因可以精准算出受众的反馈，而获得更高投资回报率。

3. 网络广告的形式

随着网络技术的发展、网络媒体的丰富，网络广告也以多种形式呈现，为企业的产品或服务营销提供了更多的选择。网络广告的主要形式如下：

（1）文本链接广告

文本链接广告是以文字来链接的广告形式。它是将文字超链接放置在网站中，访问站点的网民单击文字链接就可直接打开营销网页。文本链接广告是一种对浏览者干扰较少，但效果较好的网络广告形式。

（2）网幅广告

网幅广告是指在网页中，以创建 GIF、JPG 等格式的文件来表现广告内容。为了增强网络广告表现力和交互性，通常使用视频的手段来表现。网幅广告形式多种多样，最具代表性的有横幅广告、按钮广告、对联广告等。

1）横幅广告。横幅广告（Banner）又称旗帜广告，它是网站首页上的横向图片公告牌，用户单击广告图片，就可以打开链接网页，如图8-1所示。横幅广告是最常见的网络广告形式之一。

图8-1　横幅广告

2）按钮广告。按钮广告也称图标广告，它是一种面积小且应用灵活的网络广告形式，用户主动点选图标打开链接网页，如图8-2所示。

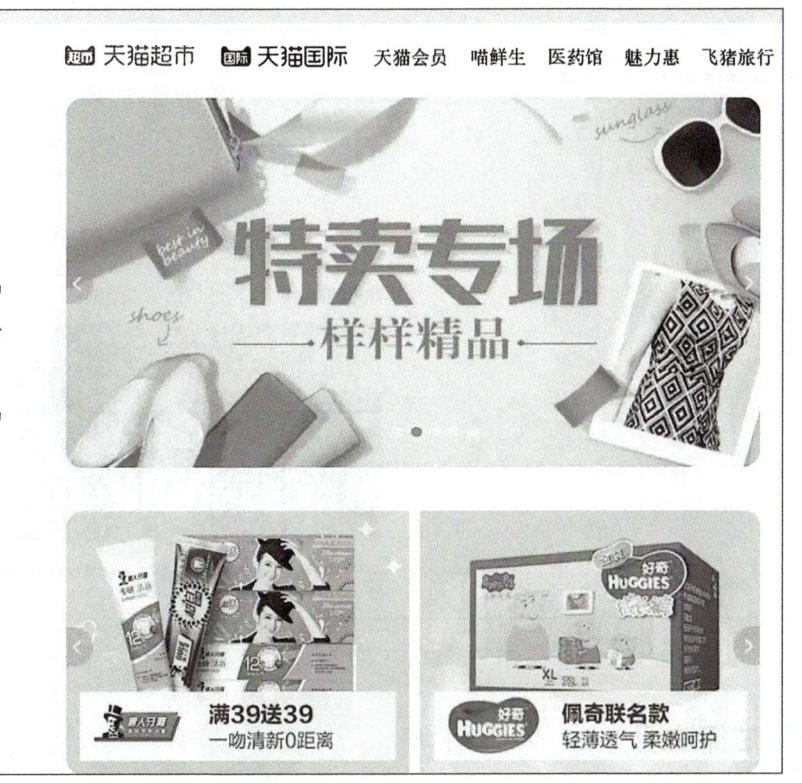

图8-2　按钮广告

3）对联广告。对联广告是指在网页左右两侧发布的竖式广告形式，如图8-3所示。这种形式焦点集中，不干涉用户浏览页面，有助于吸引用户点阅。

（3）电子邮件广告

电子邮件广告是指利用网络将广告发到用户电子邮箱的形式，如图8-4所示。电子邮件广告是一种用户许可的营销方式，大致可以分为两类：第一类，直接发送，广告主将营销信息直接推送到邮件列表的用户电子邮箱中；第二类，网站使用注册会员制，将客户广告和网站提供的每日更新的信息一起，准确送到该网站注册会员的电子邮箱中。

图 8-3　对联广告

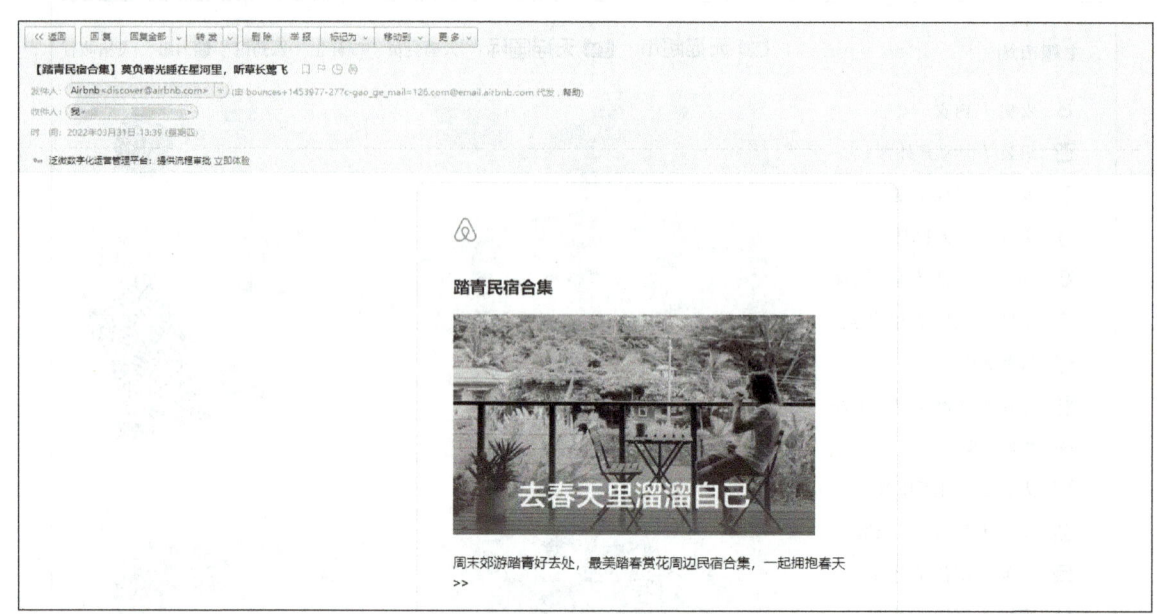

图 8-4　电子邮件广告

法律法规

电子邮件广告相关法律法规

根据相关法律法规的规定，电子邮件制作人、发送者，未经允许不得向他人发送电子邮件广告，否则要受到处罚。《中华人民共和国广告法》第四十三条规定：任何单位或者个人未经当事人同意或者请求，不得向其住宅、交通工具等发送广告，也不得以电子信息方式向其发送广告；以电子信息方式发送广告的，应当明示发送者的真实身份和联系方式，并向接收者提供拒绝继续接收的方式。《互联网广告管理办法》第十七条规定，未经用户同意、请求或者用户明确表示拒绝的，不得向其交通工具、导航设备、智能家电等发送互联网广告，不得在用户发送的电子邮件或者互联网即时通讯信息中附加广告或者广告链接。

《互联网电子邮件服务管理办法》第十三条规定，任何组织或者个人不得有下列发送或者委托发送互联网电子邮件的行为：

（一）故意隐匿或者伪造互联网电子邮件信封信息。

（二）未经互联网电子邮件接收者明确同意，向其发送包含商业广告内容的互联网电子邮件。

（三）发送包含商业广告内容的互联网电子邮件时，未在互联网电子邮件标题信息前部注明"广告"或者"AD"字样。

（4）插播式广告

插播式广告是指用户在浏览网页时强行插入或弹出的广告页面或广告窗口。它类似在观看电视节目时，突然出现的强制广告，但与电视广告被迫接受不同的是，用户可以选择关闭插播式广告。

（5）富媒体广告

富媒体广告是指利用流媒体、声音、Java、Javascript、DHTML等程序设计语言，编写的具有动画、声音、视频的交互信息广告。它是一种综合的互联网媒体形式，可应用于游戏广告、声音广告、插播广告之中。

文化传承

王老吉推出姓氏图腾罐

传统文化的魅力在于它随着时间的流逝会越来越有韵味，品牌通过与传统文化融合的方式为内容加码，而获得别样的气质。

如果说经典IP的受众具有一定局限性，那么王老吉借用中华姓氏来源的图腾为自己的营销添彩，除了拥有品牌名称与生俱来的优势外，更是力图将14亿中国人与品牌联系在一起。

一直在以罐身为营销重点的王老吉，因为爆火的姓氏图腾罐再次刷爆朋友圈。借用扎根于人们骨子里的姓氏文化作为创作的灵感来源，王老吉进行了2022年春节期间的吉运定制，满足了人们在春节场景祈求好运的需求，增加了品牌与用户之间的联系，实现了品牌的传播与讨论。

（6）定向广告

定向广告是指网络服务商利用网络追踪技术搜集用户信息，并对用户进行筛选，并向不同类别的用户发送内容不同的广告信息。这种方式会根据用户的喜好投放网络广告，精准定位目标用户，提高广告的投放效果。

4. 网络广告的优势

与传统广告相比，网络广告因其依赖的互联网技术不断发展，具有得天独厚的优势。

1）传播受众广。互联网不受时间和空间的限制，不间断地把网页上的信息传递到世界各地。因此，只要有接入网络的设备，任何人在任何地点、任何时间都可以接受网络广告信息。

2）媒体技术性强。网络广告以图文、音频、视频等多媒体技术和超媒体技术加载广告信息，可以使用户能亲身体验产品或服务。这大大增强了网络广告的实效，是传统广告所无法比拟的。

3）用户交互性好。互联网的交互性打破了传统媒体单向传播、用户被动接受的弊端，开启了与用户一对一的单独交流。在网络中，用户对自己感兴趣的信息，通过点击阅读的方式，向广告主反馈广告效果，广告主以此直接命中目标用户，并对不同用户推广不同的广告信息。

4）广告成本低。在成本花费方面，相较于传统广告动辄几万元甚至上亿元的广告投入来说，网络广告以效果或时间为付费依据仅需几千或几万元，大大减少了企业的资金投入，节约更多销售成本。中小企业可以因此在网络营销中占有一席之地。

5）营销效果可评估。传统广告方式很难准确评估出用户接受广告的效果，但是，在网络上却能够以嵌套在网页中的流量统计系统，公平、公正、精准地统计出广告的用户数，成效易于体现，有助于企业评估网络广告的效果。

任务应用

分析网络广告形式

初学者通过分辨常见的网络广告形式，拓展对网络广告的认知。

1. 确认网络广告发布渠道

网络广告的发布渠道一般包括网站、电子邮箱、游戏、论坛、微博、微信、QQ等，可以使用计算机或者手机打开这些网络传播媒介，并在其中查找网络广告。

2. 查询网络广告的形式

根据网络广告形式的介绍，查找最具吸引力和反响度最好的几款网络广告形式，如文本链接广告、网幅广告、插播式广告、电子邮件广告、富媒体广告与定向广告等。以截图并描述的方式，介绍这种网络广告的内容和形式，说明它的特点。

3. 分析网络广告的付费模式

对比不同网络传播媒介，分析网络广告的付费模式，包括每千人印象成本（CPM）、每单击成本（CPC）、每行动成本（CPA）、每引导注册成本（CPL）、每销售成本（CPS）等，见表8-1。

表 8-1　网络广告付费模式

付 费 模 式	含 义
CPM（cost-per-mille/cost-per-thousand impressions）	每千人印象费用，即广告每条送达 1000 人（印象）的费用。CPM 是最常用的网络广告付费模式之一
CPC（cost-per-click）	每次单击的费用，即根据广告被单击的次数付费。关键词广告一般采用这种付费模式
CPA（cost-per-action）	每次行动的费用，即根据每个访问者对网络广告所采取的行动付费的付费模式。对于用户行动有特别的定义，包括形成一次交易、获得一个注册用户或者对网络广告的一次单击等
CPL（cost-per-lead）	按注册成功支付佣金，这是一种搜集潜在客户名单来付费的广告形式
CPS（cost-per-sale）	按照实际销售额来支付广告费。简单来讲，就是把网络当作一个销售渠道，通过广告卖出产品，就按销售额的付费一定比例。这种付费模式是按最直接的效果付费

任务拓展

网络广告查询

1．任务目的

掌握网络广告的形式。

2．操作步骤

1）确定网络广告的发布渠道，如网站、电子邮箱、游戏、论坛、微博、微信、QQ 等。

2）先调查网络广告的形式，如文本链接广告、网幅广告、插播式广告、电子邮件广告、富媒体广告与定向广告等，再进一步探讨是否存在其他网络广告形式。

3）分析网络广告的成本，如 CPM、CPC、CPA、CPL、CPS 等。

4）编写网络广告查询报告。将网络广告调查的内容，以幻灯片的方式展示讲解。

3．实施结果

能区分各形式的网络广告，并且可发现其他网络广告的形式。

任务 2　网络广告的策划

08.2　网络广告策划

相关知识

网络广告策划是网络广告实施的基础。网络广告策划是通过信息收集，确定和协调安排网络广告目标、网络广告对象、网络广告创意、网络广告的发布媒体、网络广告费用等各方面，并做出全面部署与规划。它是从全局视角展开的全面运筹和总体规划。

1．网络广告目标的确定

网络广告目标是整个广告活动的预期目的，具有指导性作用。网络广告目标大致分为两种：一是品牌宣传，利用网络传播来提高品牌形象，树立在广告对象心目中品牌或企业的知名度，如使广告对象认识公司或品牌、了解产品等；二是受众关注，利用网络交互的特点，使受众认知品牌或企业或者达成销售目的，如浏览网站、注册会员等。

2. 网络广告目标受众的确定

网络广告目标受众是网络广告营销的目标人群，是最有可能做出购买行为的消费者，网络广告信息要推广给适合的消费人群。每一个目标顾客都是一个独立的个体，广告主需采取发放网络调查表或网站注册等方式做出细致的市场划分，并以此确定目标人群上网频率和时间，准确把握他们的兴趣与习惯，结合网络的传播，将广告信息准确送达到目标受众。一般通过基本特征、消费动机、消费行为、消费诉求等内容确定网络广告目标受众。

3. 网络广告创意的策划

网络广告策划的重点其实就是创意。网络广告创意就是以吸引和说服目标受众，并给企业带来经济效益为出发点，为目标受众寻求从吸引、注意、兴趣、欲望到行动的理由。网络广告的使命是传递信息，网络广告要围绕广告目标，将图、文、色、音等信息有机结合，以达到吸引和诱导受众注意的效果。这就要求网络广告创意要遵循原创性、简洁性、互动性、思想性、艺术性和文化适应性等原则。

法律法规

某相机网络广告涉嫌创意侵权

广告对商品或者服务的推广起到重要的作用。广告属于创意，受知识产权的保护；好的广告创意是非常难得的，往往能巨大地提升企业的品牌形象。设计广告侵权是指对他人的广告创意进行抄袭、模仿的一种侵权行为，这种侵权行为可以认定为对著作权的侵犯。

某相机在其官网及官方微博上，对"鸟眼对焦"功能进行宣传过程中，使用了标题为"鸟眼对焦，让你无处可逃""20张/秒高速连拍，给你更多精彩""机身镜头双防抖，稳到不可思议"3支视频，涉嫌剽窃北京某文化传媒有限公司的创意。北京某文化传媒有限公司因此提出诉讼。

4. 网络广告媒体的定位

网络广告媒介是发布网络广告的网站，或者是网站与其他媒体的组合。广告主如何以最少的成本花费，全面有效地将网络广告推给受众，是媒体定位的关键。为解决这一问题，主要从三个方面来考察：一是充分考虑网站与其他媒体的费用、流量、信誉度、竞争等内容，确定适合网络广告发布的媒体；二是根据网站与其他媒体的特点与类别，指定适合网络广告活动的一个或几个媒体；三是将网络目标受众群体与具有影响力的媒体相匹配，实现最大化的覆盖效果。

项目 8 网络广告营销

5. 网络广告策略的制定

网络广告策略不是某一种策略，它包括广告发布的时间、广告发布的费用两个方面。网络广告发布时间的确定要充分考虑发布时间、时序、时限和频率，以最少的时间成本，传递最广泛的广告信息。网络广告发布费用按照曝光、点击、效果、时间等核算，不同的网络广告媒体有不同的收费模式，依据目标群体情况及广告主所要达到的广告目标来确定，既要够用，也要有力。

任务应用

撰写网络广告策划书

1. 网络广告策划背景

采取网络调研的方式，给网络广告策划内容提供依据。

1）设定网络广告的主题。制作网络广告策划方案，要先为网络广告制作一个主题。主题能引起目标受众的兴趣，阐明广告的目标。

2）调查目标受众的特点。调查目标受众的基本特征、喜好、上网习惯、喜欢的媒体平台以及获取信息的渠道等；通过对目标受众的调查，为企业网络广告的制定与推广奠定基础。

3）分析企业和产品的概况。详细分析广告主（企业）、广告产品或服务、竞争与行业市场等基本状况，在此过程中提炼网络广告目标。广告主的调查包括企业概况、品牌、经营状况、产品详情等内容。

4）分析竞争对手的情况与广告。在网络营销过程中，知己知彼才能百战不殆，要分析广告主与竞争对手在市场中各自所处的地位、市场占有率、竞争对手的状况、竞争对手的策略、竞争对手的广告状况等。

2. 网络广告策划方案

根据调研的内容，为广告主制定网络广告策划方案，包括网络广告目标、网络广告目标受众、网络广告创意、网络广告的媒体选择、网络广告策略五个方面。

3. 撰写网络广告策划书

网络广告的策划内容应以网络广告策划书的方式呈现。

网络广告策划书标题

第一部分：网络广告的调研

一、企业的概况

二、消费者的分析

三、产品的分析

四、市场的概况

五、竞争对手的分析

第二部分：网络广告的策划

一、网络广告目标

二、网络广告目标受众

三、网络广告创意

四、网络广告媒体

五、网络广告策略

任务拓展

学校招生网络广告策划

1. 任务目的

尝试网络广告策划。

2. 操作步骤

1）调查学校基础信息。以学校招生为营销目标，开展学校、院系、专业等基础信息调查。

2）策划学校招生网络广告。根据调查收集的信息，策划网络广告内容，要有针对性。

3）制定网络广告策划书。将网络广告策划的内容，以书面文件的形式呈现。

3. 实施结果

能完成网络广告策划，并且书面呈现内容规范合理，广告策划的方案有针对性、可实施。

任务3　网络广告的制作与发布

08.3　网络广告制作与发布

相关知识

网络广告不同于传统广告，它是新兴媒体与广告的结合，在制作、发布、评估方面有自己的特点。

1. 网络广告的制作

（1）网络广告的设计要素

网络广告的设计要素是网络广告的核心，是一种结合色彩、文字、图像、音频和视频等的综合艺术表现形式。

1）色彩。色彩辅助网络广告吸引受众，达到良好的营销效果。不同的色彩给予人的心理感受不同，因此，要将受众的欣赏习惯、产品的特点与艺术规律相结合。网络广告是由多种色彩共同构成的，为了达到统一的整体效果，需要选定一种色彩为主体色，其他色彩围绕该主体色变化，形成整体风格，满足表达广告主题和视觉传达的要求。搭配原则包括色相对比、明度对比、纯度对比、补色对比、冷暖对比和面积对比等。

2）文字。网络广告的文字不仅辅助图像便于受众理解网络广告内容，传播网络广告信息，还美化了广告形象，吸引受众有兴趣地进行浏览。因此，文字在制作过程中，要匹配网络广告图像的风格，与广告图像和谐统一。要善于利用文字的字体，例如，中文字体传统优雅，英文字体丰富优美，艺术字体动感个性。

网络广告中的文字通过标题、正文、标语和说明文表现出来的，具有简单精良、诉求直接、便于记忆等特点。标题说明产品信息，正文分析标题信息，标语宣传产品口号，说明文举证产品资料。在设计方面，网络广告的文字要简洁、能配合图像或动画效果、风格吻合广告内容和受众群体等。

3）图像。从视觉角度来说，图像比文字更具有表现力。受众喜欢简单、概括、易懂的图像信息，广告主可以借助正确的图像引导受众的注意，并达到营销的目的。目前，大多数网络广告设计都是以图像为主、文字为辅的，图像有展示产品、强调特点、表现主题等作用，网络广告可以使用的图像有商标、图形、照片等。

4）音频和视频。随着计算机技术的发展，作为新兴媒介的音频和视频在网络中得到广泛使用，这也为网络广告的传播提供了新途径。视频将网络与电视合二为一，使网络广告焕发了新的生机，目前最常用的视频格式有 AVI、MPEG、WMV 等。音频的加入为无声的广告画面增添了新的色彩，网络中广泛传播的音频格式有 MP3、WAV、WMA、MIDI 等。

（2）网络广告的构图

网络广告的构图要遵循设计的规则。首先，服从主题内容的要求，做到形式与内容的统一；其次，广告主题要突出，视觉流转顺畅；最后，着重强调广告的诉求，构图均衡有韵律。网络广告的设计过程中，图形与文字的分割包括上下、左右、线性、中心点、重叠、散点等方式。

（3）网络广告的制作软件

网络广告的形态主要分为动态和静态两种，我们为初学者选择了 3 款学习难度较低、较容易掌握操作的软件。

1）Photoshop。Photoshop 简称"PS"，用于处理像素构成的数字图像，它是由 Adobe 公司开发和发行的图像处理软件。Photoshop 主要用于包含图像、图形、文字、视频等的图像制作。该软件可实现图像编辑、图像合成、校色调色及功能色效等方面的功能。

2）Adobe Premiere Pro。Adobe Premiere Pro 简称"Pr"，是一款功能强大的专业视频编辑器，由 Adobe 公司推出。它可以对视频进行剪辑和制作特效，还可以对音频进行编辑。Pr 提供了采集、剪辑、调色、美化音频、字幕添加、输出、DVD 刻录的一整套流程，并和其他 Adobe 软件高效集成，足以满足视频编辑、制作的要求，可以帮助制作者完成高质量的作品。

3）剪映。剪映是抖音官方推出的一款提供手机视频全面剪辑功能的应用。该软件支持变速，有多样滤镜和美颜的效果，有丰富的曲库资源；它可以一键成片，制作者上传视频后，挑选自己喜欢的模板，就会自动合成一个视频；它支持录屏功能，分辨率可达 1080P（1920×1080 像素）。同时它还支持图文成片、脚本创作等功能，可直接套用，实现轻而易剪。2021 年 2 月起，剪映支持在手机移动端、Pad 端、Mac 计算机、Windows 计算机全终端使用。

2. 网络广告的发布

广告主根据自身的实际情况和目标，选择适合的网络广告发布渠道。

（1）企业主页

对可以构建企业网站的大公司来说，在自己的主页展示网络广告是一种既经济又便捷的选择。通过该种方式发布网络广告，不仅有助于宣传企业产品、树立企业形象，还可以直接和用户沟通，建立良好的沟通渠道。

（2）网络内容服务商

网络内容服务商为用户提供了其感兴趣的海量免费信息，其门户网站成为受众范围最广的网站，如新浪、搜狐、网易、腾讯等。受众所关注的门户网站成为网络广告发布的主要渠道。

（3）搜索引擎

搜索引擎作为网络广告的发布渠道，采用的方法是搜索引擎优化。优化产品、企业的某关键词提高搜索引擎的关注度，增加产品的曝光率，有助于达到销售的最终目的。

（4）富媒体植入

富媒体技术的发展促成了这种新型的网络广告传播方式。把商品融入网页、游戏中的做法，可以打消受众对广告的抵触心理，以达到潜移默化的宣传效果。

（5）电子邮件

电子邮件的发布方式就是将产品或者企业的信息附加到邮件信息中，传播给受众，以获得受众的关注与点击。采用这种方式发布网络广告时，可在邮箱的页面中直接展示广告信息，也可将广告信息以邮件的方式传递给受众。

（6）微博、微信

微博、微信是在网民中广泛应用的新兴网络媒介。通过发布、阅读、转发、评论等方式，对网络广告信息进行推广，以达到关注与销售的目的。

（7）移动通信设备

随着移动通信技术的普及运用，移动通信设备已成为一种重要的网络广告传播途径。网络广告在传播过程中，采取一对多的方式，将产品、企业信息传递给广告受众，引发受众的关注。

3. 网络广告的评估

网络广告的评估是指对网络广告传播效果的测评。根据一定的指标与方法，通过一系列操作，分析和评价网络广告活动的效果。

（1）曝光量

网络广告被展示一次，就称为一次曝光，以此来统计网络广告的曝光量。一般，网络广告的曝光量可说明该广告的访问热度。通常是按照时间来统计曝光量的，如小时、天、周、月等。

（2）点击量、点击率

网络广告被网民单击一次，称为单次点击。点击量与曝光量之比被称为点击率，点击率反映了网络广告对网民的吸引力。通常网络广告投放时主要考虑的就是点击率。

（3）到达率

网民通过单击网络广告到达网站的比例，称为到达率。也就是说，到达量与点击量之比就是到达率。这一指标通常被用来说明网络广告点击的质量，以及判断广告的加载效率。

（4）转化率

到达网站的网民注册或购买的比例称为转化率。也就是说，转化量与到达量之比就是转化率。转化率就是反映广告的直接收益状况的判断标准。

任务应用

制作网络广告

1. 网络广告的构成要素

围绕网络广告策划书中主题，搜集符合该主题的网络广告的图片、文字、音频、视频等资料。

2. 网络广告的设计

1）网络广告的创意。网络广告要对搜集的图片、文字、音频、视频等资料开展创意，本着广告诉求为先，融合目标对象的人文心理和消费行为特点、产品特点、互动性强等方面开展创意。

2）网络广告的版面。网络广告的设计要把握好视觉的流程，以实现信息最大化传播，围绕广告的主题和创意，将图、文、色、音、像完美结合。网络广告在构图方面要注重视觉美感、突出主题、增加亮点、关注亲和力、保留空白区域等方面的要求。

3. 网络广告的制作

选择适合企业的网络广告形式，如静态或动态，依据设计的要求，制作网络广告。

4. 网络广告的发布

制作完成网络广告后，依据企业的经济实力与营销目标，选择恰当的网络广告发布渠道，发布网络广告。

任务拓展

制作电商网站"双十一"网络广告

1. 任务目的

掌握网络广告制作的过程。

2. 操作步骤

1）确定网络广告的产品和主题。

2）搜集网络广告的构成要素。

3）围绕"双十一"促销和素材,创意和设计网络广告。

4）使用 Photoshop 制作网络广告。

5）挑选恰当的渠道传递广告信息。

3. 实施结果

能完成网络广告设计、制作并预发布,广告制作精美,能达到营销的目的。

拓展阅读

某香皂包装广告违法被罚

某香皂因宣传去除99%细菌而被指误导消费者。该款香皂对没有充分科学论证的"去除99%细菌"进行突出的标注,属欺骗、误导消费者,损害其他经营者合法权益,被当地市场监督管理局罚款20万元。

处罚信息中指出,该产品外包装的标注属对其产品功能做引人误解的商业宣传,属欺骗、误导消费者。上述宣传使该产品和同类产品竞争时处于有利地位,损害其他经营者合法权益,违反了《中华人民共和国反不正当竞争法》第二十条,责令当事人停止违法行为,罚款人民币20万元。

《中华人民共和国反不正当竞争法》第八条规定:经营者不得对其商品的性能、功能、质量、销售状况、用户评价、曾获荣誉等做虚假或者引人误解的商业宣传,欺骗、误导消费者;经营者不得通过组织虚假交易等方式,帮助其他经营者进行虚假或者引人误解的商业宣传。

根据《中华人民共和国反不正当竞争法》第二十条:经营者违反本法第八条规定对其商品做虚假或者引人误解的商业宣传,或者通过组织虚假交易等方式帮助其他经营者进行虚假或者引人误解的商业宣传的,由监督检查部门责令停止违法行为,处20万元以上100万元以下的罚款;情节严重的,处100万元以上200万元以下的罚款,可以吊销营业执照。

2021年8月17日,国家市场监督管理总局发布《禁止网络不正当竞争行为规定(公开征求意见稿)》,对于经营者强制"二选一"、误导消费者、以技术手段恶劣竞争等行为给予详细规制。

阅读启示：

虚假宣传案件是我国查处的不正当竞争案件中占比最高的一种类型。有的经营者对其自身企业情况、商品性能、服务质量等，做虚假或者引人误解的商业宣传，欺骗、误导了消费者，不正当抢夺了其他经营者的交易机会，违反了诚实信用原则，扰乱了市场竞争秩序，属于典型的不正当竞争行为，应当予以禁止。

项 目 小 结

本项目通过网络广告的认知、策划、制作与发布3个任务，介绍了网络广告形式、优势、策划、设计、制作、发布与测评等方面的知识。读者可以结合任务应用与任务拓展，简单开展网络广告的营销。

思考与练习

1. **不定项选择题**（至少有一个选项是对的）

1）网络广告的形式有哪些（　　）。
　　A．横幅广告　　　B．富媒体广告　　C．对联广告　　　D．定向广告
2）静态网络广告设计包括（　　）。
　　A．视频　　　　　B．色彩　　　　　C．图像　　　　　D．文字
3）被用来说明网络广告点击的质量，以及判断广告的加载效率的指标是（　　）。
　　A．点击率　　　　B．曝光量　　　　C．转化率　　　　D．到达率
4）制作网络广告常用的软件有（　　）。
　　A．Photoshop　　　B．Pr　　　　　　C．Flash　　　　　D．剪映
5）网络广告投放的渠道有（　　）。
　　A．网站　　　　　B．微博　　　　　C．电子邮箱　　　D．微信

2. **简答题**

1）什么是网络广告？网络广告有哪些优势？
2）网络广告策划的内容有哪些？
3）网络广告评估的指标有哪些？

项目 9

病毒营销

学习目标

知识目标

1）识记病毒营销的含义及特点。
2）熟记病毒营销的基本要素。
3）牢记病毒营销的策划步骤、流程和传播途径。

能力目标

1）能选择合适的病毒营销传播途径。
2）能按照病毒营销实施步骤为企业进行策划。

素质目标

1）能与团队成员协作开展病毒营销的策划与推广。
2）培养撰写创意文案的能力。

案例导读

支付宝青睐的"中国锦鲤"

随着互联网的快速发展,"网上支付"已成为主要的支付方式,支付宝与微信这两大商家在支付市场上的竞争越来越激烈。"微博"作为当今社会主流的社交工具,给人们提供了关注社会民生并畅所欲言的场所,时时刻刻影响着人们的生活。曾经轰动一时的支付宝寻找"中国锦鲤"活动就是依托微博产生了巨大病毒营销效应。

2018年国庆黄金周期间,支付宝为率先抢占海外支付市场、强化消费者对支付宝海外支付偏好的认知度,在微博发起了"中国锦鲤"出境游的转发抽奖活动,评论区有各大国际品牌送出奖品福利,奖品的总价值超过100万元,最终会从300多万用户中抽取一名"中国锦鲤",如图9-1所示。在2018年9月29日支付宝公布活动玩法不到6h,就已经有100万人参与转发,第2天直接突破200万人,成为微博史上转发量最快破100万的企业微博;400万转评赞、2亿曝光量迅速占据微博热搜榜单前列,微信指数日环比大涨288倍;中奖用户"信小呆"的微博,一夜间暴涨到80万粉丝。

项目 9　病毒营销

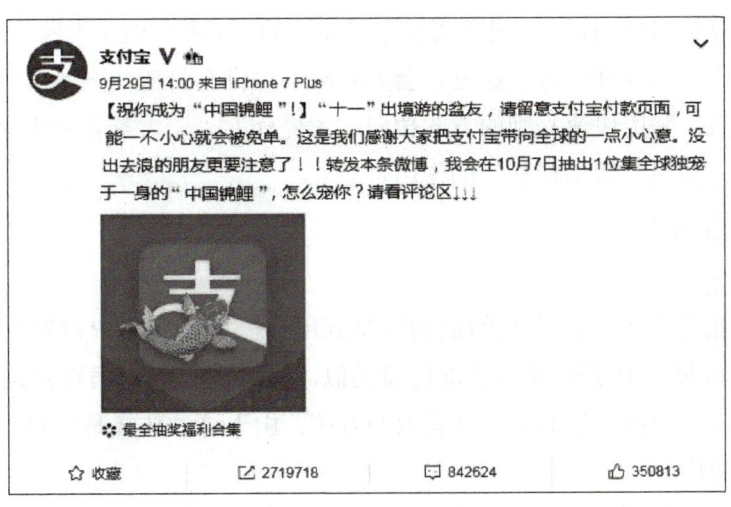

图 9-1　支付宝祝你成为"中国锦鲤"

支付宝在活动期间巧妙利用了全球最大的社交平台之一——微博进行宣传，以低成本、多维度、立体化为基础，以全民参与性、互动性为手段，运用病毒营销，充分利用数字时代互联网和人际社交网络，获得全国网友的广泛关注，最终支付宝官微增粉 1000 多万。该活动在短时间内提高了支付宝的曝光度和使用频率，并在消费者与企业之间快速传播，也给企业带来了品牌的乘数效应。

微博抽奖具有公平参与的无等级性和低门槛的大众参与性，这一信息传播工具与媒介形态引人高度关注。它联动线上推广和线下营销，创造了用诱惑力极强的奖品在短时间内实现转发量、评论量、热度暴增的病毒营销传播方式。人人参与的大众狂欢和福利刺激下的传播裂变，成为"中国锦鲤"病毒营销的关键。

支付宝将微博作为其营销的主战场，很好地借用了"中国锦鲤"在微博的热度，使它的全球化发展路径得到了进一步扩散与传播，为其后期布局全球化发展策略奠定了良好的发展基础。

案例思考：

1）利益、情感和故事是病毒营销的策划主线，请从本案例中分析不足。

2）病毒营销的传播途径有哪些？

任务 1　病毒营销认知

09.1　病毒营销的概念

相关知识

提到"病毒营销"一词，人们马上联想到计算机病毒，但是两者是有本质区别的。没人喜欢自己的计算机出现病毒,可见病毒是不受欢迎的。病毒营销作为网络营销的一种方法,常被用于网站推广、品牌推广等,通过社会人际网络提供有价值的产品或服务,将信息像病毒一样传播和扩散,利用快速复制的方式传向广大受众。"让大家告诉大家",将最好的消费者变成推广者,实现"营销杠杆"的作用。

1. 病毒营销的概念

(1) 病毒营销

病毒营销是指发起人发出产品的最初信息到用户,再依靠用户自发的口碑宣传,其最大特点在于再次传播。由于原理与病毒传播类似,经济学上称为病毒营销(也称病毒式营销),是网络营销中一种常见而又非常有效的方法。由于这种传播是用户之间自发进行的,因此几乎不需要费用。

病毒营销的核心词是"营销",并非真的以传播病毒的方式开展营销,而是通过用户的口碑宣传网络,使信息像病毒一样传播和扩散。它不仅不具有任何破坏性,还能为传播者以及病毒营销的实施者带来好处。因此,病毒营销也可以算是口碑营销的一种,它是利用群体之间的传播,让人们建立起对服务和产品的了解,达到宣传的目的。

(2) 口碑营销与病毒营销的区别

作为网络营销惯用的两种营销手段,口碑营销和病毒营销操作简便且效果明显,受到了越来越多商家的青睐。但是有很多人经常把它们混为一谈,称为"口碑病毒营销"或"病毒口碑营销"。虽然它们有很多相似之处,但是有着本质的区别,见表9-1。

表9-1 口碑营销与病毒营销的区别

区 别	口 碑 营 销	病 毒 营 销
在传播动机和观点方面	基于信任,传播的内容是传播者了解并认可的,对内容负责	基于有趣,传播的内容几乎是传播者不了解的,出于新鲜有趣,不对内容负责
在传播效果方面	提升的是美誉度,通过推荐现身说法达到信任认可	提升的是知名度,通过高曝光量达成广泛认知,不代表认可

两者的区别,其实理解起来非常简单。从古至今口碑一直存在,而口碑主要提升的是美誉度,如小米为了让用户有更深入的体验开放做产品、做服务的企业运营过程;鸿星尔克驰援河南灾区,其事迹在网络上迅速为受众知晓,受众主动参与并自发二次传播,品牌知名度通过社交网络快速得以提升。于是大家可以明白,什么时候用病毒营销,什么时候用口碑营销,哪种营销手段更能满足企业当前的营销需要。

2. 病毒营销的特点

病毒营销是利用公众的参与热情和人际网络,让营销信息像病毒一样传播和扩散,营销信息被快速复制传向数以千万计的受众,其特点如下:

(1) 传播速度快

人们熟悉的大众传媒发布广告的营销方式是"一对多"的辐射状传播,至于广告信息是否真正到达了目标受众无从考证；病毒营销是自发的、扩张性的信息推广，它是消费者通过类似于人际传播和群体传播的渠道，将产品和品牌信息传递给与他们有着某种联系的个体。例如，目标受众读到"教你如何吃垮必胜客"的邮件，第一时间将它转发给好友、同事，无数个参与者的转发就构成了几何倍数的传播力量。

（2）接收效率高

大众传媒在投放广告时难以克服信息干扰强烈、接收环境复杂、受众戒备与抵触心理严重等缺陷。例如，同一时段的电视有各种各样的广告同时投放，特别是同类产品"撞车"现象，大大降低了受众的接收效率；病毒营销则是受众从熟悉的人那里获得或主动搜索而来的，他们会以积极的心态接收信息，接收渠道如微信、短信、电子邮件、论坛等。病毒营销高效率接收的优势，使得其尽可能地克服了信息传播中的干扰，增强了传播的效果。

（3）"病原体"有吸引力

这里的"病原体"是指第一传播者传递给目标群体的信息是经过加工的，受众看到的不是纯粹的广告信息，这样的产品和品牌信息对目标群体有很大的吸引力。商家利用消费者的参与热情进行营销推广，目标消费者受商家的信息刺激自愿参与后续的传播过程，原本应由商家承担的广告成本转嫁到了目标消费者身上，因此对于商家而言，病毒营销几乎是无成本的。例如，网络上盛极一时的蜜雪冰城主题曲就证明了受众感兴趣的信息在病毒营销中的重要性。

（4）更新速度快

产品有生命周期，网络产品也有自己独特的生命周期。病毒营销的传播过程通常呈"S"形曲线，开始很慢，当其扩大至受众的一半时速度加快，接近最大饱和点时又慢下来。针对病毒营销传播力的衰减，商家一定要在受众对信息产生免疫力之前，将传播力转化为购买力，从而达到最佳销售效果。

3. 病毒营销的基本要素

病毒营销描述的是一种信息传递战略，包括任何个体将营销信息向他人传递、为信息的爆炸和影响的指数级增长创造潜力的方式。不管"病毒"最终以何种形式来表现，它都必须具备基本的感染基因。"病毒"必须是独特的、方便快捷的，并能让受众自愿接受且自愿传播。例如，病毒营销的经典范例 Hotmail 就是利用快速复制的方式，将信息传向数以千计、数以百万计的受众，形成既简单，效果又超好的营销战略。那么怎样才能达到这种如病毒侵入的效果，却又不引起反感和恐惧呢？掌握病毒营销的基本要素十分必要。

（1）提供有价值的产品或服务

时下比较流行的一个词叫"吸引眼球"，是指吸引别人的注意力。市场营销人员可以利用一些免费服务或免费的、低价的产品来刺激高涨的消费需求兴趣。在市场营销人员的词汇中，"免费"一直是最有效的词语，大多数病毒营销计划会提供有价值的免费产品或服务来引起注意，例如，免费的 E-mail 服务、免费信息、免费"酷"按钮、具有强大功能的免费软件（可能不如"正版"强大）。"便宜"或者"廉价"之类的词语可以引发消费者的兴趣，但是"免费"通常可以更快引人注意，吸引消费者注意推广的商品或其他商品。消费者带来了有价值的电子邮件地址、广告收入、电子商务销售机会等，企业通过提供并卖出商品来赚钱。

（2）提供无须努力便可向他人传递信息的方式

医学上提到的"病毒"只在易于传染的情况下才会传播。因此，病毒营销中携带营销信息的媒体必须易于传递和复制，如网站、图表、即时通信、电子邮件、软件下载等。病毒营销在互联网上得以极好地发挥作用正是因为即时通信容易且廉价，数字格式使得复制和粘贴更加简便。从病毒营销的角度来看，只有把营销信息简单化、简短化，信息才能更易于传输。

（3）信息传递范围容易从小向很大规模呈几何倍数扩散

要使病毒营销信息快速扩散，传输方法必须从小到大迅速改变。Hotmail 模式的弱点在于免费电子邮件服务需要有自己的邮件服务器来传送信息，如果这种战略要获得非常的成功，就必须迅速增加邮件服务器，否则将抑制需求的快速增加。只要提前对增加邮件服务器做好计划，就没有问题了。所以，病毒模型必须是可扩充的，并且是容易扩充的或自动扩充的，能使病毒信息传递范围从小向很大规模呈几何倍数扩散。

（4）利用公众的积极性和行为

利用公众的积极性巧妙地实施病毒营销计划。2017 年 8 月 21 日《战狼 2》票房正式突破 51 亿元大关，将国产片最高票房纪录推上了一个新台阶，成为全球单一市场单片票房第 3 名，成功进入全球电影史票房排行前 100 名，成为中国电影现象级大片。这部电影一开场就紧紧地抓住了观众的眼球，极好地调动了公众的积极性，取得了票房和口碑的巨大成功。

（5）利用现有的资源进行网络传播

大多数人都是社会性的。社会科学家告诉人们，人们通常生活在一个由 8～12 人构成的亲密网络之中，网络之中可能是朋友、家庭成员和同事。一些人的亲密网络中可能包括几十、几百或数千人。

（6）利用他人的资源

最具创造性的病毒营销计划会利用他人的资源达到自己的目的。例如，茅台就是靠大众媒体软文《茅台酒与健康》《世界上顶级的蒸馏酒》等文章引导口碑传播达到目的的。这些文章一经发表就被各大网络媒体争相转载，释放了巨大的引爆力，达到借用他人的资源进行病毒营销的奇特效果。这就是典型利用了他人资源，让受众在已有感性认识的基础上不自觉地为产品买单。

在制订和实施病毒营销计划时，应该进行必要的前期调研和有针对性的检验，以确认病毒营销方案是否满足以上 6 个基本要素。一个病毒营销战略不一定包含所有要素，但是，包含的要素越多，营销效果就会越好。

项目 9　病毒营销

职业素养

国家网信办专项整治行动紧盯互联网用户账号运营乱象

在社交媒体传播方式超乎想象的时代，爆炸性、病毒式的消息传播特征，使得利用热点进行病毒营销成为商家惯常做法。如果对于热点事件不加以甄别，恶意制造噱头，虽然短时间内能够吸睛无数，但是从长远来看，其实这是一种急功近利的短视行为，甚至是不道德的行为。

2021年10月，国家网信办（国家互联网信息办公室）统一部署了"清朗·互联网用户账号运营乱象专项整治行动"，其中特别指出专门整治互联网用户账号恶意营销：从严处置利用社会时事"蹭热点"、发布"标题党"文章煽动网民情绪的账号；传播低俗、庸俗、媚俗内容的直播、主播账号；炒作明星八卦等泛娱乐化信息，引发网民互相攻击的账号；以知识传播名义歪曲解读国家政策，干扰公众认知的账号；"带节奏"操控评论，干扰真实舆论呈现的水军账号。

"蹭热点"的病毒营销虽然效果明显，但是紧跟热点的同时也需要对热点进行创意，更要注意避免负面热点，总体导向要正面积极，只有这样才能更好地提升营销效果。

任务应用

策划病毒营销方案

病毒营销策划者在策划病毒营销方案时，必须能挖掘到企业关注的利益点，同时也必须能挖掘到消费者、市场和社会关注和感兴趣的焦点，并将两者相结合，当方案足够吸引新闻媒体和读者的眼球时，这样的方案才有成功的可能。

（1）分析"教你如何吃垮必胜客"的病毒营销创意案例

必胜客发布了一份题目为"教你如何吃垮必胜客"的帖子，里面介绍了盛取自助沙拉的好办法，巧妙地利用胡萝卜条、黄瓜片和菠萝块搭建更宽的碗边，可一次盛到7盘沙拉，同时还配有真实照片，如图9-2所示。

图 9-2　如何盛取自助沙拉

必胜客为了推广自助沙拉，利用了一些人想占便宜的心理。找到这个点后，必胜客创作了一个名为"教你如何吃垮必胜客"的文案，教读者如何盛沙拉最多，还配了图片，有图有真相，让读者相信方法可行。这个文案吸引了很多人都想去体验一番。

从必胜客营销创意案例中，请你总结出病毒营销操作的步骤。

（2）以小组为单位，进行一次病毒营销策划，见下面的"任务拓展"

注意理解病毒营销的 6P 法则：定位（Position）、关联（Parallel）、乐趣（Pleasure）、传播（Push）、参与（Play）、转化（Promote）。策划过程要深思熟虑每个关键点，如对事件可行性的把握、对传播人群的精确分析、各种资源的有效配合、传播节奏的有效控制以及最终可量化的转化等。

任务拓展

"每天节能一小时"病毒营销策划与实施

1. 任务目的

让营销受众了解认识自然环境状况，了解当今世界的环保大事，能领悟、体会气候变化带来的威胁，唤起营销受众节约能源、保护家园的意识，增强其使命感。

2. 操作步骤

1）熟悉"每天节能一小时"活动由来。通过对活动的了解，引发营销受众反思自己和身边存在的浪费现象，增强营销受众的环保意识和实践参与能力。

2）围绕主题，大力宣传。充分利用各种社会化媒体进行病毒营销，要求尽可能多地包含病毒营销的基本要素。

3）加强互动沟通，号召公民参与。使每个人都意识到这项活动对开创健康、绿色、幸福生活的重要性，自觉、主动、踊跃地参与到活动中来。

3. 实施结果

活动时间为 10 天，各小组要做好活动记录并总结经验。将活动开展情况（包括参与的人数、影像资料、媒体报道、选用的信息传播渠道、效果等）整理形成报告。

任务 2　病毒营销的实施

09.2　病毒营销的传播途径

相关知识

病毒营销是一种网络营销方法，具有自身的基本规律。成功的病毒营销策略必须遵循病毒营销的基本思想，充分利用外部网络资源（尤其是免费资源）扩大网络营销信息传递渠道。同时,要充分认识病毒营销的一般规律,包括:为用户免费提供有价值的信息和服务,而不是采用强制性或者破坏性的手段;在进行病毒营销策略设计时要对可利用的外部网络营销资源进行评估;遵照病毒营销的步骤和流程;不要指望病毒营销方案的设计和实施完全没有成本(病毒营销的实施过程通常是不需要费用的,但病毒营销方案设计是需要成本的);病毒营销信息不会自动在大范围内传播,进行信息传播渠道设计和推动是必要的。

1. 成功实施病毒营销的步骤

要想做好病毒营销,需要遵照一定的步骤和流程,这样才能更具有计划性和可操作性。尽管每个网站具体的病毒营销方案不同,但在实施过程中,一般都需要经过以下 5 个步骤,认真对待每个步骤,病毒营销才能最终取得成功。

1)整体规划病毒营销方案。
2)借势——找到事件传播的"土壤"。
3)设计好信息源和信息传播渠道。
4)发布和推动信息——给病毒传播一个原动力。
5)跟踪和管理营销效果。

2. 病毒营销的策划流程

1)决定要干什么。开始策划前首先要确定目的。病毒营销的目的是宣传品牌,还是吸引客户购买,或者是增加某个网站的流量。

2)分清楚用户是谁。病毒营销的通路决定了其人群覆盖力度是很强的。这就要求策划者必须进行人群细分,知道谁是最有价值的人,他们有什么特征和共性。

3)挖掘兴趣点。认真分析用户群体的兴趣点,是"营销创意"的真正开始。

4)通过什么途径去推广。现在已经知道了想干什么,也知道了用户是谁,并且有了一个绝佳的创意,那么该考虑通过什么途径去推广了。

3. 病毒营销的传播途径

在医学上,病毒的传染是需要传播途径的,病毒营销与医学上的病毒传染一样,需要有一定的传播途径。传播途径对病毒营销推广是否达到预期目标起着决定作用。

早期病毒营销的途径主要有以下 6 种:

(1)即时通信工具

这是最易于传播的途径,主要是通过 QQ、微信等快速传播。即时通信软件是可以在两名或多名用户之间传送即时消息的网络软件,大部分即时通信软件都可以显示联络是否在线。使用者发出的每一句话都会即时显示在双方的屏幕上。

(2)社区论坛(BBS)

社区论坛已成为众多话题的源头,找对应的论坛进行推广是比较常见的途径。论坛帖首发抛出话题，通过置顶推送引发关注，话题抛出方组织网络水军跟帖，提升人气，转发到更多的论坛和媒体渠道，大范围扩散，激发了网民的参与热情，形成再创造和再传播，成就热点。做好推广，借助论坛讨论热点，从而实现论坛营销，获得事半功倍的效果。

（3）博客与微博

博客是一种非常普及的能给予用户极大参与空间的在线媒体，其最大特点是赋予了每个人创造并传播内容的能力，具有参与、公开、交流、对话、社区化、连通性等特征。微博营销是口碑传播的最好方式之一，在企业网络营销中占据越来越重要的地位。在信息化时代，谁能最先抓住机遇，就能抓住用户，抓住用户也就有了利益。

（4）短信

短信特别是免费的短信，如羊年春节期间广西日报微博、微信、客户端新媒体三大平台，第一时间推送广西各地过年盛况，开始"过大年啦"话题，与网友互动等，并在后面带有自己的网址，起到了很好的宣传推广作用。

（5）电子邮件

通过电子邮件的附加信息和签名，进行有效的传播。例如，"教你如何吃垮必胜客"的邮件，里面介绍了盛取自助沙拉的好办法。很多收到邮件的网友在第一时间把邮件发给自己身边的亲友或同事，并相约去必胜客一试身手。这次病毒营销，必胜客获益颇多。

（6）视频

将制作好的视频发布出去，通过置顶推送引发关注，制作方组织评论、制造人气，形成关注，使得视频内容通过更多视频媒体、微博、QQ等多范围、多渠道扩散，通过有组织的引导和网民自发的兴趣，展开发散讨论，扩大话题和内容的范围，形成再传播，引导再创造，成就热点。例如，"高铁跑男7857公里世纪求婚"案例，引发全民的情感共鸣后很快在社交媒体上形成大批量的转发，总阅读量达2000多万。

随着更多传播手段的出现，病毒营销获得了更大的施展空间，病毒营销的新途径层出不穷。值得注意的是，不同的途径对广告信息设计的要求有所不同，有的硬广告就行，有的就需要做成软文形式，但不管选择哪一种途径，实际上都是在选择互联网流量平台。

社会责任

"白象"品牌意外爆火的启示
——从"土坑酸菜"乱象曝光看企业社会责任的重要性

2022年"3·15"晚会上，"土坑酸菜"乱象曝光，不少方便面企业因此焦头烂额。但同时，也有一些餐饮品牌迅速展开自查，宣告未与涉事企业合作，白象方便面就是其中的一家。白象方便面以一句"没合作、放心吃，身正不怕影子斜"的底气，拒绝日资收购的骨气，三分之一员工是残疾人的义气，把大家的好感度拉满，产品被网友"买爆"。

随着白象方便面关于"土坑酸菜"问题的回复被曝光后，其员工下班的视频又被网

项目9　病毒营销

友挖了出来,各种话题"#白象方便面是国产泡面之光#""#白象三分之一员工是残疾人#""#土坑酸菜意外火了白象#""#国货方便面有多绝#"等被推上了微博热搜榜。可以说,"土坑酸菜"与白象方便面无关,让消费者对品牌的食品安全产生了信任感,而"#白象三分之一员工是残疾人#"表现出的善举,则成功将消费者对品牌的好感度拉满,引发了网友的好口碑与广泛的病毒营销传播,不少网友表示"#你可以永远相信白象方便面#",如图9-3所示。据

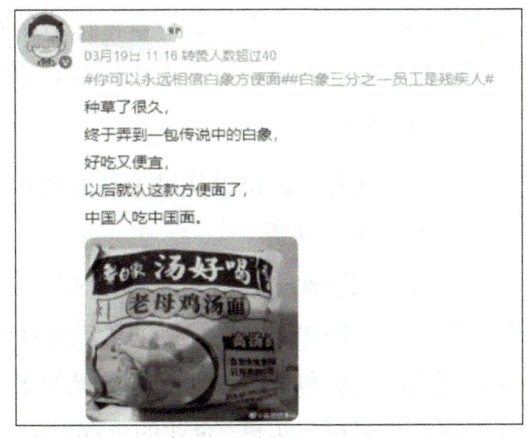

图9-3　#你可以永远相信白象方便面#

媒体报道,在2022年"3·15"曝光酸菜乱象之后仅一天,白象方便面官方旗舰店抖音直播迎来爆炸式增长。当日直播间累计观看人数达到187万人次,较前一日增长140万人次。此后两天,白象方便面官方直播间观看人数均逾百万,18日当天更是达到了200万人。另据第三方直播数据统计平台披露:白象方便面官方抖音号在"3·15"之后的一周内,新增粉丝近30万,直播销售额超770万元,而在过去3个月,白象方便面官方抖音号销售额仅为1300万元。

白象方便面品牌口碑的飙升和销量的暴涨,虽然有热点事件的推波助澜,但究其内因还是长期以来白象方便面对社会责任的重视。长期坚守社会责任的企业,在关键时刻很容易获得消费者认可,履行社会责任对品牌受热捧起到了非常重要的催化作用。

任务应用

病毒营销实践

1. 规划病毒营销方案

(1) 准备好"病毒体"

"病毒体"是指与产品相关的素材,包括文字、图片、视频、电子书等,要让受众可以生动形象地看到营销信息,产生一种能触动心灵的消费欲望。只要善于挖掘有冲击力的优势产品的亮点、卖点,营销就成功一半了。

(2) 准备好"病毒源"

在推广产品之前就要想好产品的推广方案,即产品的创新点和亮点,让营销信息一发出就像病毒一样迅速传播开来,打造成功的营销事件。

(3) 准备好"病毒载体"

如果别人看不到,再好的营销方案都没用,所以载体是非常重要的。要准备好"病毒

载体",需要确认以下问题:该营销信息发布到哪些平台最有效果?哪些平台的人群对这方面信息感兴趣,可以帮商家无限传播?哪些平台可以无限放大、炒作该信息?

2. 制造"病毒"

制造"病毒",可以从以下几方面入手:

(1) 免费和利诱

免费和利诱就是利用消费者趋利的心理,将实惠的信息传播出去,让消费者广而告之,免费做广告。例如,前文提到的"教你如何吃垮必胜客"就是通过邮件的方式利诱消费者。谈到利诱,企业和消费者都会算自己的账,企业最终要的是利润,消费者要的是实惠。只有让消费者普遍得到实惠,企业的生存发展才能得到保障。企业和消费者双方的逐利性既对立,又可实现一定的统一。企业要从长远考虑,在双方的逐利性之间找到一个相对合理的平衡点,这样才能获得更多竞争优势。

(2) 娱乐

这是很容易引发病毒效应的,很多有趣的图片、视频等都能吸引用户关注,也是用户最愿意传播的内容之一。值得注意的是,病毒营销要有道德底线,企业用娱乐的方式做病毒营销一定要把握好度,在法律允许的范围内做推广。

(3) 情感

从用户的心理需求入手引发关注,产生口碑效应,从而引导用户进行传播。要找准情感爆发的切入点,如愤怒、感动等。

(4) 邀请推荐

邀请推荐方法在注册类产品的推广上非常有效,比如"开心网",由于它本身不能自由注册,只能通过邀请来注册,从而增强了游戏金币的驱动效应,促成了病毒营销的成功。论坛社区则在增加了有奖推荐注册机制后,也出现注册量大增的趋势。

此外,能引起关注和兴趣的投票、逢年过节的问候祝福信息,都是制造"病毒"的好素材。关键是,利用该方法制造"病毒"要注意提供的内容应富有创意,有趣味性且非常友好的界面内容才能被传播。

3. 发布"病毒"

"病毒"制造好后,就需要发布"病毒",在这个环节需要注意的技巧有几个方面:找准"易感"人群、选择好发布渠道、给传播者一个理由(传播动力)、简便易行的传播方式等。

4. 更新"病毒"再传播

由于病毒营销是有周期性的,传播力会随着时间的推移而衰减。因此,要想让公众持续参与并传播,就要及时更新"病毒",不断植入新内容吸引眼球非常重要。如"百变小胖"之所以能够经久不衰,就是因为其持续不断地带给观众视觉的惊喜,才引来大量关注。

项目 9 病毒营销

任务拓展

为家乡的特产进行病毒营销策划

1. 任务目的

掌握病毒营销的实施过程。

2. 操作步骤

1）规划家乡特产的病毒营销方案。以家乡特产为目标,分析营销目标用户,进行病毒营销策划。

2）制造和发布"病毒"。找准为家乡特产制造"病毒"的好素材,并掌握"病毒"发布技巧。

3）更新"病毒"再传播的方案。

3. 实施结果

完成家乡特产病毒营销策划,实施病毒营销,帮家乡特产做营销推广。

拓展阅读

策划病毒营销的 6P 法则

在营销中,病毒营销将是未来营销的趋势。做一个创意放到网上就能自发扩散,这是否可以被称为病毒营销?到底什么样的病毒营销才会产生爆发式传播、带来好的营销效果呢?准确地说,成功的病毒营销是有一定共性的,总结起来就是要符合 6P 法则,即定位、关联、乐趣、传播、参与和转化,如图 9-4 所示。

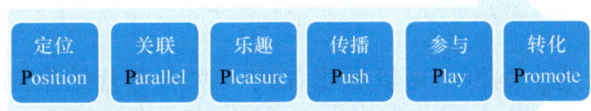

图 9-4 病毒营销的 6P 法则

定位就是企业每次做活动的时候,要想清楚目标人群和受众是谁,他们的媒介习惯是什么,确定目的和目标,做好竞争分析和有效接触。关联是指回想最近刷屏的一些案例,是不是有关联,如明星、时事、正负向感情、公益、热点等。乐趣就是要解决娱乐的问题,解决传播维度的问题,如惊悚、萌宠、爆料、悬念、搞笑、亲民、惊艳、改编等;乐趣的维度有很多,其实质是研究传播策略的问题,如创意、导向、完善、媒介、合作、领袖等。

当企业策划做一个活动时,七分靠内容,三分靠传播;在费用有限情况下,要思考选取最合适的传播策略——参与,如互动、创造、推广、再传播等,传播就是希望有更多的人群参与进来。如果企业在营销活动中始终只是在做噱头,没有及时收口的话,转化的意义就不大,转化必须能在以下若干方面实现成长获突破:知名度、美誉度、浏览量、转发量、价值、终端、粉丝、业绩考核,等等。

如何快速做一些定位,这要基于产品的受众,要对产品、市场、受众做精准分析,这样才能做精准投放。譬如当年很火的"途牛沙滩哥行为艺术病毒营销——只要心中有沙,哪里都是马尔代夫"。独特的内容化身为品牌碎片化的缩影,成为令品牌深入人心、不可复制的渠道。

最接地气的行为艺术,引起社会广泛讨论。下面用6P法则对该病毒营销案例进行分析。

第一是定位。目标人群是18~38岁爱旅行的年轻群体,其媒介接触习惯是爱刷朋友圈、微博、短视频的"低头族",营销目标为让更多人关注途牛网马尔代夫旅游,巩固和扩大途牛网在海外旅行市场中的地位。

第二是关联。选择了8月初全国大部分地区天气炎热、暑期旅游高峰、人人有梦想求励志的时间段。

第三是乐趣。行为艺术用"屌丝"逆袭恶搞热点人物,动作容易模仿形成沙滩风格,同一动作多地取景。

第四是传播。该事件引发知名演员的转载,引起疯狂点赞。有舆论领袖、媒体参与互动,企业品牌不断借势掀起活动高潮。

第五是参与。《成都商报》《扬子晚报》跟踪报道,腾讯新闻弹窗全网推荐,文案创意、草根大号等使得"马路沙滩哥"一夜成名。

第六是转化。活动视频短片收口揭晓答案,突出途牛网马尔代夫旅行——每4个中国人去马尔代夫,就有1个通过途牛网预定。

阅读启示:

通过6P法则分析这个案例,可以看出任何一次病毒营销策划前,都需要对市场、产品、受众进行全方位思考,确保病毒营销创意定位的准确性。病毒营销在传播的时候要突出重点,切记把资源放到一起,要打好组合拳。只要按照6P法则进行创意策划,同时做好转化,病毒营销效果就会事半功倍。

项 目 小 结

本项目由病毒营销认知和病毒营销实施两个任务组成。本项目主要介绍了病毒营销的概念、特点、基本要素等相关知识，通过对病毒营销策划步骤与流程、传播途径等内容的介绍，结合任务应用与任务拓展，使读者能够尝试实施病毒营销。

思考与练习

1. **不定项选择题**（至少有一个选项是对的）

1）病毒营销的特点有哪些（　　　　）。

　　A．传播速度快　　　　　　　　B．接收效率高

　　C．"病原体"有吸引力　　　　　D．更新速度快

2）在传播动机和观点方面，（　　　）和（　　　）的区别主要在于：前者基于有趣，传播者不了解内容，不对内容负责；后者基于信任，了解传播内容，对内容负责。

　　A．口碑营销　　　B．病毒营销　　　C．视频营销　　　D．论坛营销

3）病毒营销的传播途径有（　　　　）。

　　A．即时通信工具　　B．社区论坛　　C．博客与微博　　D．短信

　　E．电子邮件　　　　F．视频

2. **简答题**

1）什么是病毒营销？它与口碑营销有哪些区别？

2）病毒营销的基本要素有哪些？

3）简述成功实施病毒营销的步骤。

第 4 部分

网络营销管理

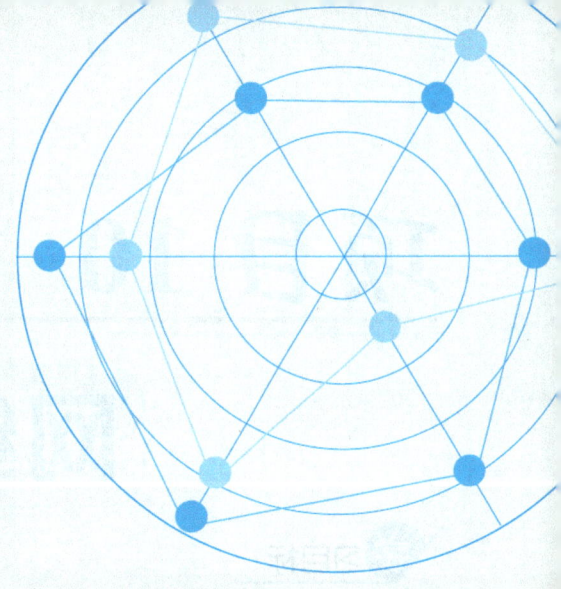

网络营销管理涉及网络营销策略和实施网络营销活动的多个方面，内容相当庞杂。其中推广效果评价是最基本的网络营销管理活动，是阶段性网络营销活动的总结，同时也为后续网络营销管理提供依据与参考。

项目 10

网络推广效果评估

学习目标

知识目标

1）熟知各种网络推广效果标准。
2）熟知网络推广效果标准的监测。
3）掌握网络推广效果综合评价过程。

能力目标

1）能够区分不同网络推广效果标准的用途。
2）会监测网站的 UV 值、PV 值以及网站收录数和排名。
3）能评估各种推广工具的网络推广效果。

素质目标

1）具有网络推广效果监测和评估的能力。
2）培养网络数据分析意识。

案例导读

东方彩妆的崛起之路

花西子成立于国潮兴起之际,崛起于网络营销繁盛之时。以"东方彩妆"入局赛道的花西子,仅用 4 年时间,就成为国产彩妆头部品牌,2021 年交易总额突破 54 亿元。花西子作为纯线上品牌,在没有线下门店加持的情况下不仅销售额逐年上升,还塑造了成功的品牌形象。花西子是如何依靠产品定位、全渠道营销策略,精准收获有品质的年轻消费人群的?

花西子开始进入大众的视野,源自一场直播。某当红主播大力助推,使花西子逐渐变成炙手可热的国产美妆品牌。

2019 年,花西子的销售额疯狂增长几十倍,实现 11.3 亿元的成绩。某当红主播的直播间和抖音号为花西子贡献了超过 30% 的流量,在"双十一"等关键节点,其直播间贡献的 GMV(Gross Merchandise Volume,商品交易总额)甚至占花西子总 GMV 的 60%。

项目 10　网络推广效果评估

2020年，某当红主播直播间卖花西子散粉饼，2min，卖出25000份，销售额为370万元。有人说，花西子产品够美、踩了国潮风、会营销，所以销量好。这些都没错，但是花西子的成功扩张不是偶然，回顾花西子的成长史，便可获取它引领国货美妆流量狂潮的密码。

在直播间一炮成名后，花西子几乎在所有主流新媒体平台全面开花，而且针对不同平台的属性和算法逻辑制定匹配的营销打法，深入开启精准的营销活动。

花西子虽然在公域的营销动作很多，但并不凌乱，品牌形象一以贯之，渗透在所有公域的宣传物料中，合适的营销策略使花西子从众多国货彩妆品牌中异军突起。

案例思考：
1）花西子的网络推广方式有哪些特点？效果如何？
2）评价网络推广的效果通常有哪些衡量标准？

任务 1　网络推广效果标准认知

10.1　网络推广效果标准

相关知识

网络推广的评价管理，建立在评价指标体系并可获得相关统计数据的基础上。借助网络技术的数据分析，发现用户访问及购买规律，将这些规律与网络营销策略等相结合，从而发现目前网络营销活动中可能存在的问题，为进一步修正或重新制定网络营销策略提供依据。

网络推广效果评估从不同角度来看，有不同的评估标准。

1. 网络营销经济效果评估标准

（1）投资收益率

网络推广的最终目标是达成销售目标。投资收益率（Return on Investment，ROI，又称投资回报率或投入产出比）指效果评估的最终标准：通过投资而返回的价值，即从一项商业活动中的投资中得到的经济回报。投资收益率中的"投资"是指项目全部静态投资额，"收益"是指项目全部运行寿命期内各年增加值的总和。

投资收益率的计算公式为

$$ROI = \frac{投资金额}{销售利润} \times 100\%$$

投资收益率可理解为项目投资金额与销售利润之比，即项目投入1个单位资金能产出多少单位利润。例如，百度推广一周的费用（即投资金额）为2000元，销售利润为4000元，则这一周百度推广的投资收益率计算如下

$$\mathrm{ROI} = \frac{2000}{4000} \times 100\% = \frac{1}{2} \times 100\% = 50\%$$

(2) 网络营销收入

网络营销收入是指消费者受网络营销活动影响而产生购买，最终给商家带来的销售收入。其计算公式为

$$网络营销收入 = PN_i$$

式中，P 代表网络营销推广的商品或服务的价格，N_i 代表消费者在网络营销活动的影响下购买该商品的数量。例如，产品价格为 5 元/个，通过网络营销活动销售了 300 个，则网络营销收入的计算公式为

$$网络营销收入 = 5 \times 300 = 1500（元）$$

(3) GMV

GMV 是成交总额（一定时间段内），多用于电商行业，一般包含拍下但未支付订单金额。在电商平台中，GMV 是衡量平台竞争力（市场占有率）的核心指标。一般电商平台 GMV 的计算公式为

$$GMV = 销售额 + 取消订单金额 + 拒收订单金额 + 退货订单金额$$

GMV 为已付款订单和未付款订单两者之和，一般大于营销收入。

2. 网络营销传播效果评估标准

(1) 流量指标

1) 页面访问量。页面访问量（Page View，PV）是指页面浏览量或点击量，用户每次访问网站中的任一网页均被记录 1 次。用户多次访问同一页面，访问量累计。例如：一天内 5 个人分别访问一个网站的任一网页 3 次，那么访问量是 15 次。若一天内 5 个人分别访问一个网站 2 次，每次访问 6 个页面，那么访问页面数就是 60 次。

网站的 PV 就像电视的收视率，一个网站的 PV 越高，知名度越高，越受用户喜欢。通过站长工具 Alex 网站即可查询，如图 10-1 所示。

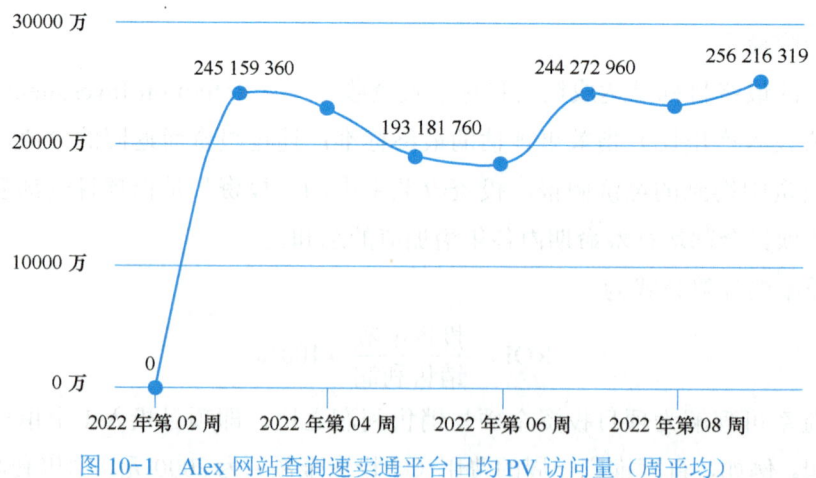

图 10-1 Alex 网站查询速卖通平台日均 PV 访问量（周平均）

2) 独立访客数。独立访客数（Unique Visitor，UV），又称独立 IP 访客数，是指某段

时期内访问网站或直播间的实际人数。同一天的 0:00 ～ 24:00 内，只记录第 1 次进入网站或直播间的具有独立 IP 的访问者，同一天内多次访问只记录 1 次。网站 aliexpress.com 日均 UV 访问量如图 10-2 所示。

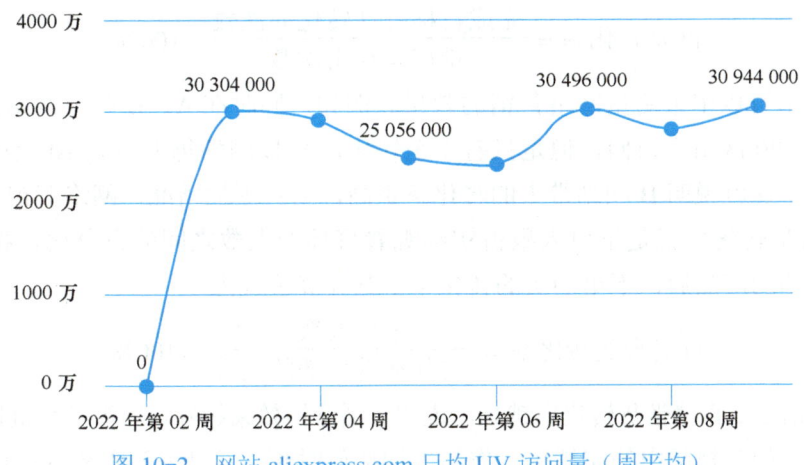

图 10-2　网站 aliexpress.com 日均 UV 访问量（周平均）

页面访问量相当于一个展会的访问人次。独立访客数则相当于带身份证参观展会的访问人数。每一个出示身份证参观展览的人，无论出入几次，都只计为 1 次独立访问。如某个参观者出入展馆 10 次，则独立访客数（相当于 UV）为 1，而访问量（相当于 PV）为 10 次。

这里所说的"身份证"，在网络上就是访客的 IP 地址或 Cookie。一个独立 IP 可以产生多个页面访问量，而只能产生一个独立访客数，所以页面访问量大于或等于独立访客数。因此，独立访客数要比页面访问量更能真实准确地反映用户数量。

直播营销中的独立访客数价值，即每个进入直播间的用户平均贡献的销售金额，其计算公式为

$$独立访客数价值 = \frac{全场销售额}{观看总人数}$$

独立访客数价值越高，说明直播间的用户消费能力越强，直播的效果越好。

3）平均访问时长和平均访问页数。

① 平均访问时长是衡量网站或视频用户体验的一个重要指标，指用户访问网站的平均停留时间。在直播营销中是指用户观看直播或短视频的平均时长。其计算公式为

$$平均访问时长 = \frac{总访问时长}{访问次数（观看总人数）}$$

如果用户不喜欢网站或视频内容，则平均访问时长很短。如果用户对网站或视频内容很感兴趣，则平均访问时长会很长。因此，平均访问时长越长，说明网站或视频的内容越精彩、越吸引人。

② 平均访问页数是指用户访问网站时平均看了多少个页面。它能反映网站黏度。一般而言，网站质量越高，用户看的页面越多，平均访问页数也越高。其计算公式为

$$平均访问页数 = \frac{浏览量或页面访问量}{访问次数}$$

4）网站转化率和直播带货转化率。

①网站转化率是指在一个统计周期内，完成目标行动转化的次数占推广总点击次数的比率。其计算公式为

$$网站转化率 = \frac{完成目标行动转化的次数}{推广总点击次数} \times 100\%$$

网站转化率可以用来衡量网络营销的效果。例如，同时在 A、B 两个网站投放广告，A 网站每天带来 100 次用户访问，但是只有 1 个转化，而 B 网站每天带来 10 次用户访问，但却有 5 个转化。这就说明 B 网站带来的转化率更高，用户更加精准，网络营销效果更好。

②直播带货转化率就是下单人数占实际观看直播的人数之间的百分比，指用户在直播间看到主播介绍的产品后，下单购买的转化率。其计算公式为

$$直播带货转化率 = \frac{下单人数}{实际观看直播的人数} \times 100\%$$

在直播营销中，直播带货转化率越高，说明直播营销效果越好。短视频和直播营销中还有一些直接数据，如短视频中的完播率、作品平均播放时长、互动率和吸粉率，以及直播中的观众总数、新增粉丝、付费人数、评论人数、收获音浪等，都是评价营销效果的非常重要的指标。这些指标通常可以通过专业数据平台直接获得，如图 10-3 所示，就不在这里一一赘述。

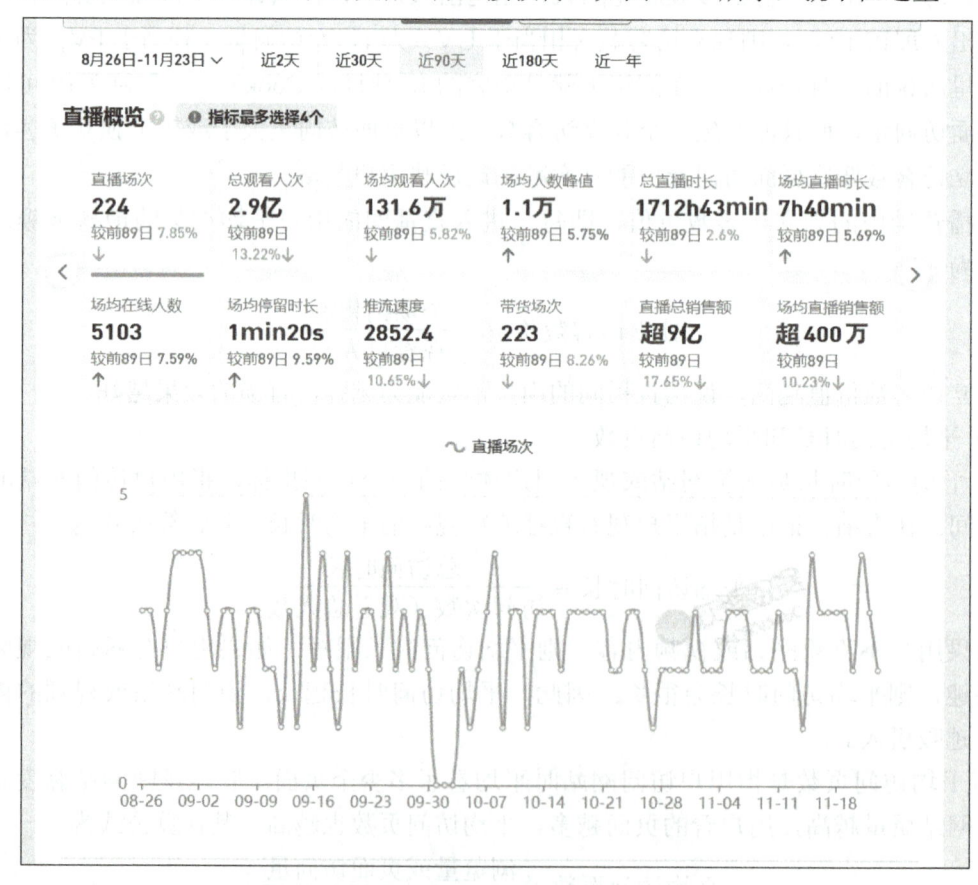

图 10-3　灰豚数据抖音版直播间数据详情页

(2)非流量指标

1)被搜索引擎收录的网页数量。评价网站搜索引擎可见度的基础数据是网页被收录的数量(见图10-4),收录的网页数量意味着网页被用户发现的机会多少,也反映网站内容是否丰富。被搜索引擎收录网页数量的不同,可以反映出竞争者之间网站推广资源的策略及效果的异同。

图10-4 淘宝网的收录数量

2)在搜索引擎检索中的排名。排名是指核心关键词在搜索引擎上的排名位置。核心关键词的质量高,能够使自身的网站检索结果排在检索页靠前的位置,信息的展露度高。排名越靠前,拥有的流量就越多。

3)外部链接。外部链接是指获得其他相关网站链接的链接,是衡量搜索引擎优化效果的重要指标。获得互惠网站链接,既体现网络营销推广的成效,也反映网站在行业中的信誉度和受关注程度。在其他网站链接的数量越多,对搜索结果排名越有利。

实践证明,交换链接的意义已经超出了是否能够直接增加访问量这一具体效果。通过交换链接的方式,可以获得搜索引擎排名的优先,获得合作伙伴的认知与认可,同时也体现网站品牌价值。

法律法规

警惕"直播带货"中的"数据造假"行为

直播带货行为将宣传行为和销售行为融为一体,受到《中华人民共和国反不正当竞争法》《中华人民共和国广告法》《中华人民共和国电子商务法》《中华人民共和国消费者权益保护法》等多个法律法规的规制。

电商行业中,一些商家通过刷单刷评论以误导消费者下单购买商品。为吸引更多消费者,一些商家通过购买刷单服务或使用刷单软件，更改直播间观看人数、销售金额和商品评价，过分夸大商品的人气和销量，对商品或服务涉及的数据进行虚假宣传。该行为违反了《中华人民共和国消费者权益保护法》。

《中华人民共和国反不正当竞争法》第八条规定，经营者不得对其商品的性能、功能、质量、销售状况、用户评价、曾获荣誉等做虚假或者引人误解的商业宣传，欺骗、误导消费者。虚构销售额、虚构商品评价等行为，虽然起到了吸引消费者的目的，但是构成了虚假宣传行为，触犯了法律红线。

对于数据造假这一虚假宣传的处罚，根据《中华人民共和国反不正当竞争法》第二十条规定：经营者违反本法第八条规定对其商品做虚假或者引人误解的商业宣传，或者通过组织虚假交易等方式帮助其他经营者进行虚假或者引人误解的商业宣传的，由监督检查部门责令停止违法行为，处20万元以上100万元以下的罚款；情节严重的，处100万元以上200万元以下的罚款，可以吊销营业执照。

任务应用

1. 获取流量监测数据

可以使用的专业统计网站主要有站长之家、Alexa网站、婵妈妈、灰豚数据、飞瓜数据等。这些网站可以实时追踪网站、短视频、直播的账号数据。营销人员通过数据统计分析，能够及时复盘，提升营销运营工作。

下面以Alexa网站排名查询为例。具体操作步骤如下：

1）输入网址http://www.alexa.cn，并且进入网站页面，如图10-5所示。

图10-5　查看Alexa网站

2）在搜索栏输入“www.baidu.com”，单击“综合查询”按钮。显示网站名称、首页网址、主办单位、单位性质、网站备案/许可证号，如图10-6所示。

网站 baidu.com 的ICP备案信息

网站名称	首页网址	主办单位	单位性质	网站备案/许可证号
百度	www.baidu.com	北京百度网讯科技有限公司	企业	京ICP证030173号-1

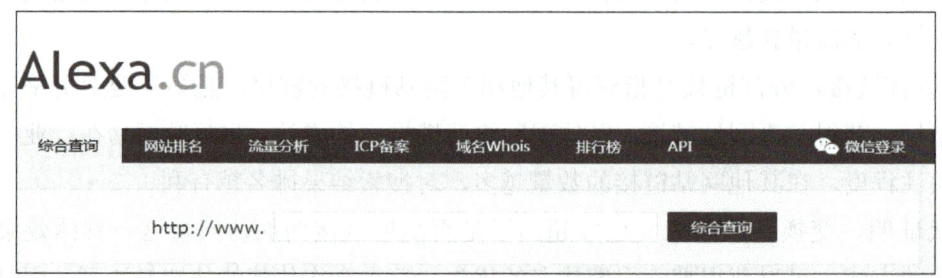

图10-6　网站baidu.com的ICP备案查询结果

3）网站 baidu.com 的全球网站排名查询结果如图 10-7 所示。

网站 baidu.com 的全球网站排名与 UV & PV 值 以下UV&PV数据为估算值，非精确统计，仅供参考				
周期	全球网站排名	变化趋势	日均UV	日均PV
当日	4	0	332800000	2123264000
周平均	4	0	317632000	2032844000
月平均	4	0	314080000	2038379000
三月平均	4	0	310656000	2009944000

图 10-7　网站 baidu.com 的全球网站排名查询结果

4）网站 baidu.com 的 PV 值和 UV 值查询结果如图 10-8 所示。

网站流量 以下UV&PV数据为估算值，非精确统计，仅供参考				
访问量	当日	周平均	月平均	三月平均
UV	332800000	317632000	314080000	310656000
PV	2123264000	2032844000	2038379000	2009944000

图 10-8　网站 baidu.com 的 PV 值和 UV 值查询结果

5）网站 baidu.com 的综合排名查询结果如图 10-9 所示。

网站 baidu.com 的综合排名					
域名	全球排名（PV Rank）	访客排名（UV Rank）	国家/地区	国家/地区排名	
baidu.com	4	4	■ CN	1	详情

图 10-9　网站 baidu.com 的综合排名查询结果

2．监测非流量数据

（1）查询网站的收录数量

直接在百度搜索框中输入"site: 域名"即可。

（2）监测网站外部链接

友情链接检索：在站长之家（"http://tool.chinaz.com"）中的站长工具中找到"友链检测"。以京东网站为例进行检索，如图 10-10 所示。

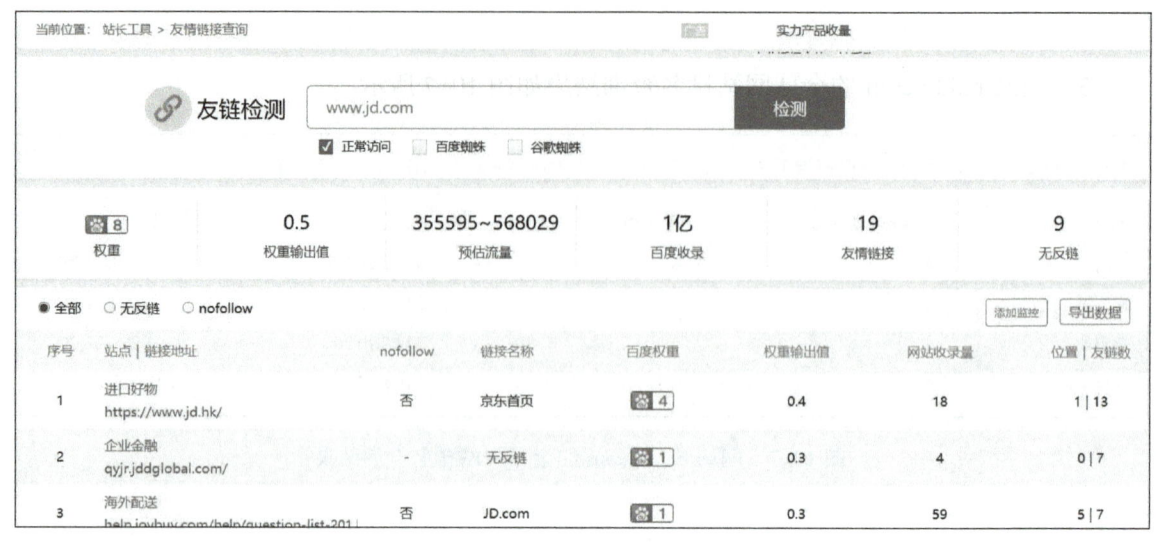

图 10-10　京东网站的友情链接检索

通过友链检测可以批量查询指定网站的友情链接在百度中的收录、百度快照、PR（Page Rank）值以及对方是否链接本站，可以识破欺骗链接。

任务拓展

网络推广标准监测

1. 任务目的

掌握网络推广各种标准的监测方法。

2. 操作步骤

1）根据学校情况，为学校或本专业设计制作网络短视频广告。

2）应用多种网络推广手段，结合广告对学校或本专业网站进行宣传。

3）从不同方面对学校或本专业的短视频进行推广标准选取，并进行监测。

4）统计短视频的播放量、点赞量、评论数及转发量等指标，并记录。

3. 实施结果

完成对学校或本专业的宣传推广，并对推广活动的标准进行监测，形成效果监测报告。

任务 2　网络营销效果评估

10.2　网络营销效果评估

相关知识

网络营销效果评估是一个系统工程，需要企业的网络部门和销售部门共同参与、相互配合。网络营销效果的评估可以使企业充分把握本企业网络营销费用的具体流向,并能在众多推广平台中选择出最好、最适合企业发展需要的网络营销推广平台和营销手段。

网络营销效果评估就是利用各种网络统计分析系统结合线下的统计方式来分析网络营销效果,并结合销售情况做出准确的评估。通过评估,企业进一步认清网络营销的推广效果,并根据具体的分析结果调整后续的网络营销推广管理。网络营销的效果评估可以分为以下几类:

(1)初级型

初级型网络营销模式下的网站设计指标、网站推广指标、网站用户流量指标和网络营销成本效益指标均表现较差。造成这种结果的原因主要有两个:网络营销人员是没有经验的初学者;企业领导对网络营销活动没有给予必要的重视。因此,要扭转初级型网络营销的状况,首先要加强对网络营销活动的重视,特别是需要有强有力的领导者,培养经验丰富的营销人员,逐步使整个网络营销活动步入正轨。

(2)收益型

收益型网络营销模式下的网站设计指标、推广指标以及流量指标并不理想,但是网络营销成本效益指标却很高。造成这种现象的主要原因是企业原有知名度较高,其产品或服务很受大众欢迎,因而其开展网络营销的起点较高,很快就能通过网络营销直接受益。尽管收益不错,但它一方面没有充分占领目标市场,将收益最大化,另一方面,其地位并不巩固,如果不积极加大网络营销力度,很可能会被后来者取代。目前一些国有知名企业的网络营销就属于这种情况。

(3)华而不实型

华而不实型网络营销模式在短时期内知名度极高,网站推广指标较高,网站流量指标也较高,但是网站设计指标和网络营销成本效益指标却极低。当然,华而不实型的网络营销并非一无是处,毕竟它还有一定影响力,只要及时采取措施,改善两个较低的指标,还会有较好的发展。

(4)发展型

发展型网络营销模式的网络影响力较大,其网站设计指标、网站推广指标以及网站流量指标都较高,但网络营销成本效益指标却很低。这种类型的网络营销与华而不实型网络营销反映出的指标类型十分类似,但却有本质的区别。发展型网络营销在网站内容、网站风格等方面做了许多努力,只是一时未见成效;华而不实型网络营销侧重宣传,没有在网站内容和风格等方面下功夫,容易造成网络泡沫。所以,发展型的网络营销人员应加大将无形资产转化为收益的力度,仔细研究创收的切入点,从根本上提高成本效益指标。

(5)完美型

完美型网络营销模式下的所有指标都处于领先地位,在很高水平的基础上开展网络营销活动,并且网站和企业都具有可持续发展能力。它几乎是所有网络营销人员梦寐以求的目标,不过遗憾的是真正这样运作网络营销模式的企业目前并不多见。

任务应用

网络营销效果综合评价

网络营销效果综合评价，通过专业的评估和数据分析，针对网络营销计划的目标制定与达成、多种营销手段与效果进行考量与检验。它不是各项网络营销具体策略的叠加汇总，而是阶段性网络营销活动的诊断与总结，需要与企业总体营销战略评价体系保持一致。网络营销效果综合评价一般分为以下4步：

1. 确立营销目标

企业进行网络营销活动前必须明确营销目标。所有的营销目标都可用数字表示，而且都是可测量的。例如，如果是直接销售产品的电子商务网站，其网站营销目标就是产生销售额。但如果是不直接销售产品的网站，运营者可根据情况，确定能够测量的目标。例如，网站的目标是吸引用户订阅电子杂志，再进行后续销售，那么留下用户邮件地址，并使其订阅电子杂志，就是网站的目标。网站的目标也可以是吸引用户填写联系表格，或者是用户以某种形式索要免费样品，还可以是用户下载产品目录等内容。

这些营销目标都应在网站页面上有一个明确的目标达成标志。对于电子商务网站而言，其目标完成页面就是付款完成后所显示的感谢页面。电子邮件注册系统的目标完成页面就是用户填写姓名等资料提交表格后所看到的确认页面。如果用户下载产品目录是网站的目标，那么产品目录每被下载一次，就意味着一次完成目标。

2. 计算营销目标价值

明确了营销目标后，还要计算出营销目标达成后对企业的价值。例如，电子商务网站的目标价值就是销售产品所产生的利润。如果营销目标是吸引用户订阅电子杂志等一些不易直接计算营销目标价值的，则需要根据以往统计数字，估算出电子杂志订阅者中成为付费用户的比例，以及这些付费用户平均带来的利润是多少。例如，每200个订阅电子杂志用户中会产生10个付费用户，平均每个付费用户会带来100元利润，那么这10个电子杂志付费用户将产生1000元利润。也就是说每获得一个电子杂志订阅用户的价值是5元。

3. 记录营销目标达成次数

记录营销目标达成次数需要通过网站流量分析软件完成。延用上面的例子，一个电子商务网站上，每当用户到达付款确认页面，流量分析系统就会记录一次网站达成目标。有用户访问到电子杂志订阅确认页面或感谢页面，流量分析系统也会相应记录一次达成网站目标。

不仅如此，网站流量分析系统除了能记录网站目标达成次数外，还能记录这些达成网站目标的用户是如何来到网站的，他们搜索了什么关键词、来自哪个搜索引擎，或者来自哪个网站的外部链接。这些数据都会记录在网站流量分析系统中，并且与产生的相应目标用户相连接，为后续的营销评估工作提供信息支持。

4．计算达成营销目标的成本

营销目标的成本是企业在一定时期内为保证目标利润的实现，需要为之奋斗而付出的代价，它是成本预测与目标管理方法相结合的产物。计算营销目标的成本，就是计算达成营销目标所付出的所有费用的总和。以竞价排名为例，竞价排名后台能够显示每个点击的价格，某一段时间的点击费用总额以及点击次数，综合这些信息，就能非常容易地计算成本了。

其他网络营销推广手段，由于大多没有明确的计算依据，需要凭经验进行估算。如果网站流量是来自搜索引擎优化的，需要计算的成本包括外部搜索引擎优化顾问或服务费用，以及内部参与人员的工资。如果进行微信营销，则需要计算的成本包括花费的人力、时间及工资换算成的费用。这些费用都需要根据经验进行估算。

只有密切监测网络营销效果以及投资收益率，才能选择出最有效的网络营销方式，做出最合理的营销决策。企业的具体情况不同，性质不一，应用不同的网络营销手段的效率也有所不同。因此，企业面对众多网络营销推广手段，只有不断地尝试各种方法，同时监控营销效果，计算投资收益率，才能找出最有效的营销方式。

任务拓展

网络营销效果评估

1．任务目的

掌握网络营销效果评估方法。

2．操作步骤

1）选取一个感兴趣的网站作为你的评估对象。

2）选择某一时间段，搜索该网站这段时间的网络营销活动。

3）从不同方面对该网站进行评估指标选取，并进行监测。

4）根据所学的评估方法，对这段时间该网站的网络营销活动进行综合评估。

3．实施结果

完成所选网站特定时间段的网络营销推广效果评估，并适当地给出意见和建议。

拓展阅读

公益直播大有可为

2020年，为缓解农民销售的压力，快手向全国发起"直播助农"的活动，邀请超过50位市长或县长走进直播间为当地农产品带货，累计成交额达3.6亿元，这场"直播助农"活动在特殊时期为农民拓宽销售渠道和实现农产品销售产生了积极推动作用。

从2021年公益直播用户对直播效果的感知数据来看：有83.1%的用户认为直播可以

扩大公益影响力,有77.7%的用户认为直播可以普及相关的公益知识,也有用户认为公益直播可以带动多人参与捐赠或者明星网红带动粉丝经济,占比分别为64.2%和46.0%,如图10-11所示。

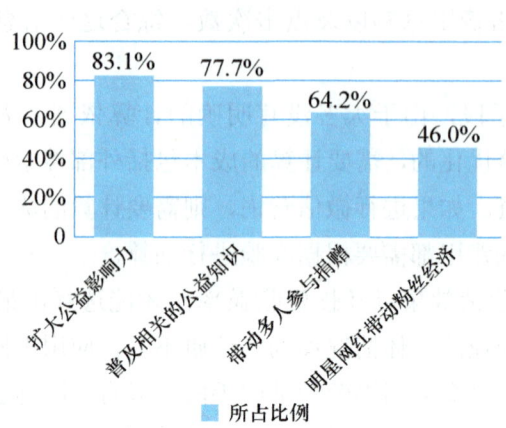

图10-11　2021年公益直播用户对直播效果的感知

阅读启示:

互联网快速、高效、公开和透明的特性,使其与公益一接触便显示出强大的威力,成为连接大众的公益桥梁。市长、县长以原生态、接地气的直播风格,为当地的风土好物代言,他们带动群众的参与感,借助搭档的明星、网红的流量撬动线上客流,由市长、县长讲述当地特色产品和文化,激发了用户购买的欲望,形成高曝光与高销量的品效合一。

网络营销的作用不仅在于推销产品,推介品牌,随着网络推广的更新迭代也被赋予了更多的社会使命,例如,助力乡村振兴、推广公益活动等。值得注意的是,目前公益直播带货不仅创新了公益活动的形式,也成为各大媒体为滞销农产品打开销路、促进社会经济复苏的手段。市长、县长代言需在品控、娱乐性、挖掘产品特色等方面精益求精,公益直播中把好质量关,提供优质的售后服务。同时,公益直播要避免娱乐过度,在维护自身公信度的同时实现公益最大化。

项 目 小 结

本项目由网络推广效果标准认知和网络营销效果评估两个任务组成。本项目主要介绍了网络推广效果标准和网络营销效果分类等相关知识,通过对网络推广标准的提取以及网络营销评估具体步骤的介绍,结合任务应用与任务拓展,使读者能够尝试实施网络营销效果的监测与评估工作。

思考与练习

1. 判断题

1)投资收益率可理解为项目销售利润与投资金额之比,即项目投入 1 个单位资金能产出多少单位利润。( )

2)一个网站的 PV 值通常小于 UV 值。( )

3)排名监测是指核心关键词在搜索引擎上的排名位置,排名越靠前,拥有的流量越多。( )

4)专业统计网站主要有站长之家、爱站网、Alexa 网站、速卖通等。( )

5)收益型网络营销是网络营销人员梦寐以求的目标。( )

2. 简答题

1)网络营销传播效果评估的流量指标有哪些?

2)网络营销效果评估可以分为哪些类型?

参 考 文 献

[1] 冯英健. 网络营销基础与实践 [M]. 5 版. 北京：清华大学出版社，2016.

[2] 陆兰华. 网络营销 [M]. 南京：东南大学出版社，2017.

[3] 陈道志. 网络营销实务 [M]. 北京：北京大学出版社，2016.

[4] 尚德峰，王世胜. 网络营销 [M]. 北京：中国人民大学出版社，2015.

[5] 惠亚爱，乔晓娟. 网络营销：推广与策划 [M]. 北京：人民邮电出版社，2016.

[6] 商玮，段建. 网络营销 [M]. 2 版. 北京：清华大学出版社，2012.

[7] 李伟苑. 软文营销攻略 [M]. 北京：机械工业出版社，2016.

[8] 徐茂权，马玉芳. 软文营销 [M]. 北京：人民邮电出版社，2017.

[9] 刘青春. 网络营销 [M]. 北京：清华大学出版社，2016.

[10] 钟静. 广告策划 [M]. 2 版. 北京：人民邮电出版社，2016.

[11] 陈文广，李伟. 微信运营管理之道 [M]. 北京：电子工业出版社，2016.

[12] 昝辉. SEO 实战密码：60 天网站流量提高 20 倍 [M]. 3 版. 北京：机械工业出版社，2015.

[13] 尹高洁. SEO 从入门到精通 [M]. 北京：清华大学出版社，2016.

[14] 城市数据团. 数据不说谎：大数据之下的世界 [M]. 北京：清华大学出版社，2017.